融資担当者が
知っておきたい

不動産の
基礎知識と
評価手法

不動産鑑定士　小野　兵太郎　[著]

一般社団法人 金融財政事情研究会

はじめに

　本書は、主に金融機関の融資担当者が不動産の経済価値を把握するために、知っておくべき不動産の基礎知識と評価手法についてまとめたものである。

　金融機関職員は、元来「融資」を行う際の担保取得の場面で不動産とかかわることが多く、経済価値判定は、これに付随する担保評価というかたちで行われてきた。

　一方、近年では不動産の証券化におけるアレンジャー兼レンダーとしての役割や、担保付不良債権の売買や回収、事業用不動産については「事業分析＝不動産分析」という構図から、収支構造や売却・回収提案を行う機会も増えてきている。さらに、プロジェクトファイナンスが増加し、投資用不動産事業そのものを理解する必要が生じてきており、これらを運営する不動産会社、プロパティマネジメント会社と互角に議論ができる程度の知識も不可欠になっており、20年前に比べると確実にその範囲は広がったといえる。

　また、かつては融資担当者が物件の立地や賃料について議論することはあっても、建物の耐震性能や土壌汚染、PCBやアスベストといった環境問題、維持管理費用、長期修繕計画、さらにはテナントについての深い議論を行うことはほとんどなかった。その点では、建物を含めた技術的な側面の広範な知識も要求されてきている。そして、平成23年3月11日に発生した東日本大震災が不動産市況にもたらした影響も大きい。震災後に地価が大きく下落した地域は限定的であったが、建物の耐震性、地盤の状況に関する考え方が大きく変わった。

　まず、融資担当者からみた不動産とのかかわりについて時系列でみてみよう。

(1) 過去から現在まで続く「担保融資」
　—伝統的な金融機関と不動産の関係—

　金融機関は、事業会社や個人に対し融資を行う際に、担保というかたちで不動産に抵当権・根抵当権を付し、返済が滞った場合に、これを売却して回収する。これは、現在でも行われている基本的な金融手法である。

　不動産を扱うにあたり、抵当権順位の確認（先順位の有無）や担保としての余力、担保取得における担保適格性（市場性、安全性、確実性）の確認が求められるとともに、処分時における回収可能額を担保評価というかたちで査定する。企業の保有資産が担保として提供され、これが貸出可能額の基準となった。

　マンションや戸建分譲住宅用地開発、商業ビルやオフィスビルの開発に対する融資であるプロジェクトファイナンスが増加することで、不動産開発事業に対する見識を深めていく必要があるとともに、事業プランや開発リスクをどうみるかという議論も登場するが、伝統的な担保不動産の価値を調べるという視点が強かった。

　かつて不動産担保（もしくはこの時代に考えられた担保価値）があれば事業内容をよく審査せず融資を行ったことがバブルを形成してしまったともいわれ、後に大きな問題になったことはいうまでもない。当時は不動産の価格形成要因を、取引事例主義（周辺で類似のものがいくらで売れた）、あるいは積算主義（いくらコストがかかった）を中心としてとらえる時代でもあり、収益性は反映されていなかった。

(2) 平成2年前後から「金融の高度化」の進展
　—不動産と金融の展開における証券化不動産—

　不動産の流動化の研究が進み、不動産の証券化が1990年代のバブル崩壊前後から行われるようになった。今日では一般化した信託受益権の設定が徐々に浸透する時期で、不動産から得られる収益を投資家に分配する形態をとる金融手法が一般化した。ここでは、金融機関は主にレンダー、アレンジャーとしての役割を担っており、不動産を供出するオリジネーターや投資家との

付き合いが増えてくる。

　アレンジャーとしては仕組みをつくることが求められ、レンダーとしては、不動産事業の収益性や安定性、リスク分析を行うとともに、鑑定評価書や調査レポート等を読み込むことで、経済価値や利回り・賃料収入等の動向等を理解する必要が出てきた。また、証券化には欠かせない建物のエンジニアリングレポートを読み、建物の躯体・設備の状況、耐震性、環境との関連、土壌汚染の有無、さらには長期の修繕計画と費用試算といった点の把握が不可欠となった。

　もちろん、金融機関における貸出は、大半の行員や職員が経験する業務であるのに対し、証券化業務を経験する人の割合は現実的には小さいかもしれない。ただ、金融商品販売等においてREIT等は当然にして存在することから、金融業務に従事する以上、これらの仕組みと収支構造の理解は必要不可欠であると考えてよい。投資家への分配という観点から、不動産の経済価値判定は「収益性」に重きが置かれるようになり、取引事例重視主義、積算重視主義から収益重視主義への転換期となった。

(3)　平成10年前後から「不良債権処理」の進展
―担保不動産の流動化―

　貸出を実行したが、債務者の事情により返済が滞ることは当然にして起こりえる。この場合には担保不動産を処分して資金回収を図ることになるが、担保不動産の処分には任意売却と競売があり、任意売却において多数の抵当権者が存在する場合は、各抵当権者に同意を得なければならない。このため、価格面で安くなる可能性はあるものの、裁判所の競売を利用せざるをえないケースも出てくる。担保不動産の処分方法を議論するとともに、回収見込額の査定を行うという業務が発生する。

　バブル期の貸出が不良債権化するのは、担保価値の下落が始まる平成4年前後からである。ただ、当初は公示地価の下落率も実勢に比べまだ緩く、地価反転の可能性を指摘する声もあって、金融機関の不良債権処理はなかなか進まなかった。収益による回収よりも元本による回収が重視された時代の名

残もあった。適切な担保を取得している限り回収できるといった意見に支配されたことで、数年間処理が遅れたという実情もあったが、諸外国からの圧力等や、金融行政による指導もあり、金融機関の不良債権処理が加速したのは平成8〜10年頃からである。金融関係では山一証券の自主廃業、北海道拓殖銀行の破綻、日本長期信用銀行、これに続く日本債券信用銀行の一時国有化等が続き、絶対つぶれないといわれた銀行の倒産が相次いで、金融機関経営は不確実な時代が続いた。

　当時は、整理回収機構での破綻金融機関の引取りや、金融機関からのいわゆる「53条買取り」が開始されたこと、さらには国内の金融機関（第三者）や外資系ファンドへのローン売却といったことが行われるようになった。

　平成10年の債権回収業に関する特別措置法（いわゆるサービサー法）の成立で、サービサー会社が多数設立され、過去からの不良債権処理が加速度的に行われた。サービサー会社は資本金や資格要件などのハードルが高いといわれたなかでさえ、当時100社前後が稼働しており、これらが全国各地で不良債権処理に貢献した。金融庁も検査時に債権分類と引当ての要請の厳格化を行ったことから、実損を出す意味で現物不動産の売却（いわば投げ売り的なものもある）が進展した。担保付債権の売却においては処分可能性と価格の査定が求められたが、この時期においては貸出が減少するなかで不良債権処理が進展したため、金融機関の不動産に対する目線は流動化という言葉を使った売却に移り、経済価値判定は「流動性」（市場での早期処分）を十分にふまえたものに変わってきた。不動産のリスク、市場性を十分に反映する時代となったのである。

(4)　平成12年頃からの「企業会計の変化」
―企業会計における販売用不動産の強制評価減・減損会計―

　バブル崩壊、それを受けた不良債権処理の進展とともに不動産下落が続き、事業会社における企業制度の変更による不動産のリスクをどう考えるかが重要になった。

　平成13年3月から販売用不動産の強制評価減が適用され、戸建分譲住宅用

地、マンション等の棚卸資産をもつ不動産会社やゼネコンなどは、価格の著しい下落が認められる場合には強制評価減が必要となった。この額が大きくなると、不動産に関与する企業経営に大きな影響を与えることになる。「失われた10年」という言葉があるが、不動産価格はバブル崩壊後10年経っても反転への兆しがみえる状況にはまだなかった。むしろ「所有リスク」という言葉が出てくるなど、不動産の価値についてこれまで以上に注目されることとなった。

　さらに平成17年4月からは、企業会計において減損会計が適用されるようになり、営業用店舗や工場、ホテル、旅館などに対して、減損兆候の判定とその額の会計処理が行われるようになった。減損処理による簿価の見直し次第では債務超過に陥る可能性も出てくる。このため、金融機関は、取引先企業が保有する不動産についても従来以上に注視するとともに、その経済価値の把握が必要になった。企業会計に時価評価の概念の導入が進むに伴い、不動産の時価が企業経営にも大きな影響を与えるようになった。

(5)　平成17年頃から「不動産運用関係者」との付き合いの増加
　　　―融資担当者にとってのPMとの新たな関係―

　金融機関は、本支店ビルを除くと原則、不動産所有者ではないことから、不動産運用者という立場ではなく、不動産とは一定の距離を置き、あくまで不動産会社や一般企業との間で対応をすべきであると考えられる。ただ、不動産の金融化が進展するなかで、金融機関の融資担当者は不動産の運営を行うプロパティマネジメント（PM）を注視していく必要が出てきている。PM次第では収入・支出双方に変化が生じ、かつ将来的な経済価値にも変化が生じるからである。

　仮に、オフィスビルで想定してみよう。オフィスビルの入居・賃料交渉、駐車場部分の運営といった収入面についてはPM会社からオフィステナント募集会社等に委託されるものが多く、最終的にどのようなオフィステナントが入り、どの程度の賃料が獲得できるかという点は、PM会社次第という側面がある。商業テナントビルにおいては、より重要な面がある。オフィスビ

ルは通常、賃料は固定賃料であるのに対し、商業テナントビルの場合、売上比例賃料が組み込まれているケースが多く、この場合、ビル自体の集客が売上げを大きく左右するため、テナントミックス（構成）やテナントビルサイドが主催するイベントの開催等が大きな影響力をもつことになる。これらを取り仕切るのもPM会社である。

平成20年夏のいわゆるリーマンショック後については、金融バブルの崩壊もあり、オフィス賃料の下落が進んできた。テナントが退去し、その後獲得したテナントについては賃料単価の下落が著しい。最近の景況の回復、大胆な金融緩和でこの傾向にようやく歯止めがかかってきたが、こうした賃料単価の下落が続く厳しい状況下で一定の純収益を確保するためには、やはり費用の減額が不可欠となる。適正な金額までの費用引下げを清掃、点検等を行う業者に交渉するのもPM会社であるが、極端な引下げはビル使用年限を短くするおそれもある。

このように、不動産の収益性を確保していくためにはPM業務が重要であり、PM会社がどのような役割を担っているかを把握することも、融資担当者に求められているものと考えられる。

(6) 事業再生と不動産の経済価値

事業再生という領域は、金融機関の業務としてはかねてから存在したものである。金融機関内部に専門部署もあり、企業への人材派遣を含めたさまざまな手法で進められてきた。

ただ、これが世間から本格的に注目されてくるのは、不良債権処理の進展時期とほぼ同時期である。民事再生法や会社更生法といった法的手続以外にも、私的整理ガイドラインの活用、産業再生機構や中小企業支援機構等の公的機関を活用した手法も用意され、一般債権者、特に小口の債権者にできるだけ影響の少ないかたちでの再建支援策の策定がなされてきた。

再生を目指す企業にとっては、保有不動産の活用は不可欠であるとともに、金融機関にとっては不稼働・遊休不動産の整理・売却は債権回収の原資となり、一定額の返済が見込めることになる。不動産を有する企業の事業再

生においては、保有不動産の経済価値評価とともにノンコア資産の売却方法、売却価格を探ることも重要な役割をもつ。これらは直接行うのではなく、外部の鑑定機関や不動産会社に依頼するかたちをとることが多いが、融資担当者にとって、保有不動産の整理・売却に関する知識の重要性は高まっている。

(7) 3・11「東日本大震災」

　平成23年3月11日14時46分、日本の歴史上最大級の地震が東日本を襲った。地震と津波による被害は日本中を震撼させ、福島第一原子力発電所の事故は現在もなおその対策に追われている。ライフラインの寸断や部品供給ラインの一時停止、さらには震災後に行われた計画停電は日本の製造業に大きな影響を与え、折しもリーマンショック以降続いた不況に追い打ちをかけることとなった。地震被害は広範囲に及び、首都圏でも一部の埋立地における液状化現象の発生もみられ、被害の痕跡が依然として残る箇所も存在する。

　不動産市況においては直後3カ月程度は不安視する向きが強かったが、新幹線や高速道路といった交通インフラの急速な回復もあってか、大きな被害を受けた岩手・宮城・福島の3県を除くと大幅な不動産価格の下落は発生しなかった。震災後は一時、西日本へのオフィス移転等が進むといった要因もあり、西日本主要都市のオフィス賃料上昇、空室率の減少や一部地域での地価上昇といった要因もみられたが、こうした動きは一時的なものであり、平成26年3月時点までに確認された震災要因は限定的といってよいかもしれない。

　ただ、市場、特にユーザーの視点は建物の「耐震性」を非常に重視するようになり、大都市圏において、建築基準法の耐震基準の改正（昭和56年）以前の建物に対する見方が非常に厳しくなり、金融機関の融資審査も耐震工事が視点のひとつに加えられるようになった。

(8) 2020年（平成32年）東京オリンピックの開催

　日本はこの20年間、停滞し続けてきた。もちろん、リーマンショック前においては東京都心の商業用不動産やマンション価格が上昇した時期もあった

が、期間にして2年程度、バブル期からの下落率からみると、大きなものではなかった。しかし、平成25年9月、IOCは2020年（平成32年）の夏季オリンピック・パラリンピックの開催地を東京に決定した。2度目の開催となる今回は、昭和30年代後半の規模のインフラ整備や競技場整備は行われないものの、東京を中心とした都市に多額の資金が流入することは間違いない。

一方で、東京に課された課題は、地震対策（耐震性の向上）、国際化への対応（多言語表示や国民の多国語理解の必要性）をはじめ多数存在する。すでに世界規模の大手ホテルチェーンは過半が進出ずみであるが、世界中、特にこれからは経済発展が著しい東南アジア地域からの集客が見込まれ、オリンピック開催前までに複数のホテル建設計画が持ち上がることが想定される。その意味では、不動産価格についてはこれからオリンピック開催時までは比較的強含みで動くという見方が出てきている。ただ、平成26年3月現在では全世界的な景況感はいまひとつの状況にあり、不動産価格は上昇傾向にはあるもののかつてほどの強い資金力とパワーで不動産価格が急騰するかどうかは見極めが必要と考えられる。

(9) 環境、高齢化への対応

やや視点を変えてみると、不動産をめぐるこの20年間の環境変化として、ひとつに環境対策面での進歩がある。バブル期においても省エネルギーという言葉があり、空調設備や電気設備において対応する商品や機能があったことは事実であるが、現在に比べるとその対応のレベルは低かった。現在では太陽光などの再生可能エネルギーの利用、屋上緑化といったさまざまな施策がとられるようになり、非常に速いスピードで進展している。

もうひとつは、この20年で高齢化が進展したことである。たしかにいまの高齢者はかつてに比べると活力があり、70歳や80歳代で海外や地方に旅行することも一般に行われるようになった。それでも、不動産の対応でみるとバリアフリー化を進めていくことが不可欠で、さらには高齢者向けの居住施設（有料老人ホーム、高齢者専用賃貸住宅）が今後増加していくことは確実といえる。金融機関も、こうした高齢者層向けの不動産への融資が必要になるも

のと考えられる。

　＜本書の構成＞
　このように、過去から現在にわたって、金融機関職員が不動産の経済価値を把握することが必要になる機会は時代によってさまざまな変遷があり、論点も異なる。ただ、時代に応じた不動産のとらえ方を理解することは重要であると考えられる。
　本書は、総論と各論に分かれており、総論部分では不動産をみるにあたっての基礎知識、不動産の経済価値判定のための評価手法を中心に記載し、各論では融資のさまざまな局面で生じる不動産にかかわる事例を類型ごとに解説した。業務の一助となれば幸いである。
　なお、平成26年3月現在国土交通省では不動産鑑定評価基準の一部見直しを行っており、調査範囲等条件の設定、特定価格について改訂がなされる予定となっている。ここでは現時点における改正予定をふまえたうえで記述を行った箇所があるのでお含みおきいただきたい。

平成26年3月

　　　　　　　　　　　　　　　　　　　　　　　　小野　兵太郎

目　次

総　論
不動産経済価値のとらえ方と評価の実務ポイント

第1章　不動産市場と経済価値の動き
　　　　　―バブル経済から崩壊、リーマンショックを経ての流れをふまえて―

Ⅰ　「不動産バブル、バブル崩壊、ファンドバブル、リーマンショック、そしていま」 …………………………………………………………………4
　1　不動産バブルはなぜ起き、崩壊に至ったか？ ………………………4
　2　バブル崩壊、外資の襲来そしてファンドバブルの発生 …………10
　3　リーマンショック、そして欧州危機、撤退する外資 ……………15
　4　国内投資家勢の復活、金融緩和と不動産価格　―最近の状況― …17
Ⅱ　不動産価格を動かす法則性と今後の動きの予測 ……………………19
　1　市場性・収益性 ………………………………………………………19
　2　商業用不動産の価格動向要因 ………………………………………20
　3　住宅用不動産の価格動向要因 ………………………………………21
Ⅲ　複雑化する不動産と金融との関係 ……………………………………23
　1　長期投資の不動産とどう向き合うか ………………………………23
　2　都市・地域要因の変化にどのように対処すべきか ………………24
　3　顧客リレーションと不動産 …………………………………………25
Ⅳ　不動産の経済価値を知るということ …………………………………26
　1　理論的な経済価値と現実の取引の乖離 ……………………………26
　2　不動産の経済価値を取り巻く要因 …………………………………27

第2章 不動産をみるために必要となる基礎知識

- Ⅰ　はじめに ……………………………………………………………… 30
- Ⅱ　不動産の定義と登記制度 …………………………………………… 31
  - 1　土地、建物と財団 ………………………………………………… 31
  - 2　不動産の登記と物件の特定 ……………………………………… 32
- Ⅲ　土地・建物をみるにあたっての基礎知識と調査方法 …………… 41
  - 1　土地における基礎知識と調査方法 ……………………………… 41
  - 2　建物をみるにあたっての基礎知識と調査方法 ………………… 61

第3章 不動産の特性と価格メカニズムの理解

- Ⅰ　はじめに ……………………………………………………………… 78
- Ⅱ　不動産の経済的な特性 ……………………………………………… 79
  - 1　個別性と稀少性 …………………………………………………… 79
  - 2　代　替　性 ………………………………………………………… 81
  - 3　代替性と有効需要 ………………………………………………… 84
  - 4　地　域　性 ………………………………………………………… 86
  - 5　用途の多様性と不動産の最有効使用 …………………………… 87
- Ⅲ　不動産市場の特性と経済価値 ……………………………………… 94
  - 1　不動産の価格形成要因（価格三面性） ………………………… 94
  - 2　不動産市場の特性 ………………………………………………… 95
  - 3　公的指標と不動産市場の関連 …………………………………… 98
- Ⅳ　需要目的と不動産の経済価値のとらえ方の違い ………………… 100
  - 1　収益用不動産の経済価値 ………………………………………… 101
  - 2　非収益用不動産（居住用不動産）の経済価値 ………………… 103

第4章 価格三面性と評価手法

Ⅰ 不動産の経済価値と価格三面性 …………………………………108
  1 はじめに …………………………………………………………108
  2 価格三面性 ………………………………………………………109
  3 費用性からのアプローチ ………………………………………110
  4 市場性からのアプローチ ………………………………………114
  5 収益性からのアプローチ ………………………………………116

Ⅱ 価格三面性と不動産評価手法 ……………………………………117
  1 価格三面性と評価手法・試算価格の性格 ……………………117
  2 費用性と原価法 …………………………………………………118
  3 市場性と取引事例比較法 ………………………………………126
  4 収益性と収益還元法 ……………………………………………134
  5 試算価格の調整 …………………………………………………140

第5章 不動産鑑定評価と目的

Ⅰ はじめに ……………………………………………………………146
Ⅱ 不動産評価にあたっての基本的事項 ……………………………146
  1 対象不動産の確定 ………………………………………………147
  2 価格時点 …………………………………………………………155
  3 価格の種類 ………………………………………………………156
Ⅲ 不動産鑑定評価の目的と現実の評価における留意点 …………159
  1 はじめに …………………………………………………………159
  2 会計的側面からの留意点 ………………………………………160
  3 法務的側面からの留意点 ………………………………………165
  4 事業再生における不動産評価 …………………………………168

第6章　担保不動産の見方と評価

Ⅰ　はじめに ……………………………………………………………174
Ⅱ　担保不動産としての適格性 ………………………………………174
　1　担保適格性の3原則 ……………………………………………174
　2　担保として注意を要するケース（例示） ……………………175
Ⅲ　不動産担保評価の現状 ……………………………………………180
　1　通常の融資とノンリコースローン ……………………………180
　2　時間経過による見直し ………………………………………181
　3　不動産の鑑定評価と簡易な方法での評価 …………………181
　4　自行評価・関係会社による評価の現状 ……………………182
Ⅳ　担保評価における留意点 …………………………………………184
　1　現況評価の原則と条件設定における留意事項 ……………184
　2　不動産鑑定評価における価格の種類 ………………………185
　3　不動産鑑定評価における試算価格（積算価格と収益価格）の極端な乖離 ……………………………………………………185
　4　敷金、保証金、マンション等の修繕積立金の取扱い ……186

各　論
類型別不動産評価の考え方

類型　その1　オフィスビルの評価

Ⅰ　はじめに ……………………………………………………………190
Ⅱ　オフィスビルの不動産としての特徴 ……………………………192
　1　自社使用と賃貸用の違い ……………………………………192
　2　マスターリース契約（いわゆるサブリース形態）のもの ……194

3　オフィスビルの立地と賃料水準························195
         4　オフィスビルに求められる一般的なスペック・耐震性能·······198
         5　いわゆる「既存不適格ビル」と耐震補強・建替えによる新規
           ビルの建設··200
         6　オフィスビルにおけるプロパティマネジメント業務···········202
         7　オフィスビルの総収益（収入）と総費用（支出）···············205
   Ⅲ　オフィスビルの評価方法・留意点······································208
         1　はじめに··208
         2　評価における基本的な考え方·····································209
         3　具体的な評価の流れ···210
         4　収益還元法の適用（直接法・DCF法の特徴）··················213
         5　原価法の適用··215
         6　試算価格の調整にあたっての留意点·····························215

類型　その2　日本旅館の評価

   Ⅰ　はじめに···220
   Ⅱ　旅館と金融機関を取り巻く環境の変化································221
   Ⅲ　日本旅館の特性···226
         1　「宿泊＋食事サービス」―サービス形態の特性と昨今の変化―·····226
         2　事業者の変化··228
         3　収益用不動産としての特性······································229
         4　施設面からみた特性···233
   Ⅳ　日本旅館の分類とその特性、留意点··································237
         1　規模による分類··237
         2　グレードによる分類···238
         3　規模とグレードによる分類······································238
   Ⅴ　日本旅館における温泉権（担保不動産として考える場合の留意点）···241
         1　泉　　　源··241

2 温泉権の概念 …………………………………………………243
　　3 温泉権の確保 …………………………………………………243
　Ⅵ 評価手法の研究 …………………………………………………245
　　1 日本旅館の購入者層 …………………………………………245
　　2 評価手法 ………………………………………………………247
　　3 収益還元法による評価 ………………………………………248
　　4 積算価格の査定・収益価格との乖離 ………………………253
　　5 具体的な評価の流れ …………………………………………254

類型 その3　ビジネスホテルの評価

　Ⅰ はじめに …………………………………………………………260
　Ⅱ 基本的な考え方 …………………………………………………261
　　1 立地の特性 ……………………………………………………261
　　2 施設的特性 ……………………………………………………262
　Ⅲ 不動産評価の考え方 ……………………………………………264
　　1 ビジネスホテルの良否 ………………………………………264
　　2 立地等による将来的な集客・稼働率への影響 ……………265
　　3 具体的な評価の流れ …………………………………………266
　　4 オペレーターサイドへのヒアリングの重要性 ……………269
　　5 評価における留意点 …………………………………………270

類型 その4　商業ビル（ショッピングセンター）の評価

　Ⅰ はじめに …………………………………………………………274
　Ⅱ 立地環境・規模の変化 …………………………………………274
　Ⅲ 経済価値をとらえるにあたり …………………………………276
　　1 立地の特性とリスクのとらえ方 ……………………………277
　　2 テナント開拓能力によるリスクの考え方 …………………278
　　3 シングルテナントかマルチテナントかによる違い ………278

4　駐車場の整備状況で集客力に違い ································· 279
　　5　商圏調査・競合施設の配置状況の調査・コンセプト調査 ······· 280
　Ⅳ　賃貸料の種類と設定方式 ·· 280
　　1　賃貸料の種類 ··· 281
　　2　賃貸料の設定と一時金の状況 ···································· 282
　　3　工事負担区分の違い ·· 283
　　4　テナントミックス・プロパティマネジメントの重要性 ········ 284
　　5　商業テナントビルと建設コスト ································· 285
　Ⅴ　不動産評価の考え方 ·· 285
　　1　商業ビルの分類 ·· 285
　　2　具体的な評価の流れ ·· 287
　　3　留　意　点 ··· 289

類型　その5　物流施設の評価

　Ⅰ　はじめに ·· 292
　Ⅱ　物流施設の特徴 ··· 293
　　1　輸送形態における3PL形態 ······································· 293
　　2　物流施設における所有と経営の分離、投資家の動向 ············ 293
　　3　立地的な特性 ··· 294
　　4　物流施設の分類 ·· 298
　　5　倉庫業と物流施設の関連 ··· 299
　　6　物流施設のつくり ··· 301
　Ⅲ　不動産評価の考え方 ·· 302
　　1　基本的な考え方 ·· 302
　　2　具体的な評価の流れ ·· 303
　　3　留　意　点 ··· 305

類型 その6　高齢者住宅（有料老人ホーム・サ高住）の評価

- Ⅰ　はじめに……………………………………………………………308
- Ⅱ　高齢者住宅の形態と有料老人ホーム・「サ高住」の位置づけ……310
  - 1　高齢者住宅の分類とその形態………………………………310
  - 2　有料老人ホーム・サービス付き高齢者向け住宅の定義とその分類……………………………………………………………311
  - 3　入居時に支払う一時金の存在………………………………316
  - 4　有料老人ホーム・サ高住の動向……………………………317
- Ⅲ　有料老人ホームの特性と収入構造……………………………318
  - 1　分類からみた特性……………………………………………318
  - 2　グレードからみた特性と求められるべき内容……………319
  - 3　有料老人ホームという業態特性と留意点…………………320
  - 4　有料老人ホームの不動産からみた特性と収支の留意点…321
- Ⅳ　評価作業とその留意点…………………………………………323
  - 1　基本的な考え方………………………………………………323
  - 2　評価作業の流れ………………………………………………324
  - 3　投資利回りの設定……………………………………………327

類型 その7　工場の評価

- Ⅰ　はじめに……………………………………………………………330
- Ⅱ　工場立地と転用の可能性………………………………………332
  - 1　工場立地と用途………………………………………………332
  - 2　工場の転用とその可能性……………………………………333
- Ⅲ　工場敷地の土壌について考える………………………………336
  - 1　工場敷地の土壌と転用における留意点……………………336
  - 2　土壌汚染対策法と調査の必要性……………………………338
  - 3　工場の経済価値と土壌汚染の関係…………………………339

	4	不動産鑑定評価と土壌汚染の調査との関係 ································340
	5	土壌汚染の詳細な調査 ································342
Ⅳ	具体的な評価の流れ ································343	
	1	一般的な評価方法 ································343
	2	収益還元法とこれからの工場評価における課題 ················346

総　論

不動産経済価値のとらえ方と評価の実務ポイント

第1章

不動産市場と経済価値の動き

―バブル経済から崩壊、リーマンショックを経ての流れをふまえて―

I 「不動産バブル、バブル崩壊、ファンドバブル、リーマンショック、そしていま」

　日本には、かつて「土地神話」と呼ばれるものがあり、「地価は下がらない」という観念が存在した。たしかに、戦後からみるとバブル崩壊の平成4年前後まで地価が下がったのは昭和40年代後半の未曾有の不況となったオイルショック時くらいで、戦後からの40年以上地価上昇トレンドが長きにわたって続いた。

　この上昇トレンドを打ち破る現象が、「バブル崩壊」であった。昭和60年代初頭から東京都心部の商業地において発生した地価上昇傾向は、次第に東京都心に近接した住宅地、東京郊外部の商業地・住宅地に広がるとともに、全国規模にまで波及した。地方都市の中心市街地や住宅地も地価の急激な上昇に見舞われ、当時は「資産格差」が大きくクローズアップされた。大都市圏では一般サラリーマンが居住する郊外部に所在する住宅（戸建住宅）が1億円を超え（平成26年3月時点では3,000万～5,000万円程度が主流）、もはや生涯賃金のなかでこれを取得することは不可能とさえいわれた。企業においては、「含みの経営」という言葉がもてはやされ、事業内容・業績よりも所有する不動産を基準に遊休地を含めて企業の価値や株価が決まるという、いまから考えればおかしな事象が起きた。

　最初に、土地神話を崩し、その後長期にわたる不動産不況を築き上げた不動産バブルとは、いったい何だったのか。その要因と背景、さらには崩壊への道筋を整理することにより、不動産市場と経済価値について考えてみたい。

1　不動産バブルはなぜ起き、崩壊に至ったか？

　昭和60年～平成初期に形成されたいわゆるバブル経済、このなかで特に不

動産バブルはなぜ起きたのか、そしてなぜもろくも崩壊してしまったのかということについては、しっかりとした研究がなされているわけではなく、原因が明確化されたという感もない。

ただ、一般的にいわれているものを整理すると、次のとおりになるものと考えられる。

(1) 東京の「24時間都市化構想」が発端

昭和60年当時、日本の産業は強固な輸出力を有しており、諸外国との間で貿易不均衡是正を求められ、資金的な流れを内向きにするために、内需拡大策を旨とした金融緩和策が行われようとしていた。たまたま、グローバルビジネスの進展や金融の国際化といった流れもあり、これに東京の24時間都市化構想・世界金融センター戦略などが絡み合い、「将来的に香港・シンガポールといった金融先端都市に勝ち抜くためには優良なオフィスが必要で、東京都心部にはこれらを受け入れるオフィスが不足している」「オフィス不足解消のためにまとまった土地が必要である」といった、いまから考えれば風評的というか、ややデマ的な憶測が世間に広がった。

これに呼応し、将来的な地価上昇をも狙った不動産会社などが、東京都心部内の利用度が低いエリアにおいて、オフィスビル用地の形成のための取得（いわゆる「地上げ」）を積極的に行い、土地の高度利用化を図ったのが、不動産バブルの発端の大きな要因のひとつといわれている。内需拡大策をとった当時、余ったカネが不動産購入資金となって市況に流れ込み、都心不動産を買い漁ったため、地価の急騰に見舞われた。土地は限りある資源であり、一度に急な需要が舞い込むと途端に上昇するという構図はいまも変わりないが、ともかく途轍もない勢いが感じられた。

(2) オフィス用地から住宅地、そして地方都市、リゾート、山林への波及

こうして、東京都心のオフィス用地の価格が上昇すると同時に、都心に立

地するマンション用地などの価格上昇も起きるようになった。最初は、中心部あるいはこれに近接するエリアの地価上昇が発生した。

　では、これがどうして住宅地、そして日本中のさまざまな不動産に波及していったのであろうか。このメカニズムについては、はっきりとした研究はなされていない。住宅地と商業地の公法上の用途指定があいまい（住宅用途の土地でも商業ビルの一部の建築が可能）であったことが原因という声もある。

　一般的にいわれていることは、都心に居住し地上げで立退きとなった人たちが高額のマネーを手に入れ、郊外の優良住宅地に移転、高い価格での優良郊外住宅地の売買につながり、これが次第に一般住宅地に浸透したというものである。当時は「買換え特例」という税優遇制度も存在したため、この動きは非常に顕著となった。いまでは、にわかには信じにくい話であるが、テレビで連日株価上昇とともに地価上昇が伝えられ、当時はまだ一次取得層も多かったことから、新築住宅に購入者が殺到するという光景もみられた。

　バブル期を知っている人からみると、当時の価格はいまと比べるとかなり高かった印象を受ける。特に、戸建住宅については現状と大きな差があった。土地神話の影響もあって、資産として買うなら建物中心のマンションよりも土地付きの戸建住宅という概念が強く、加えて日本には戸建絶対主義的な側面も強かった。いまほど都心に住むという考え方の持ち主は多くなく、主に私鉄やJRで1時間以内のエリアに住むのが一般的であった。TBS系列で放映された「金曜日の妻たちへ」というドラマに代表されるように、夫が都心に勤め妻が郊外で家を守るという感覚が一般的であり、ある種都会生活のあこがれのパターンであった。それだけ郊外住宅の人気が高く、平成26年3月時点において3,000万円台で買えるエリアが、1億円を超える水準にまで価格上昇したこともあって、住宅需要は徐々に安価であった郊外に広がっていった。

　住宅地の外延化は東京、名古屋、大阪といった大都市圏でも同様に進んだ。郊外部のほうが住環境面でよいのはいうまでもないが、共働きを前提とした都心、あるいは都心近接のマンションよりも土地付住宅へのこだわりが

強く、一次取得者向け住宅の開発が新幹線通勤を前提としたエリアにまで拡大したのもこの時期である。

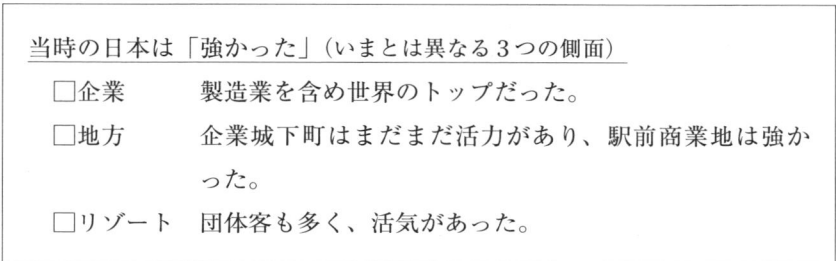

カネが余ったのは何も個人だけではなく、企業も同様で、まして当時は『ジャパン アズ ナンバーワン』という書籍がベストセラーとなるなど日本の全産業が強かった。ランドマーク施設としての本社ビルの建設、社員への福利厚生を目的とした豪華な社員寮や保養所の建設といったものが次々と行われた。当時は不動産をもっているだけで、不動産の実勢価格が1年で2倍近くにまで上昇することもまれではなかったため、企業にとっての不動産取得熱も著しく高かった。

不動産担保力が、その企業の本業である技術開発力等以上に注目され、土地をもっている企業に金融機関はどんどん融資した。融資額は企業の信用度とまでもてはやされ、これがさらに別の不動産投資に回るといった循環が続き、事業と無縁の不動産所有、たとえば本業は製造業ながら賃貸オフィスビルやマンション、商業ビルを多数もつといったことが頻繁に行われるようになった。

現在のような工場などの用途転換による跡地利用であれば有効活用であるが、事業利用せず転売益を目的とした購入も目立った時期である。バブル崩壊後、このような経営を積極的に行った企業に大きな損失が発生した。

一方、金融機関は運用先に困った大量の資金を不動産に投入した。見通しがかなり甘い事業計画書であっても、担保として不動産が存在するという理由で融資を実行し、これが平成4年以降に不良債権問題となって顕在化した

のである。

　時代の変遷もある。たとえば、現在と比べるとまだ地方に活力があり、ロードサイド商業地に代表される商業立地の郊外化も進展していなかったため、地方の駅前で百貨店や大規模なスーパーマーケットを核店舗とした大規模な商業ビルの建設が進み、オフィスビルの建設も多数行われるようになった。当時は支社・支店需要も高く入居を希望するテナントも多数存在した。

　商業立地の郊外化など商業環境の大幅な転換と不動産バブル崩壊には直接的なかかわりはないものの、その後の空室発生は大きな痛手となった。大都市圏と異なり、需要の一巡で新たなテナント創出がむずかしいからである。また、地方でも大都市に倣ったかたちで大規模住宅開発が多数行われ、多くの分譲地には住民が入居することとなったが、利便性の悪い地域においては売れ残る区画が大量に発生した。企業城下町等では工場の海外移転に代表される製造業の空洞化で、中心市街地・郊外住宅地ともに厳しい状況に置かれるところも出てきた。

　地方に関してはいわゆる「リゾート法」を受けて、観光地への不動産投資も加速した。折からのテーマパークブームもあり、全国各地に〇〇村といった外国や地方色をテーマにした大型集客施設が完成した。このうち現存するものはどの程度あるのだろうか。テーマパークは造成・建築ともに大規模なものであり、地方にとっては多くの雇用創出の機会にもつながる大きな事業であったが、海外旅行増加で実際の外国との競争となると、テーマパークのソフト面、ハード面で勝ち目はなく、想定していたほどの需要が生まれなかった。施設維持費が膨大なこともあり、10年経たずに破綻・閉鎖するケースが増加した。

　温泉地では、すでに団体旅行の時代に陰りがみえるなかで大規模旅館の新築・増築が行われた。温泉旅館については個人客中心で、料理やサービスが充実した旅館については現在でも十分な集客が行われているが、需要とミスマッチな収容規模をもつ旅館は、客単価下落競争に晒され、売上高が大きく落ち込み、施設維持管理も十分にできない旅館が目立ってきている。リゾー

トホテルも同様で、特に夏あるいは冬といった季節性がある施設は過大な売上計画を立てたため、厳しい経営に陥るホテルが続出した。

リゾート関係では、高額の会員権を前提としたゴルフ場計画が立ち上がり、日本中がゴルフ場建設ラッシュとなった。ゴルフ人口そのものは最近回復傾向にあり、客単価も下げ止まりつつあるが、当時の客単価は非常に高く、これに見合うと考えられた華美なクラブハウスを建設するといった、ゴルフを楽しむというスポーツ本来の意義とは異なる施設が続出した。現在はパブリック形態に転換したゴルフ場や、メンバーシップは残しつつもパブリック形態に準ずるものになったところも多いが、営業については別の経営主体により運営されているところが多い。

これらの施設にはすべて金融機関からの融資が行われており、当時の担保力をもとに貸出が実行されたものである。当時のバブル発生メカニズムの流れは、おおむね次頁のような流れになるのではないだろうか。

バブルの崩壊が始まるのが平成4年頃からである。当時の大蔵省による貸出金の総量規制、いわゆるバブル潰しを目的とした日本銀行による金融引き締め策を受け、資金の出し手であった金融機関が資金供給をストップ、あるいは回収に転じ、不動産価格上昇が止まり、そして下落に転じたのである。

バブル期の不動産価格の上昇に対して、収益面でみると家賃やオフィス賃貸料は当然上昇した。ただ、そのペースは非常に鈍く、地価が倍になっても賃料はせいぜい10〜20％上昇したくらいではないだろうか。ましてや高額商品を取り扱う百貨店や、一般商品を中心に扱うスーパーマーケットも立地に大きな変化が生じ商業施設の郊外部への移転が進んだことで中心立地型の収益力は次第に下がり、不動産価格の上昇率に比べると小さく、テナントの賃料負担能力自体も低かった。

一般住宅についても、1億円や2億円という水準にまで上がると、もはや一次取得層での購入は考えにくい。これに見合う年収の人は少なく、買替え需要が一巡すると買い手がほとんどいなくなった。その意味では、「実需」とかけ離れてしまった瞬間に、価格下落への道に突入してしまうのである。

■ 昭和60年頃に発生した不動産バブル発生メカニズム

| 東京の24時間都市化構想（オフィス床需要の増大予測）
慢性的なオフィス床不足と想定需要のミスマッチングが発生する |

↓

【都心部の地価上昇】
オフィス建設用地確保のための地上げが至るところで行われ、
用地の取得競争が激化、地価の急騰が起きる

↓

地上げで立ち退いた住人の郊外転居が進む（主に高級住宅地へ）

↓

【郊外部での地価上昇】
郊外における地価上昇、不動産価格上昇が顕著になる
業務核都市構想等もあり郊外オフィスの建設もみられるように

↓

「すべての不動産は上昇する」という考え方が浸透

↓

【余ったカネが全国展開】
・地価上昇が地方都市へ波及
・一般住宅地地価上昇が通勤限界圏を超えるエリアでの住宅開発に進展
・リゾート法によるリゾート開発の促進（ゴルフ場素地・山林の価格上昇、テーマパーク、旅館・リゾートホテルへの融資が進む）

↓

全国のすべての不動産価格が上昇する

2　バブル崩壊、外資の襲来そしてファンドバブルの発生

次に、バブル崩壊後の動きについて少し振り返ってみよう。

(1)　不良債権処理における外資系企業、サービサー・整理回収機構の活用

不動産のバブル崩壊が始まったのは、平成4年頃だったと考えられる。平

成2年3月の大蔵省銀行局長通達による、不動産融資に対する総量規制、さらには日銀による金融引き締めもあって、バブル形成と同様、都心部の地価下落から始まり、これが郊外そして全国へと広がった。実需と無縁に形成された不動産バブル崩壊の怖さを思い知らされることになるのである。

　下落の当初は、不動産神話を信じる人もまだ多く、価格下落は一時的なものという声が強かったが、金融機関が本格的な不良債権処理に乗り出す3年後、5年後には、もはや不動産投資そのものを非常に危険な行為とみる向きが強くなった。

　金融機関は、不良債権となった担保付ローンの処理を迅速に行っていればあまり大きなロスを出さずにすんだかもしれない。1990年代後半に、金融行政は自己査定の厳格化を金融機関に要請し、不良債権の担保不動産の売却（当時は競売を使うことが多かった）、また実損を出すために債権自体の売却が行われるようになった。この売買は、ノウハウをもつ外資系企業または金融機関、一部の国内企業が参画し、大量の債権売却が行われた結果、わずか2～3年の間でローン売買市場が整備されていった。

　平成11年2月に「債権管理回収業に関する特別措置法」（サービサー法）が施行され、サービサー会社が多数設立された。また、同年から、整理回収機構（RCC）も金融再生法53条による健全金融機関からの不良債権の買取りをスタートし、不良債権処理は進展した。

```
□バブル期の融資姿勢　→取引事例主義
　　　　　　　　　　　積算主義(土地価格に建物価格を加算したもの)
□不良債権処理時の査定→収益主義、市場性重視
```

(2)　不良債権市場における価格査定（デューデリジェンス）

　かつては、取引事例主義、積算主義で担保不動産を評価してきた金融機関にとって、担保不動産の流動化を前提とする場合の収益主義、市場性による

減価という考え方はまったくなかった。いまでは当たり前の収益還元法の適用も、この当時まではほとんど行われていなかった。信じられないかもしれないが、いまから約15年前の平成10年前後に、不動産鑑定評価基準に「収益還元法」は記載されていたが、これを厳然と適用した評価を行うケースは少なく、土地・建物の価格の積算を基準とした評価や担保査定が一般的であった。収益還元法の適用でも、年間賃貸料を利回りで割り戻すいわゆるグロス利回りでの評価が一般的で、費用項目をきちんと精査するといったことは行われてこなかった。

　実際のところバブル当時の不動産の還元利回りは１～３％程度の水準であったと考えられるが、これが不良債権市場に出た際には６～15％程度と急激に跳ね上がっており、価格的には３分の１から10分の１程度にまで下がることになる。

　また、不良債権の担保不動産は、極端に規模が大きいにもかかわらず規模面での減価を考慮しないで単価を査定したものや、最有効使用と合致していない建物（たとえば住宅街のオフィスビルや工場）が存在し、売却する場合には用途転換や取壊費用がかかるといった問題を含んでいるものが多い。さらには不法占有者が存在するといった法的な諸問題点を抱えており、売却までにかなりの期間を要するケースも多い。この期間について、さらに割引されてしまう。したがって、不良債権処理当初のローン売却価格は債権額（あるいは担保による保全見込額）からみると非常に小さくなってしまうことも多々あった。

　このような流動化を前提として評価を行うことを、不良債権市場では「デューデリジェンス」と呼び、市場性のある商品に改善することを前提とした価格査定が行われることで不良債権処理は進んでいくが、金融機関にとっては長い時間をかけて大きなロスを出すことになったのである。

　サービサー会社や外資系を含めた第三の金融機関などへのローン売却は複数社を呼んだ入札が行われ、なかには大量のローンを売却する場合にはサンプルビッドと呼ばれる一部のローンでの入札もしくは、相見積りと呼ばれる

```
■商品化を前提とした担保不動産の取引価格
 担保不動産の評価
        最終需要者が考える不動産商品の価格（収益還元法による評価）
    －）物理的なコスト（たとえば、建物取壊費用や土壌浄化費用など）
    －）権利調整コスト（たとえば、占有者排除費用、敷金・保証金など）
    －）介在業者の利益（不動産業者が得るべき適正な利益）
        担保不動産の取引価格
```

方法を用いて、落札価格の市場価格の透明性確保が行われた。

　不良債権処理では裁判所による競売制度も活用され、特に多数の抵当権者や詐害行為者がおり任意売却ができない場合などに多用された。予納金の存在等煩わしいものもあったが、公的機関を通した売却であるため、透明性が確保されていると考えられるものである。かつては「最低売却価額」制度があり、この額を上回らないと売買に参加できない仕組みがあったが、最低売却価額の査定の多くが不動産鑑定士に依頼されていたものの、土地・建物の価格を合算したもの（いわゆる積算価格）をベースとしたため、現実の市場をよく見極めていない側面があった。

　さらに、収益性をあまり考慮していないことから、設定された最低売却価額そのものが高止まりし、せっかく競売にかけても入札者がなかなか現れないなど、最低売却価額に対してはさまざまな批判が集中した。この査定方法の見直し（収益還元法等の導入や市場調整率の厳格化）等が行われ、さらに平成17年4月からは改正民事執行法が施行され、最低売却価額制度は、売却基準価額と買受可能価額の2つに変更となった。これにより、評価人により査定された価格である売却基準価額を基準とし、これより2割低い買受可能価額以上であれば入札に参加できるようになった。

(3) 競争原理の導入・そして過当競争

　不良債権については、入札による売買が積極的に行われるようになると、競争原理が入ることにより不良債権市場におけるローンの売買価格の上昇が

■倒産した工場を担保として徴求していた場合を例として考える

　金融機関が過去に行った担保不動産の評価方法は、工場を構成する土地・建物の価格を査定し、これら構成要素の価格を合計した額をベースに担保評価額を求めるという手法であったが、現実的な市場では建物撤去が前提になる。
　たとえば、土地価格：3億円　建物価格：2億円とした場合
（建物取壊費用1億円）

金融機関の担保評価
　　（土地価格3億円＋建物価格2億円）＝合計額5億円
　　合計額5億円×担保掛目60％＝担保評価額3億円

　　　　　　　　　　　　　　　　　　大きな乖離が発生する

実際には住宅用地として転用することが求められる
　土地価格2億円※－建物取壊費用1億円＝差引額1億円

　この差引額から期間割引を実施した額が、サービサー会社による買取額となった。期間割引率は当初は年率12～15％と高く（それだけリスクウェイトをみていた）、仮に2年間で最終的な資金回収が行われるとなると、

差引額1億円÷（1.15）^2≒7,500万円程度となる。

　金融機関の担保評価額が仮に土地・建物の合計額である5億円に対し60％の担保掛目を掛けていたとしても3億円であり、実際のローン買取額は約25％になってしまう。
※　土地価格については、一体利用の工場土地としての購入者がなく、大規模土地を分譲するためには道路の築造や公園の附置が求められるため、利用可能面積が小さくなり、土地価格自体が当初の目論見よりも小さくなることが多かった。

進んだ。逆に、競争が進むなかで担保不動産の評価を厳しくしすぎると購入がむずかしくなってきた。さらに、プレイヤーの幅は広がり、投資家から担保不動産の処分を行う不動産業者も続々と登場した。このことで不良債権の価格、担保不動産の売買価格は次第に上昇していく。価格上昇で金融機関が想定した額よりも高めの提示があると、不良債権処理に弾みがつき取引される案件の規模も当初に比べるとより大型化していった。

　たしかに、競争原理の導入が不動産価格の下落から上昇へ向けて大きな役割を果たしたことはいうまでもないだろう。ただ、これが過当競争になると

理論を超えた数字での取引が行われるようになる。特に、新興の買い取り業者ほどその傾向が強かった。

不良債権処理が一巡する前後から、国内の優良不動産や一般的な不動産に外資も含めた投資家の軸足が向かうようになった。最初は日本の金融機関や不動産会社に抵抗感をもたれていた外資も、日本の取引慣行になじんでいくにつれて溶け込み、一大勢力となって不動産投資に向かった。

折しも、ヘッジファンドを中心とした世界的なマネーパワーは、確立した所有権制度があり、かつきちんとした規制のもと建築された建物が多く、また一定のテナント需要も存在する日本のオフィスビルや商業施設、さらには物流施設といったものを安定性が高いと考え、投資対象としていった。

3　リーマンショック、そして欧州危機、撤退する外資

不良債権市場での売買に参入してきた外資系企業が、投資対象を日本の現物不動産に転換するにはさしたる時間を要しなかった。折しも東京都心部に高いスペックのオフィスビルの完成が相次ぎ、優良企業が高単価の賃料でテナントとして入るようになり、一等地のオフィス賃料相場が上昇していった時期でもあった。

平成20年夏に起きたリーマンショック前は、金融関連業務はプチバブル的な傾向がみられ、特に不動産市況はこれをうまくとらえたことで活況を呈し始めていた。この背景には、まず東京の都心一等地への資金流入があった。最初は商業一等地といわれる、銀座・表参道といったエリアで発生した。当時、東京には高額ブランドショップの旺盛な出店意欲があった。このような業態の店舗では売られている商品の単価が一般の百貨店等とは大きく異なるため、他の物販業界に比べると破格ともいえる家賃負担に耐えられるものであるが、このような店舗が立地できるに相応しい場所は東京といえどもきわめて限られており、銀座であり表参道であった。

地域として稀少性が高く、収益力に対する期待から不動産取得需要が殺到し、価格が局地的に上昇し、ここから不動産市況の反転がスタートした。同

様の現象がオフィスビルにつながるまでにはそれほど時間を要しなかった。一方で、住宅については外資系企業に勤務する人や、多額の資金をもつ外国人投資家の資金が、東京都心部の高級マンションに集まり、このエリアのマンション価格が上昇する。その後、この傾向は優良住宅地が多い東京城南地区にまで飛び火したものと考えられる。

次に、不良債権の担保不動産として売却された物件の建替えや、大幅なリニューアルにより商品化され、これに外資系企業や国内投資家が触手を伸ばした。世界的なマネーは市場が整備され、かつ所有権や賃借権といったものが法的に安定している日本という市場に注目し、これで資金を回すようになった面がみられた。

しかし、平成20年のリーマンショック前のプチバブルは、次の2つの点で前回のバブルとは大きな違いがあった。まずひとつ目は、東京都心部で発生したプチバブル的な地価・不動産価格上昇は、郊外部にまで波及しなかったということである。もちろん、急激な地価下落の是正という観点から持ち直した地域は存在したが、価格が大きく上昇した地域は限られていた。2つ目は、地方への波及度が小さかったことである。名古屋市周辺において、JR名古屋駅前で大規模な再開発ビルが完成したことや、自動車関連の企業が好業績であったことから、地価や不動産価格の上昇はみられたが、その他の地域については限定的であった。この時期の地価・不動産価格回復の要因としては、海外からの資金流入が大きかったといっても過言ではない。海外勢は東京、そして一等地にこだわった投資を行ってきており、国内勢のように大阪、名古屋、そして地方主要都市にまで幅広く投資を行うことはあまりなかった。首都圏一等地については過熱した不動産取得競争もあって、投資利回りが急落、物件によっては純収益ベースで3％を下回る水準にまで下がり、借入金の金利負担などを考えると投資額が大きいとはいえ、利幅が極端に小さい水準にまで落ち込んだ。

このような地価・不動産価格回復ステージの幕を引くのが、平成20年に発生した「リーマンショック」である。これは、アメリカの金融大手である

リーマン・ブラザーズが2008年9月に連邦倒産法11条申請により破綻し、それを受けて株式市場の急落、そして世界的な不動産不況期に突入したものである。

当時、アメリカでサブプライムローン問題と呼ばれた金融不況が発生したのが発端である。サブプライムローンとは、当初の金利は低いが途中から急に高くなる形態のローンで、審査基準が緩く、主に住宅ローンに使われていたが、このローンの焦げ付きがほぼ同時かつ大量に発生したことで大手金融機関の経営に大きな影を落としたのは記憶に新しい。世界中に展開していた資金を一斉に引き揚げ、このことが日本の地価・不動産価格を急落させたのである。

4　国内投資家勢の復活、金融緩和と不動産価格
　　―最近の状況―

こうして、2008年夏以降、世界的な金融・不動産不況が始まるが、東京都心一等地でオフィス賃貸をしていた外資系企業の撤退で、大量の賃貸床が空室に転じてしまったこと、また国内の経済環境の悪化を受けて、賃料の値下げ要請の増加、フリーレント（新規賃貸時に一定期間賃料支払を不要とすること）要請の増加もあって、極端にビルのキャッシュフローが落ち込んだ。

□リーマンショック後
　外資の撤退＝資金の撤退＋テナントの撤退
　　　　　　　↓
　東京の都心一等地のオフィスビルを直撃
　　　　　　　↓
　地価・不動産価格が一転して下落

東京がこのような状況であるのに対し地方都市はより厳しく、新規のテナント獲得が困難なエリアが多いなど、苦戦は続いた。こうした状況が2年強

続くなかで発生したのが、平成23年3月11日の「東日本大震災」である。

宮城県沖の太平洋の海底を震源とするマグニチュード9.0という日本周辺における観測史上最大の地震で、岩手県沖から茨城県沖までの南北約500km、東西約200kmという広範囲の震源域で、最大震度は宮城県栗原市の震度7、宮城・栃木・福島・茨城の一部で震度6強を観測した。この地震で発生した津波は波高10m以上、最大遡上高は40m強にも上る巨大なもので、東北地方から関東地方北部の太平洋沿岸部に壊滅的な被害をもたらした。死者・行方不明者は2万人を超え、液状化現象、地盤沈下等が起き、各種ライフラインが寸断された。そして、かつて経験したことのない原子力発電所事故である「福島第一原子力発電所事故」の発生につながった。

ライフライン・交通機関の一時的な寸断は全産業に影響を与え、製造業においては部品供給のストップによる生産ライン全体の停止、また福島第一原子力発電所の全面停止による電力不足で、一時は計画停電も実施され、将来に向けた不安要素が拡大した。消費活動も低迷し、いわゆる「自粛」ムードもあって飲食業や観光産業まで大きな打撃を受けることになった。

地価・不動産価格についても、当初大きく落ち込むことが想定されていた。津波被害にあった地域の一部では建物の再建築ができなくなった箇所も多く、液状化現象が起きた地域については大幅な地価下落となったが、不動産市況においては、平成23年の年末までには落ち着きをみせてきた。仙台市などではいわゆる復興需要といった面から景況感の急回復もみられ、想定されていた影響に比べ限定的であった。被災地では高台への移転需要の急増で地価が急上昇するエリアが続出したほか、マンションやアパートについても被災地からの移転需要があって、いわき市などの一部では空室がない状況が続くなど特殊な動きすらみられた。この状況はまだ続いている。

リーマンショック、そして東日本大震災という大きなマイナス要素はあったが、首都圏の住宅マーケットについては比較的安定していたといえる。もちろん、長期的な不況の影響もあり不動産価格は下落傾向にはあったものの、商業地の変動率に比べると安定的であったといえる。震災後の不安心理

が縮小するなか、国内勢を中心とした投資家が不動産市場に戻ってきている。円高による輸出企業への打撃を受けて非常に悪化してきた企業業績についても、厳しいリストラに耐え抜いた結果、利益確保ができるようになってきており、余資運用先として不動産に投資する会社も増加してきた。

また、平成24年末に民主党政権から自民党政権へ交代すると、金融緩和策がとられたこともあり、株式市場は日経平均で8,000円を下回る水準にまで落ち込んでいたものが1万5,000円前後まで回復し、不動産価格についても下げ止まり感が非常に強くなってきた。海外勢についてはアメリカで景気回復がみられ、東南アジアは好況に沸いているが、全世界的な水準での好況感には程遠く、多額の資金の流入がみられるまでには至っていないものの、今後については注目すべき点が多い。

Ⅱ　不動産価格を動かす法則性と今後の動きの予測

Ⅰで、バブル発生から崩壊、不良債権処理から外資系企業による不動産投資増加、そしてリーマンショックと流れ、国内投資勢の復活と時代の変遷をみてきたが、ここでみられた不動産価格の法則性を考えてみたい。

1　市場性・収益性

バブル期においては商業用不動産、郊外・地方にまで広がった住宅用不動産、さらにはリゾート施設、山林といったさまざまなものの価格が急騰したが、その後の不良債権処理で、不動産をみるポイントとして収益性・市場性が重視されるようになった。

この不良債権処理の過程で、ある意味、投資家は経済合理性を追求し、バブル期には取引事例主義、積算主義で決まっていた不動産価格について、収

益還元法が強く求められたことから、収益性が重視されるようになってきた。また、買い手がつきにくい不動産については、理論値を上回ると売却が困難であるというイメージが刷り込まれたため、売れるものと売れないものをみる目が養われた。

収益性の重視で、コスト高の不動産にとっては厳しい選別がなされ、ゴルフ場（建設コストが18ホールで100億円を超えるものが多かった）や大規模の日本旅館等は、市場での見方がまったく変わった。

2　商業用不動産の価格動向要因

オフィスビルやテナントビルといった商業用不動産については、「利回り」が投資の大きな指標となった。

ただ、「利回り」は時に応じて上下変動し、価格には大きなボラティリティが発生するようになった。東京圏の優良オフィスビルについてはバブル崩壊直後の投資利回りが6％前後と高かったのに対し、いわゆるリーマンショック直前には不動産取得競争で3％前半、あるいはこれを下回る水準にまで下がるという事態が生じた。いわば、競合が激しくなればなるほど不動産価格が下がり、過熱感が薄れると上昇するという波が形成された。リーマンショック後も、利回りは上下変動し大きなボラティリティには十分注視する必要が出てきた。

利回りの要因には、収益である賃貸料と費用であるビルの維持管理などのコストがあるが、コストに比べ賃貸料は、オフィスビル等の需給バランスにより弾力的に変動する。また、不動産の需給の中心に外国企業等が入ったことも要因にある。外国企業に認知度が高い東京へ資金の集中投下が行われ、これが大阪・名古屋・札幌・福岡といった5大都市圏にまでは広がったが、これより規模の小さな都市圏については利回りに大きな差があっても投資を行わなかったため、大都市部と地方の格差が広がった印象を受ける。最近は国内投資家も復調し、地方都市への投資もみられるようになったが、地方都市は中心市街地の凋落が激しく投資対象そのものが少ない、あるいはなくな

ってきた地域もみられる。

　大都市圏における価格の上下変動が今後も起きる半面、地方マーケットにおける商業用不動産が大きく上下変動するには新たな企業進出もしくは撤退といった積極的な要因が必要となり、日本の経済基盤がふたたび強固にならない限り、上昇基調への転換はむずかしいものと考えられる。

3　住宅用不動産の価格動向要因

　住宅用不動産は、この20年で大きく様変わりした感がある。そのひとつには、大都市圏における戸建志向が、かつてに比べ減退した点がある。かつては土地神話があり、かなり郊外であっても戸建住宅を希望する層が多かったのに対し、最近では都心近接マンションへの居住が増加し、住宅地の都心回帰が進んだ。地方都市においても、それぞれ特色や傾向はあるものの都心回帰の傾向がみられるようになってきた。

　もともと住宅地の郊外化は、大正12年の関東大震災による下町地区の壊滅を受けて始まったといわれているが、先の東日本大震災では東京都心部で大規模な被害が発生しなかった一方、帰宅困難者問題がクローズアップされ、勤務先から距離がある自宅を不便に感じるようになる人が増加した。

　もちろん、郊外ニーズが大きく縮小したわけではない。首都圏の場合、郊外部にも多数のオフィスが存在するため、職住近接という面でも郊外住宅に対する一定の需要は存在する。ただ、都心の居住は勤務先以外に映画館やホール、美術館といった文化施設、さまざまな物販店舗にも近接している点で利便性が高い。郊外住宅は駅に近接している物件もあるが、駅からバス便を利用する必要がある物件も多く、日々の生活を含め都心居住よりも利便性は劣る。高齢化社会の進展は、問題が指摘された当初は、ゆっくりと生活ができる郊外へのニーズが高まると考えられてきたが、近年では高齢者も元気に外に出歩くことが一般的になっており、移動距離や移動時間が短い都心居住志向が強くなってきている。

　利便性以外にも、中高齢層はかつては将来的な建替えが容易な戸建志向が

強かったが、近年ではマンションの建物品質が大幅に向上したことや、安全性、特に防犯的な観点からマンション支持層が増加してきている。

住宅地の都心回帰は、郊外住宅地に大きな影響を及ぼしている。高齢者層が多い住宅団地などは、空き住戸対策（たとえば住宅をリフォームして若い世代の一次取得者層に売却する）といった施策、利用者が減少することにより鉄道駅から住宅団地までの路線バス等の二次交通機関対策を打ち出せるかなどが重要となっている。商業施設の立地や競合状況も大きく変化しており、ニュータウンを通る鉄道路線の駅ビルに空き区画が多く出てくると、街自体の印象が廃れ、ニュータウン全体が廃れてしまうという悪循環も発生することが予想される。ディベロッパーが空き区画の対策を行うなど、長期的視野に立ったサポートが不可欠である。

一方で、東京など大都市の都心マンションについては今後も購入者層が厚いことが推測され、また、海外投資家等の投資物件としての購入も進むことが想定される。ただし、過度な投機対象になることで価格が急騰するとその反動が大きく、融資等で大きな損失を出しかねない面もあるため十分注意する必要がある。

住宅用不動産については、たとえば1棟の賃貸マンションやアパート、あるいは都心におけるいわゆるワンルームマンション1戸といった投資物件的なものは、商業用不動産同様、「賃料収入」と「利回り」に大きく影響される側面があるが、エンドユーザーが購入する戸建住宅や分譲マンションといった居住用不動産については、依然として取引事例が大きな価格決定要因になっており、この取引事例価格は住宅立地の動向という大きな流れに加え、景況感の良否、さらには主なターゲットとなる購入者層の所得の動向に最も大きく影響される。

Ⅲ　複雑化する不動産と金融との関係

1　長期投資の不動産とどう向き合うか

　通常、不動産開発事業はマンション等の比較的小さなプロジェクトでも完成までに2年程度、大規模なオフィスビルや商業施設開発となると3～5年程度かかることが多い。一方で、いわゆるリーマンショック以前、平成20年から25年の間の5年間の動きをみてもわかるように、地域によっては不動産価格や賃料が大きく変動を起こすものとなった。これでは、一期間だけをみると不動産事業そのものが大赤字、大黒字という事象が発生していることを意味し、バブルの崩壊を挟んで、不動産価格自体がボラティリティの高いものになってしまったといえる。

　長期保有を前提とした機関投資家等は、一定のボラティリティに動じず保有を続けることで、長期的な投資利回り確保を目標としている。したがって、企業の株価の変動のように一時点の不動産価格の上下で一喜一憂することはあまりない。ただ、長期的なトレンドをみて将来的な収益性も厳しいと想定される場合は、やや売り急ぎ的な価格であっても売却してしまうことがある。したがって、過去および現状の価格や賃料、利回り、空室率等の要因を時系列的にとらえ、将来予測をしながら対応していくのが一般的で、金融機関も長期投資を前提とした不動産事業に対する貸出の場合は、同様の流れを把握しておく必要がある。

　また、大規模な分譲住宅業等の住宅を中心とした不動産事業を行っている企業の場合、不動産を一時に全部分譲せず、素地の状態で一定期間置き、その後市場における需要動向等をみながら徐々に販売計画を立てるのが通常であることから、時として簿価を下回ることも、大きく上回ることも出てくる

ことになる。

　融資担当者としては、長期投資不動産を貸出債権の担保として提供を受けている場合は、資産の自己査定の観点から定点観測は不可欠となる。大きな減価が生じた場合、販売用不動産の評価減の対象、あるいは減損対象になることがあり、企業経営に大きな影響を及ぼすことも考えられるため、不動産価格の変動要因を常に頭に入れておく必要がある。仮に長期投資を前提としたものであっても、将来要因が弱いものばかりであれば、損切りも含めて処分案を提案する必要がある。

　不動産価格はかつて以上にボラティリティが高まっており、過去の利用動向や将来要因からみて比較的強い要因がある場合は、損切りをせずに我慢強く保有するほうがよいケースも考えられ、長期的かつ総合的な判断が求められることになる。

2　都市・地域要因の変化にどのように対処すべきか

　不動産マーケットにおけるバブル経済期と最近の大きな違いをみると、かつては東京を端緒に不動産市況の変動が発生し、これが地方にも波及していた。近年では、東京については世界マーケットと連動したかたちで変動するダイナミックな動きがみられるなかで、地方都市については、一定の再開発等は行われているものの、投下される資本が小さいこともあり長期的な価格下落トレンドから脱することがなかなかできない状況にあった。

　地方経済については、都市における人口減少や商業立地の変化、さらに新幹線開通等による経済学でいうストロー効果が発生し、企業の支社・支店の集約といった現象も多く発生した。こうした状況だけをみると不動産需要自体が小さいこともあって、将来的な地価、不動産価格は弱含みな面ばかりがみえる。ただ、旧来の利用ばかりではなく、たとえば商業ビルを思い切って医療系ビルに転換する、住居系用途のものに建て替えるという施策をとれば、新たな需要を取り込み市街地の有効活用が可能になる。容易ではない側面は多々あるが、やや大きな視点でとらえる必要があるものと考えられる。

3　顧客リレーションと不動産

　融資担当者にとって顧客リレーションは重要であり、このなかで不動産というツールは非常に幅広い知識や適切な見解が求められるとともに、この分野のノウハウを身につけることは、ソリューション型の業務展開に不可欠なものである。ここでは、想定される当事者との関係を少しみてみたい。

(1)　不動産事業者との関係

　不動産事業者としては、オフィスビル賃貸業者、商業ビル賃貸業者、分譲住宅事業者（戸建中心またはマンション中心）、倉庫業者、仲介業者等があり、大手事業者の場合、複数の事業の兼業を行っているケースが多い。それぞれの会社が求めている情報ニーズは多く、たとえば用地の売買やビルの売買といった情報は常に必要とされている。したがって、社外的なネットワークに加え、金融機関内でのネットワークを構築し、ここから情報を取得することが必要となる。不動産関係の情報は、非常に精度の高いものから低いものまであることから、できる限り信頼できる複数の事業者にあたり、正確性を期する必要がある。

(2)　不動産を用いる事業会社との関係

　不動産を用いる事業会社は多数存在するが、それぞれの業種により必要とされる不動産の種類が異なる。一方で、最近の製造業の海外移転などの要因から、工場の閉鎖も多く、マンションや商業施設などへの用途転換後の活用提案、さらに売却ニーズといったものも存在する。このため、多数の不動産を有している事業会社の場合、どのような不動産を所有しているかを常にチェックし、利用状況等も調査しておくと、いざというときに動きやすい。また、数年前には従業員確保のために福利厚生施設として寮や社宅の需要が発生するなど、時代に応じたニーズが発生するものであるため、事業会社とのリレーションシップのなかでどのような物件情報にニーズがあるか、常に情

報収集を行う必要がある。

　最近では、海外で稼いだ収益を安定性が高い国内不動産で運用したいというニーズも高く、投資用不動産の取得に動くケースが増えている。予算との関係はあるものの、借入金が発生する場合には、投資に対する十分なリスク対応も求められるため、このような場面でのコンサルティング機能も発揮できると、企業とのより深い付き合いが可能になる。

(3)　不動産にかかわる行員・職員への教育・研修の必要性

　不動産はかつてに比べると、価格のボラティリティが高くなっており、また都市や地域要因といった側面の変動もかつて以上に激しくなっている。したがって、相当な理論武装が求められる側面が強い。このような顧客リレーションを深めていくためには、いままで以上に不動産にかかわる行員や職員に対し、不動産に対する法規制や市況、さらに今後の動向、成功事例・失敗事例をふまえた研修を行うなど、OJTのみでは取得できない知識面の教育・研修が不可欠となる。

Ⅳ　不動産の経済価値を知るということ

1　理論的な経済価値と現実の取引の乖離

　詳細は後述するが、不動産の経済価値は、費用性、市場性、収益性の大きく分けて3つの価格形成要因があり、そのひとつである収益性は投資利回りを基準として価格を判定する、いわば理論的な経済価値を示したものといってよい。現状の国内の不動産市場における商業用不動産のマーケットは、賃料と投資利回りが価格判定の大きなポイントになってきている。ただ、利回

りは景況感に左右されて動くことも、景況感と一致せず動くこともある。旧来の外資系金融機関の動きは国内の景況感とは一致しておらず、長期の景気低迷が続くなかでも不動産価格だけ上昇することもあった。

　最近の不動産マーケットをみると、理論的な経済価値を超える、より大きなカネの流れのようなものが存在し、この圧力で価格が変動するきらいがある。海外投資家の流入がその背景にある。急速かつ大胆に流れが変わる側面があるため、常にトレンドをとらえておく必要がある。

2　不動産の経済価値を取り巻く要因

　不動産の経済価値を取り巻く要因としては、かつては個別要因と地域要因の2つがクローズアップされてきた。個別要因は、たとえば土地の場合であれば、間口と奥行きの関係や、規模、形状、地勢、接面道路、さらには公法上の規制、用途地域や指定容積率・指定建ぺい率等との関係といったものを指し、建物であれば用途、経過年数、使用資材、施工の程度、間取り、設備の状況といったものが該当する。

　これらは個々の不動産の特性であるが、地域要因はより広く対象不動産が所在する地域的な側面、たとえば商業地域なのか住宅地域なのか、工場が多い地域なのかあるいは複数の用途が混在している地域なのか、現状の土地利用動向が今後も続くのか、あるいは転用が多いのか、さらには発展的地域なのか、やや斜陽傾向がみられる地域なのかということである。不動産をみるうえでは、これに加え都市要因、たとえば都市の規模・将来性、都市における対象不動産が属する地域の位置づけと将来性といった要因が大きくかかわってくる。

　また、日本経済における不動産投資の傾向、需要と供給の状況、金利の動向、景気の全体的なトレンドといったより広い要因、そしてこの10年でみると世界経済要因、たとえば投資を多数行っている外資の拠点である欧米や、中国・韓国といった近隣の国、さらに新興国の状況等、より広い側面もふまえたうえで不動産の経済価値を判断していくことが求められている。

第2章

不動産をみるために必要となる基礎知識

Ⅰ　はじめに

　本章では、不動産をみるために必要となる基礎知識を解説する。まずは不動産を特定することが大事である。そもそも不動産とはいったいどんなものであるか。通常考えられる構成要素に土地・建物があるが、これ以外の構成要素が存在するのかどうかといった点がまずあげられる。また不動産は経済財ではあるが、大規模な空間を占拠して成り立つものであり、物件の所在、所有権、位置や範囲をどのように特定するかを把握する必要がある。特定のひとつである登記制度について考えてみたい。

　さらに、不動産には土地や建物それぞれに対し、都市計画法・建築基準法などといったさまざまな規制がかけられており、これらについて最低限の基礎知識が不可欠となる。たとえば、道路に面していない土地があったとする。他人地を経由しないと出入りができない土地は、出入りが困難という物理的な面だけではなく、建築基準法上から建物を建築することができず、土地の有効活用ができないという非常に大きな瑕疵をもつことになる。都市計画法上で市街化調整区域に存在する土地は、すぐに建物建築ができないケースが圧倒的に多く、建物が建たない＝利用度が低いということにつながり、経済価値に大きな影響を与える面が出てくる。

　また、土地の形状や敷地内の地勢・高低差、敷地の規模といったものに特殊性が認められる場合、分割や整地、造成が必要となり、時間とコストがかかってしまう場合も考えられる。分割や造成等による地盤変更には別の規制・行政指導がかけられていることがあり、これらについても調べないと最終的な利用のためにどの程度の手間がかかるのか明確にならない。さらに、不動産個々の特性も十分に分析・検討する必要がある。

　最近クローズアップされている話題としては、土壌汚染問題や建物の耐震

性の問題が存在する。土壌汚染問題は健康問題とも直結するとともに、平成23年3月の東日本大震災後は建物の耐震性能についての議論が多くなされており、建築基準法上の旧耐震基準の建物については賃借人がつきにくいといった現象も出てきている。

Ⅱ 不動産の定義と登記制度

1 土地、建物と財団

　不動産とは、民法86条1項の定義によると「土地及びその定着物」を指すと記載されている。具体的には「土地」「建物」あるいは「建物及びその敷地」（土地と建物が一体化したもの）が該当する。不動産を特定するにあたっては、まず土地と建物を特定することが必要となる。

　このほかに、「土地」「建物」に「工作物」「機械器具」「構築物」といった別の資産を加えて構成される財団というものが存在する。財団は、これらの構成要素がひとつの不動産としてみなされるものである。いずれも民法以外の法律（工場抵当法など）により規定されるものである。

　次頁の表が財団の名称と根拠法、組成されている事業をまとめたものであるが、一般的に考えられる不動産の構成要素に加え、工作物・構築物が組成物件に入る。たとえば工場財団であれば、製造ライン上の機械設備（通常取り外して設置ができるもの）、観光施設財団であれば、屋外にあるプールや温浴施設の躯体と設備、道路交通事業財団では車両や運行システム上の機械設備等が目録に記載され、これにも担保権が及ぶかたちをとる。

　財団を組成する物件を特定するには、目録と配置図による確認が必要となる。工場等は機械設備の更新・取替えが常日頃行われるもので、そのつど目

■不動産とみなされる財団

財団名称	根拠法	組成されている事業
工場財団	工場抵当法	工場、地域冷暖房、ケーブルテレビ
観光施設財団	観光施設財団抵当法	遊園地、スキー場、ホテル、旅館
道路交通事業財団	道路交通事業抵当法	鉄道事業、バス事業
鉱業財団	鉱業抵当法	鉱山、採石場
港湾輸送事業財団	港湾輸送事業法	港湾事業
漁業財団	漁業財団抵当法	定置漁業、養殖場

録や配置図の洗い替え作業が必要となるが、実際これがなかなか煩雑な作業で、企業によっては組成後に目録の管理を行わず放置してしまっているケースもある。また、実地調査による確認においては、機械器具などは型式と数量をチェックし、品目と点数がそろっているかチェックする必要がある。

　財団が組成された背景には、担保価値をより高いものにして貸出金を増額する必要があり、これを設定した時代には、機械設備の価格も高かったということもあった。ただ、不動産の経済価値を不動産が生み出す収益力を中心にみるようになった今日では、コスト（積算）主義よりも収益主義が徹底され、財団組成により担保価値が直ちに増えるという考え方自体がやや後退しつつある。

　そもそも、建物や機械器具、工作物といったものは土地とは異なる償却資産であり、使用開始とともに中古になり、同時に価値も急速に減少してしまう。金融機関も担保評価上では、取得価格あるいは償却後の簿価に対して低い掛目を乗じた価格までしか評価額を出さないのが一般的である。

2　不動産の登記と物件の特定

(1)　不動産の登記制度

　さて、このように定義される不動産ではあるが、物件の特定はいかにして行うべきであろうか。

まず、不動産には土地・建物、さらに財団と登記制度があり、登記をすることで第三者への対抗要件を具備することができる。特定において登記制度は大きな役割を果たしている。

　登記は法務省所管の法務局が行い、土地の所在地に応じて管轄の法務局があり、手続はここで行われる。ただし、具体的な手続そのものは司法書士、土地家屋調査士といった専門業者が行うことが一般的になっている。なお、登記は地番表示で行われるものであり、一般に住所（あるいは郵便物送付先）といわれる住居表示とは異なるケースが通常であるので注意したい。

　登記には表示登記と保存登記があり、通常双方が完了した状態となっている。表示登記はたとえば建物が新築された場合、埋立てなどで新たに私権が及ぶ土地がつくられた場合に行われるものである。一般的には建物の新築の際に行うケースが多く、これは建物が完成し、引渡しを受けてから１カ月以内に行う必要がある。表示登記では、土地については所在・地番、地目、数量が、また建物については所在、家屋番号、種類、構造、床面積といった内容が記載される。ただ、表示登記を行うだけでは所有権は記載されず、所有権を主張するためには保存登記が必要となる。また、すでに保存登記がなされ所有者が存在するケースは所有権移転登記が必要となる。所有者、その他の権利の存在の確認は、登記簿謄本（登記情報）をみて行うことになる。

(2)　**不動産登記簿**

　登記された内容は不動産の登記簿に記載され、法務局で申請書を提出し、手数料を納付しさえすれば、だれでも確認できる。金融機関の職員はかつて登記簿謄本を取得していたが、現在では全部事項証明書等の登記記載内容をコンピュータで表示したものの交付を受けて、これをみる機会が非常に多いものと思われる。かつては管轄する法務局に出向く必要があったが、電子情報化の進展で管轄外の法務局での登記情報を取得することができるようになったほか、オフィスや自宅のパソコン等でも一定の手続を踏めばインターネットでの申請・取得ができるようにもなっている。

不動産登記簿は、表題部・甲区・乙区に分けられる。表題部は表示登記の内容、甲区は所有権に関する事項、乙区は所有権以外の権利に関する事項が記載されている。なお、全部事項証明書はコンピュータ化される以前の登記情報が省略されるため、過去にさかのぼった調査を行うためには閉鎖謄本をみる必要が生じることもあるので注意したい。閉鎖謄本は、通常の全部事項証明書とは別個に取得する必要があり、相当前の情報が必要な場合は「移記分」を含めた申請が必要となる。

　注意が必要なのは、財団については土地・建物の登記簿とは別に、財団の登記簿が存在することである。財団の登記簿に目録をつけてもらうよう申請すれば、組成内容はこの目録をみて確認することになる。ただし、土地、建物の明細は目録にあるが、地目や地積といった詳細の項目は財団の登記簿ではわからないため、別途それぞれの登記簿（あるいは全部事項証明書等）をみる必要がある。なお、財団謄本は現状ではコンピュータ化されていないケースがあり、管轄の法務局に依頼する必要がある場合が多い。

　区分所有建物（一般的な分譲マンションやオフィスビル、商業ビルの共同ビルといわれるもの）については区分所有建物の登記簿が存在する。区分所有建物登記に敷地権登記が付随している場合と、別途土地の持分を有している場合の２つのパターンが存在する。敷地権登記がなされている場合は、土地の登記簿を別途取得する必要はほとんどない。なお、敷地権付随でないものについては、敷地となっている土地の登記簿をみて確認する必要がある。

　土地の所有権ではなく借地権の場合はどうであろうか。借地権は登記に記載されることがあるが、借地権の成立条件に登記はないことから、登記簿上ではその存在が確認できないこともありうる。したがって、建物およびその敷地の場合は、必ず双方の登記情報を確認し、所有者が一致しない場合は敷地を利用する権原関係を確認する必要がある。

(3)　公図と地積測量図、建物図面

　不動産に付着している権利関係は登記簿に記載されるが、この位置の特定

をどのように行うかが次の課題となる。

　土地の位置は公図で示される。公図は法務局に備え付けられることになっており、この写し（通称「公図写し」と呼ばれている）は法務局で取得できる。電子情報化したものが多く、これについては管轄外の法務局で取得できるケースが多い。登記上の地番は法務局に備え付けてある地番・住居表示の対照表で確認する、もしくはブルーマップと呼ばれる住宅地図上（住居表示で作成されている）に青い文字で地番が記載されているものがあり、これと公図を照合して位置を特定することになる。

　公図はもともとは明治時代の地租改正事業で作成されたものをベースとしたものであり、情報自体はかなり古いもので、すべての公図が信頼に足る正確なものであるとは限らない。昭和35年の不動産登記法改正で、国土調査により地図が作成されることになり、これにより作成された図面を「17条地図」と呼んでいる。17条地図は測量を行って作成されたものであり、旧来の公図に比べるとその精度は高い。ただ、この整備がなされていない区域については、旧来の公図がこれにかわるものとされている。境界特定を含め時間を要するため、整備作業は現状全国で完了したわけではなく、まだまだ時間を要することが想定される。

　公図のほかに、地積測量を行った成果物である地積測量図が法務局に備え付けられていることがあり、同様に管轄法務局等で取得が可能となっている。

　建物については敷地上の配置図となる建物図面も備え付けられており、敷地上の位置と各階の床（間取りは示されていない）の状況が記載されている。この写しについても管轄する法務局で取得ができ、電子情報化した区域については管轄外の法務局で取得できるケースがある。ただ、この建物図面はあくまでも簡易的なものと考えたほうがよく、正確な建物の状況は、所有者であればもっている竣工図書をみる必要がある。これをみると敷地図面と建物の詳細な長さ、面積、間取りのほか使用資材がわかる。電気設備、空調設備、給排水衛生設備については設備の設計図書が別個所在することがあるが、これらはいずれも所有者にみせてもらうしかない。このほか建物の特定

には建築確認通知書や検査済証といった書類があるが、これについては後段にて説明する。

(4) 境界確定と地積、建物面積

　位置的なものを登記情報と公図等で確認した後に、実際の土地の境界等の確定が必要となる。境界確定そのものは専門の土地家屋調査士に任せる必要があるが、金融機関の職員にとって必要と考えられる境界確定方法について説明する。

イ　境界確定と地積

　そもそも、土地の位置と境界の確定は、隣接する土地所有者同士の立会いで行うものである。一般に道路等の公有地との境界確定は「官民査定」、民有地同士は「民々査定」と呼ばれているが、いずれにしても隣接者の同意のもとで行うものである。境界確定は専門家に依頼するとしても立会いは不可欠で、確定箇所には動かしにくい金属鋲等の設置を行い、紛争の予防措置を講ずる必要がある。

　地積測量は、この境界確定を行ったうえで境界点を基準として行うことになる。ただ、これによる測量結果が必ずしも登記簿上の数量と一致するものではない。むしろ差異が生ずるケースのほうが多いといえる。この点については十分に注意を要する。

　売買は原則境界確定をし、実測をベースに行うべきではあるが、現実的にすべての不動産にこれを適用できるわけではない。「現況渡し」といわれるが、あるがままの状態で引渡しがなされる際は特に気をつけたほうがよい。実地調査において境界杭等が存在するか、地積測量図等と照合しながら特定することが求められるが、この測量図と公簿地積が異なる場合は、どちらが正しいか測量する必要がある。

　測量作業については、かなり時間がかかることを頭に入れておきたい。境界の所有者との間の調整や道路境界の確定にも時間が必要であり早めに着手することをお勧めしたい。

ロ　建物面積

　登記簿に記載されている建物面積は、実際の建築士が描く設計図書の面積とは乖離がある。また、マンションのような区分所有建物の専有面積は、登記上では内法面積（壁の内側の面積）だが、売買では壁芯（壁の中心を基準とした面積）であるため、数字が異なる。

　建物については、長い年月を経たものであれば増改築を行うことが多く、これにあわせて登記簿に記載されている面積を修正すべきであると考えられるが、現実には面積修正を行っていないケースもみられる。これに対して、市町村が課す固定資産税については比較的細かくこの面積について調査を行っている場合があり、固定資産税課税台帳（あるいは納税通知書）に記載されている建物面積と登記面積が異なる場合は、この原因を調べるとよい。また、登記がなされていない建物についても固定資産税課税台帳上は面積が記載されていることがあるので参考にすることができる。

　なお、このような増改築が合法なものであるか十分に注意する必要がある。この点については後段において記載する。

(5) 仮換地

　土地区画整理事業を行っている土地における物件の特定は、通常の登記簿の確認では判明しない。区画整理事業とは、たとえば道路が狭く、歪曲して自動車通行等がむずかしいような地域において、土地区画整理法を利用して道路や公園といった公共施設を整備して、安全で快適な街並みをつくりだすことを企図して行われるものである。ここでは、「換地」と「減歩」という2つの手法が取り入れられる。

　換地とは、区画整理後に新たに完成した宅地のなかで違う場所に移ることを前提としながら事業を進めることで、完成した箇所から順次土地の使用を開始させ、最終的に事業区域全体の整備が完了したところで、全体の登記情報を変える「換地処分」という作業を行う流れになっている。

　減歩とは、区画整理は道路や公園といった公共施設を整備することになる

が、このための土地と費用を必要とするものであるが、これらを捻出するために、現在もっている所有地の面積から一定割合の面積を供出するかたちをとることをいう。すなわち、区画整理事業の対象にかかった土地は、将来的には現状の地積よりも小さくなるものと考えてよい。その分、道路や街区が整備され土地の価値が上がるというのが、理論的な説明の中心にある。

　ただ、現状多数の建物が建っている街並みを新たなものにつくり替えるため、一時的な建物の移転や道路の築造といったさまざまな工程があり、また権利関係の調整（たとえば将来的にどの場所に戻るのかといった点の調整）にも手間がかかるものである。主に事業により完成した新たな街区から順次土地の使用を開始する「仮換地」という制度があり、仮換地は将来的に換地処分が行われた後には所有権を取得することになる。ただ、事業期間は結構長く、登記上では従前の地番の土地のまま（これを従前地という）に残っていながら、実態の利用は将来の土地上で行うという現象が起きることになる。

　では、この仮換地の位置をどのように特定するかであるが、これは土地区画整理事業の主体が発行する、仮換地の指定通知書と仮換地指定地図で確認するしかなく、法務局における登記情報や公図等と異なり、所有者以外は入手することができない。なお、土地の登記は従前地に残ったままであり、仮換地通知書には従前地の地番と仮換地の街区区画番号が照合できるような記載がある。

　区画整理事業施行区域内における土地の調査を行うにあたっては、従前地の登記情報に加え、所有者から仮換地の指定通知書と仮換地指定地図をもらうことが大前提となる。なお、仮換地指定となった場合の土地については、事業施行者の事務所において、将来的な換地処分の見込時期、平均減歩率、将来的に事業資金に対する清算金が発生するかどうかを調査する。

(6)　保　留　地

　土地区画整理事業において減歩により生み出された土地は、道路や公園といった公共施設の整備だけでは工事資金が不足するため、通常は一部土地を

売却して資金に充当することになるが、このための売却用地を「保留地」という。

　保留地は通常、他の区画が仮換地指定できた段階で売却にかけられることが多いが、仮換地はこの時点で従前地の所有権、あるいはこれに対する抵当権を有することで対抗要件を備えることができるのに対し、保留地は換地処分完了まで登記上の所有権や抵当権の設定ができないことから、担保不動産としての適格性はないといわれている。一般に、保留地のみでは貸金が発生することはなかった。

　ただ、これでは住宅ローンを活用した保留地購入が進まないこともあり、最近では住宅金融支援機構で、土地区画整理事業の換地計画で定める保留地（独立行政法人都市再生機構が施行する土地区画整理事業の仮換地を含む）および保留地上の住宅に対して融資ができるようになっている。この場合においては、保留地の使用収益権と将来の換地処分時の所有権移転請求権を購入者から債権者である住宅金融支援機構に移転することを条件としている。

(7)　容易に特定ができない物件とその対処方法

イ　広大な土地（たとえばゴルフ場の敷地など）

　ゴルフ場は通常100ha（ヘクタール）くらいの規模をもち、土地の筆数も100筆を超えるケースが多く、仮にすべての筆の公図写しを徴求して確認を行うにしても、人力的に限界がある。また、山林や旧農地の土地を買収してつくられたゴルフ場の場合、公図写しをとってもうまく合成できないケースも多々存在する。大規模な住宅素地や霊園用地なども同様のケースが考えられる。

　通常、ゴルフ場等を造成する際あるいは完成時に建設会社等で作成した「調整公図」といった図面があり、敷地全体の筆の位置を示す大きな地図があるのが一般的で、これをもとに特定を行うことが合理的と考えられる。ただし、この図面が信頼のおける建設会社、測量会社、土地家屋調査士が作成したものであるか十分に注意する必要があるのはいうまでもない。

ロ　山　　林

　山林は、仮に該当する登記情報と公図があったとしても、その位置をにわかに把握できない面がある。現地における特定は困難で現実的でないケースがあるが、広大な山林のなかでどのあたりかを把握する適切な図面の作成そのものが困難な場合がある。この場合、役所の森林組合等で林班図をみせてもらうと、より広大な範囲での位置特定ができることがあり、道路や集落の建物を起点として、図面上の位置を特定することが可能となる場合がある。ただ、すべての場合において可能というわけではない。

ハ　農　　地

　農地についても同様、広大なものについてはその位置の特定がむずかしいケースが存在する。この場合は、たとえば目安となる農家住宅の位置をブルーマップに記載されている地番から特定し、ここから公図写しをあわせながら特定する方法が一般的に行われている。

　なお、純然たる農地の場合、転用が可能と判断されない土地については通常担保適格性が低いものとして考えられている。したがって、担保として取得しても、いわゆる「添担保」としての扱いを行うことが一般的であった。ただ、今後農業を前提とした農業法人、そして株式会社による取得が考えられ、農地を農業利用することを前提として積極的に担保取得することも考えられるため、特定方法や担保評価手法の確立が求められる可能性がある。

Ⅲ 土地・建物をみるにあたっての基礎知識と調査方法

　前記の方法で物件の特定が完了した土地・建物について、実際に調査を行う場合の留意点を整理したい。

1　土地における基礎知識と調査方法

　土地の価格に影響を及ぼす要素は、街路条件、交通接近条件、環境条件、画地条件、行政条件（公法上の規制）の5つの条件とされている。これら5条件と対比させるかたちで土地をみるにあたっての基礎知識と調査方法は、以下のとおりである。

(1)　街路条件：道路と建物建築可能性の関係

　土地の前面街路がどのような道路であるかは、土地の価格形成に大きな影響を与える。そもそも都市計画区域内においては建築基準法の規制（43条）で、建築基準法上に規定する道路に敷地が2m以上接面していることが要請されている。

　ここでのポイントは、①道路の種類と、②2m以上接面するという2点である。

イ　道路の種類

(A)　建築基準法42条に規定する道路

　建築基準法においてはその42条で、<u>幅員4m以上を有する</u>（一部地域においては6m以上を要求されることがある）次のものを道路として認定している。

> ①　道路法にいう道路：国道、県道、市町村道：1号道路（公道）ただし、自動車専用道路は接道しているとみなされない

> ② 都市計画法、土地区画整理法、都市再開発法等の法律に基づいてつくられた道路（一般に区画街路と呼ばれている）：2号道路（公道が多い）
> ③ 建築基準法施行時または都市計画区域編入時にすでにあった道で、現に一般通行の用に供しているもの（法以前道路、既存道路）：3号道路（公道・私道がある）
> ④ 都市計画道路等で2年以内に事業が執行される予定あるものとして特定行政庁が指定したもの（計画道路）：4号道路（公道）
> ⑤ 道路の位置の指定を受けたもの（位置指定道路）：5号道路（私道が一般的）

　ただ、幅員が4mに満たない場合でも、建築基準法の42条2項では、特定行政庁の指定したものについて（幅員が1.8m以上あるもののなかで）は、その中心線からの水平距離2mの線をその道路の境界線とみなすと規定し、幅員が不足する場合については道路中心線から2m後退（セットバック）した位置を道路との境界とみなして建物建築を可能としている。なお、セットバック部分については建ぺい率・容積率の計算上敷地面積とならないため、利用可能な割合が減ってしまうことになる。

　特定行政庁の指定は公道・私道にかかわるものではないため、私道でも建築基準法42条2項に指定されれば、セットバックを行うことにより建物の建築は可能となる。なお、角地や二方路地といった複数の道路に接面している土地の場合、いずれかの街路が建築基準法上の道路に面していれば建物の建築は可能になるが、いずれかが建築基準法42条2項道路に該当する場合は、セットバックが必要となるので注意を要する。

　(B)　**例外規定：建築基準法43条のただし書き**

　建築基準法では、これらに認定されていないものは同法に定める道路ではなく通路ととらえており、通行が可能であったとしても建物建築が認められる道路ではないと考えている。ただ、これらに該当しないながらも、一定の

基準をクリアした場合に限り、建物の建築が認められることがある。これが建築基準法43条のただし書き規定といわれるもので、「その敷地の周囲に広い空地を有する建築物その他の国土交通省令で定める基準に適合する建築物で、特定行政庁が交通上、安全上、防火上及び衛生上支障がないと認めて建築審査会の同意を得て許可したものについては、この限りでない」との記載がある。たとえば河川管理用道路や港湾施設道路は、道路法による道路ではないながらも道路構造や、自動車通行も頻繁に行われていることからこれに該当することがある。また十分な幅員を有しながら、都市計画区域編入前からの道路ではなく、位置指定道路に認定されていない通路も存在し、このような土地に面して建物がすでに建っている場合に、建替えを行うための救済措置的な色彩も強い。

(C) 道路の種類についての調査方法

これらの接面する前面道路の建築基準法上の種類については、どこで調べるものだろうか。通常は、市町村の役所の建築指導課等で道路の種別の確認が可能である。建築確認についての事務が委任されていない市町村の場合は、都道府県の土木事務所内にある建築指導課等が管轄となる。

ロ　2m以上接面するということ

2m以上接面するということは、どういうことか。注意すべき点は以下のとおりである。

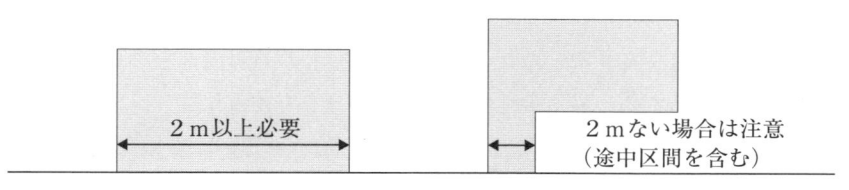

（建築基準法に規定する道路）

(A) 路地状部分の存在

袋地あるいは旗竿地という言葉があるが、路地状部分がある土地をよく見かける。都市の中心部の場合、大規模な邸宅を分割して分譲住宅として販売

したとき等は、このケースになる場合が多いが、2m以上接面するということは、街路に接する部分のみが2mあればいいということではなく、有効宅地部分に至るまでの、路地状部分が全区間で2m以上必要となる。したがって、接面部分が2m、途中の通路状の区間が1.8mという幅の場合、建物の建築が不可となるので注意が必要である。

　なお、上記で建築が不可な場合、たとえば駐車場としての利用を前提として考えるとどうなるだろうか。自動車の出入りが可能となるのは通常2.5mは必要といわれ、この幅では不可能といわざるをえず、隣接地との併合あるいは路地状部分の拡幅が実現できないと、経済価値的には非常に小さくなってしまうと考えたほうがよい。

　　(B)　路地状部分自体の長さ

　2mの路地を有する土地の場合、この路地状部分の長さに制限はないのだろうか。特定建築物といわれる、ホテル等の多くの人の出入りを想定する建物の場合、都道府県の安全条例などで、この長さを20mまでは建築可能であるが、それを超過する場合は建築不可と決めているケースがあるので、長い路地の場合は、建物の建築が可能かどうか確認する必要がある。

　ハ　公道と私道との違い

　国道や都道府県道、市町村道といった公道は、元来万人の通行が可能なものであり、これに接面する土地については出入りが可能なものである。一方で、私道は所有者が存在するものであるが、なかには準公道的な利用がなされている道路も存在する。ただ、私権行使が行われる可能性を含みおくと、通行権の確保のために私道敷地部分の共有持分を有効敷地部分、あるいは敷地を分筆して持ち寄った分筆部分を一緒に所有（あるいは抵当権設定）することが必要となる。

(2)　交通接近条件：交通機関整備状況

　鉄道駅、バス交通の停留所や商店街・都心部・繁華街、幹線道路や高速道路のインターチェンジといった要素は交通接近条件と呼ばれる。これらの接

近性は当然にして土地の価格に大きな影響を与える。鉄道駅の場合は鉄道会社のホームページで乗降客数を確認しておくと、どの程度の規模の駅かの判断ができる。

　近年では、建物の用途によっては近接性を非常に重視するケースが多くなってきている。また、この感覚は地方ごとによって大きく異なり、首都圏の場合では徒歩10分を超える圏域であってもマンションとしての需要があるが、地方都市圏の場合は同じ距離や時間でも需要が急減する等、接近性については十分に調査する必要がある。なお、地域の主要交通手段が鉄道でなくマイカーである場合は、重視すべき視点が異なるので注意する。

　逆に、交通機関の新設で大きな変化が起きる場合もあるので、将来計画も含め慎重に調査を行う必要がある。

　交通機関とはやや異なる側面があるが、駐車場の整備状況も重要で、郊外や地方都市圏においては、対象不動産内に駐車場がどの程度設置されているか、また周辺の駐車場を賃借している場合は、この賃料（あるいは地代）、今後も利用できるかどうかといった点に注意しなければならない。テナントビル等で駐車場を周辺から賃借している場合は、この賃貸料相当額はビル運営上不可欠か判断し、必要と考えられる場合は費用に含めて考える必要がある。

(3) 環境条件：環境・供給処理施設の整備状況

　「環境条件」というと、住宅用不動産の場合の日照や通風、眺望といった自然環境的な要素を想像するが、商業地域であれば繁華性や人通りの状況といった点、工業地域であれば工場操業上優位かどうかという点も加味して考える必要がある。

　なお、環境条件には供給処理施設の整備状況についてもこの範疇に含まれる。上下水道、ガス、電気といったインフラの有無および将来的な整備、拡張の予定は土地価格に影響を与えるものである。大規模な住宅用地（マンション用地や分譲住宅用地）あるいは工場等の跡地、大規模な農地の用途転換

を行う、あるいは経済価値を判定するうえで想定する場合には、これらのインフラが十分に整備されているかどうか調査する必要がある。

　供給処理施設の調査は、市町村（あるいは県等の企業局が管理している場合はこちらになる）の上水道課・下水道課、ガス会社（公共でガスを整備している地方公共団体の場合はその部局）に確認し、台帳や埋設状況について、あるいは接続可能かどうかも含めて調査する必要がある。

(4)　画地条件：敷地の形状・規模等との関係

　土地の形状、間口、奥行、地勢、道路接面部分との高低差といった要素は、建物の敷地利用や自動車の出入りに大きな影響を与える。建物建築の際に2m以上の接面が必要であることは前述したが、路地状部分を有する場合、接面部分から有効宅地部分までの間は幅2mの確保が要請されるほか、路地状部分が極端に長い場合は、都道府県の条例（安全条例など）で建築可能な建物の用途に制限がかかることがあるため注意が必要である。

(5)　行政条件：公法上の規制との関係

　土地がその使用の制約を受ける公法上の規制としては、一般的なものとしては都市計画法、建築基準法があり、地域によっては土地区画整理法、都市再開発法、自然公園法、農地法、森林法といった規制を受ける。規制次第で土地利用や建物の建築用途に大きな制限を受ける。

　　イ　都市計画区域・都市計画区域外、準都市計画区域

　市町村はその将来像を含めて都市計画を策定し、都市計画区域を設定する。都市計画区域内は、通常市街化区域と市街化調整区域に分けて（「線引き」と呼ばれる）市街化の進展・抑制を図りながら都市の成長を管理することになるが、この区分けをしていない場合は、非線引き都市計画区域となる。いわゆる線引きは、昭和40年代から50年代にかけて行われた市町村が多い。

　一方で、都市計画区域の指定を受けていない区域、あるいは都市計画自体を策定しておらず区域設定をしていないケースもあるが、これは市街化の傾

向があまりみられない区域が大半で、不動産の流動性そのものが低い区域である可能性が高いものと考えてよい。近年この区域にも大規模な開発行為が入ることが多くなってきたことにかんがみ、準都市計画区域が新設され、開発許可取得等が必要となっている。

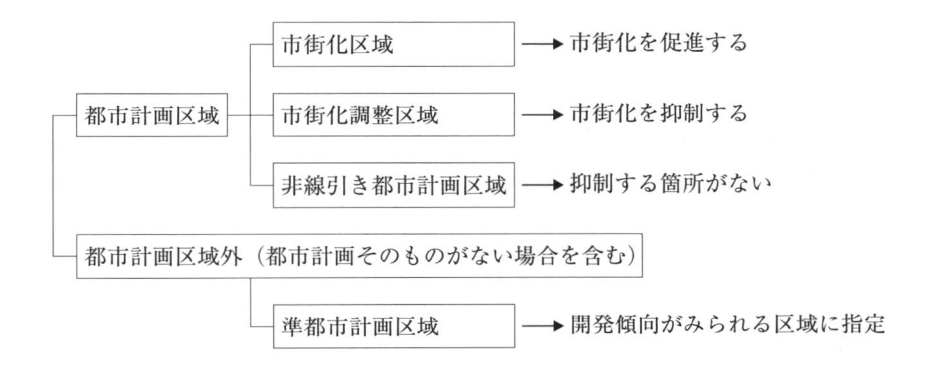

```
都市計画区域 ─┬─ 市街化区域 ──→ 市街化を促進する
              ├─ 市街化調整区域 ──→ 市街化を抑制する
              └─ 非線引き都市計画区域 ──→ 抑制する箇所がない
都市計画区域外（都市計画そのものがない場合を含む）
              └─ 準都市計画区域 ──→ 開発傾向がみられる区域に指定
```

ロ　市街化区域と市街化調整区域

　市街化区域は、都市計画において市街化を促進することを前提とした区域を指し、一方で市街化調整区域はこれを抑制することを企図する区域を指す。市街化区域内においては以下ハに記載の用途地域を指定し、それぞれ建築できる建物の用途の指定を受け、ニの建ぺい率・容積率を指定し、その範囲であれば建築基準法に合致した建物の建築ができることになっている。なお、敷地規模が一定のものを超えると（この規模は市町村で設定している）、開発許可を取得することが求められるケースがある。

　一方で、市街化調整区域に該当する場合は、市街化を抑制することを目的としているため、建物の建築は原則できない。かつては既存宅地制度というものがあり、市街化調整区域の指定前から宅地として利用されてきた土地については、「既存宅地」として確認を受けていれば（当時は既存宅地である証明が発行されることもあった）一定の建ぺい率・容積率かつ用途の範囲内において建物の建築が可能という制度があったが、平成13年5月に廃止され、移

行期間である5年間も現在では過ぎているため、この制度の利用はできない。

このため、原則開発許可の取得が必要となるが、開発許可不要、あるいは許可取得の可能性が高いものを例示すると次のものがある。

□開発許可を受けずに建てることができるもの
　■農家資格者が建てる農業施設
　■集落内居住者の生活に供するごく小規模な店舗
□開発許可を取得した場合に建築できるもの
　■日用品店舗（飲食店、コンビニ、薬局、診療所など）
　■自動車修理工場（道路運送車両法に基づく認証工場）
　■ドライブイン
　■ガソリンスタンド
　■線引き前宅地（かつ現在地目が宅地）における建築物
　■分家住宅
　■大規模既存集落の自己用住宅
　■市街地縁辺集落の専用住宅、併用住宅（事務所、店舗併用のみ）、共同住宅
　■自治会施設（会館、屋台小屋、防災倉庫など）
　■公共事業により移転する建物（土地収用法の対象事業によるもの）
　■既得権による自己用建築物

なお、物流総合効率化法により、高速道路のインターチェンジの近隣のエリアおよび指定された路線（区間）については、施設上の認定を受けた場合、市街化調整区域であっても特定流通業務施設の建設が可能な場合がある。

　ハ　用途地域

市街化区域に指定された土地は、住居系・工業系・商業系といった12種類の用途地域の指定を受け、それぞれの地域において建築可能な建物の用途が規制されている。用途地域ごとに建築可能な建物の種類をまとめると、次のとおりとなる。

■用途地域内の建築物の用途制限(神奈川県横浜市を例に)

用途地域内の建築物の用途制限 無印:建てられる用途 ×:建てられない用途 1、2、3、4、▲:面積、階数等の制限あり		第1種低層住居専用地域	第2種低層住居専用地域	第1種中高層住居専用地域	第2種中高層住居専用地域	第1種住居地域	第2種住居地域	準住居地域	近隣商業地域	商業地域	準工業地域	工業地域	工業専用地域	備考
住宅、共同住宅、寄宿舎、下宿													×	
兼用住宅で、非住宅部分の床面積が、50m²以下かつ建築物の延べ面積の1/2未満のもの													×	非住宅部分の用途制限あり
店舗等	店舗等の床面積が、150m²以下のもの	×	1	2	3								4	1:日用品販売店舗、喫茶店、理髪店および建具屋等のサービス業用店舗のみ。 2階以下 2:1に加えて、物品販売店舗、飲食店、損保代理店・銀行の支店・宅地建物取引業等のサービス業用店舗のみ。 2階以下 3:2階以下 4:物品販売店舗、飲食店を除く
	店舗等の床面積が、150m²を超え、500m²以下のもの	×	×	2	3								4	
	店舗等の床面積が、500m²を超え、1,500m²以下のもの	×	×	×	3								4	
	店舗等の床面積が、1,500m²を超え、3,000m²以下のもの	×	×	×	×								4	
	店舗等の床面積が、3,000m²を超え、10,000m²以下のもの	×	×	×	×	×							4	
	店舗等の床面積が、10,000m²を超えるもの	×	×	×	×	×	×				×	×		
事務所等	事務所等の床面積が、150m²以下のもの	×	×	×	▲									▲:2階以下
	事務所等の床面積が、150m²を超え、500m²以下のもの	×	×	×	▲									

第2章 不動産をみるために必要となる基礎知識

用途		1	2	3	4	5	6	7	8	9	10	11	備考
事務所等	事務所等の床面積が、500m²を超え、1,500m²以下のもの	×	×	×	▲								▲：2階以下
	事務所等の床面積が、1,500m²を超え、3,000m²以下のもの	×	×	×	×								
	事務所等の床面積が、3,000m²を超えるもの	×	×	×	×	×							
ホテル、旅館		×	×	×	×	▲							▲：3,000m²以下
遊技施設・風俗施設	ボウリング場、スケート場、水泳場、ゴルフ練習場、バッティング練習場等	×	×	×	×	▲							▲：3,000m²以下
	カラオケボックス等	×	×	×	×	▲	▲			▲	▲		▲：10,000m²以下
	麻雀屋、パチンコ屋、射的場、馬券・車券発売所等	×	×	×	×	▲	▲			▲	×		▲：10,000m²以下
	劇場、映画館、演芸場、観覧場	×	×	×	×	×	▲			×	×		▲：客席200m²未満
	劇場、映画館、演芸場、観覧場、店舗、飲食店、展示場、遊技場、馬券・車券等発売所の用途に供する建築物でその用途に供する部分の床面積の合計が10,000m²を超えるもの	×	×	×	×	×	×			×	×		（注）劇場、映画館、演芸場または観覧場は客席部分の面積に限る
	キャバレー、ダンスホール等、個室付浴場等	×	×	×	×	×	×	×		▲	×	×	▲：個室付浴場を除く
	幼稚園、小学校、中学校、高等学校										×	×	
	大学、高等専門学校、専修学校等	×	×								×	×	
	図書館等											×	

分類	用途	1	2	3	4	5	6	7	8	備考
公共施設・病院・学校等	巡査派出所、一定規模以下の郵便局等									
	神社、寺院、教会等									
	病院	×	×					×	×	
	公衆浴場、診療所、保育所等									
	老人ホーム、身体障害者福祉ホーム等							×		
	老人福祉センター、児童厚生施設等	▲	▲							▲：600m²以下
	自動車教習所	×	×	×	×	▲				▲：3,000m²以下
工場・倉庫等	単独車庫（付属車庫を除く）	×	×	▲	▲	▲	▲			▲：300m²以下 2階以下
	建築物付属自動車車庫　1、2、3については、建築物延べ面積の1／2以下かつ備考欄に記載の制限	1	1	2	2	3	3			1：600m²以下 1階以下 2：3,000m²以下 2階以下 3：2階以下
		(注)　一団地の敷地内について別に制限あり								
	倉庫業倉庫	×	×	×	×	×				
	畜舎（15m²を超えるもの）	×	×	×	×	▲				▲：3,000m²以下
	パン屋、米屋、豆腐屋、菓子屋、洋服店、畳屋、建具屋、自転車店等で作業場の面積が50m²以下	×	▲	▲	▲					原動機の制限あり ▲：2階以下
	危険性や環境を悪化させるおそれが非常に少ない工場	×	×	×	×	1	1	2	2	原動機・作業内容の制限あり 作業場の床面積 1：50m²以下 2：150m²以下
	危険性や環境を悪化させるおそれが少ない工場	×	×	×	×	×	×	2	2	
	危険性や環境を悪化させるおそれがやや多い工場	×	×	×	×	×	×	×	×	

第2章　不動産をみるために必要となる基礎知識

工場・倉庫等	危険性が大きいかまたは著しく環境を悪化させるおそれがある工場		×	×	×	×	×	×	×	×	
	自動車修理工場		×	×	×	×	1	1	2	3 3	原動機の制限あり 作業場の床面積 1：50m²以下 2：150m²以下 3：300m²以下
	火薬、石油類、ガスなどの危険物の貯蔵・処理の量	量が非常に少ない施設	×	×	×	1	2				
		量が少ない施設	×	×	×	×	×	×			1：1,500m²以下 2階以下 2：3,000m²以下
		量がやや多い施設	×	×	×	×	×	×	×		
		量が多い施設	×	×	×	×	×	×	×	×	
卸売市場、火葬場、と畜場、汚物処理場、ごみ焼却場等			都市計画区域内においては都市計画決定が必要								

※ 本表は、建築基準法別表第二の概要であり、すべての制限について掲載したものではない（詳細は建築基準法を参照のこと）。
出所：横浜市ホームページより

　建築確認および工事完了検査を受ける際は、これらの用途と合致している必要があるが、かつては完了後に用途を変更するケースが時々存在した。このため、仮に建物が存在し、建築確認・検査済証を取得している場合でも、利用用途が指定されている用途地域において建築可能な建物であるかチェックする必要がある。

　用途地域のうち工業専用地域については、原則工業系用途以外の建物の建築ができないことから、工場跡地利用がなかなか進まないといった事態が発生した時期もあった。逆に工業地域の場合、住居系用途の建物の建築が可能であるため、マンション建設等が行われ、旧来の工場と新住民の間で軋轢を

生ずる事態も存在した。細かく用途地域を分けているようにもみえるが、実際は隙間となる部分が多く、準工業地域等は建築用途が多様であるため、交通網の状況によっては路線商業地になっている箇所もあるなど、特別用途地区を設定するなどで今後は大きく見直さなければならない側面も存在する。

ニ　建ぺい率・容積率と実際に使用できる容積率との関係

(A)　建ぺい率

用途地域が指定されると、使用可能な建ぺい率、容積率が指定される。建ぺい率は角地の場合、指定のものより10％加算されるほか、商業地域における耐火建築物の場合100％まで使用可能という規定がある。

(B)　容　積　率

一方で、建物の容積率については次の規制が存在する。

□道路の幅員による規制

敷地の前面道路が幅員12m未満の場合、次のとおりの規制を受け、これを反映させた容積率を「基準容積率」と呼ぶことがある。

■住居系用途の用途地域の場合

指定容積率と前面道路幅員×40％のうちのいずれか小さいほうの容積率に制約される。

■住居系用途以外の用途地域の場合

指定容積率と前面道路幅員×60％のうちのいずれか小さいほうの容積率に制約される。

容積率は収益力に影響し、特に商業地域の場合600％を超えるケースもあり、道路幅員による制約は大きなものとなる。

□日影規制

中高層建築物の増加で日照権の問題がクローズアップされたこともあり導入された制度であるが、日照権があまり問題にならない商業地域、工業地域、工業専用地域においては適用がない。規制としては冬至日において建築物が8時から16時（北海道の区域内においては9時から15時）までに発生する日影の量を制限することで、建築物の形態を制限するものである。

□絶対高さ制限

第1種低層住居専用地域、第2種低層住居専用地域については住環境と日照権の確保の観点から10mまたは12mの高さ制限があり、実質的に容積率が規制されることがある。

□斜線制限

道路斜線、隣地斜線、北側斜線の3つの制限があり、それぞれで高さの制限を受けるため、容積率に制約を与えることがある。この制約を受けないために天空率を活用する方法がある。

(C) **ボリュームチェック**

更地をみる場合、指定建ぺい率や指定容積率、さらに道路幅員による制約（基準容積率）だけをみるのでは現実に使用可能な容積が正確に把握できないことがある。このため、通常建築士あるいは一級建築士事務所等に依頼してCADソフト等を使って使用可能容積率を計算してもらう「ボリュームチェック」という作業を経て、経済価値判定の一助とすることが一般化している。特に前面街路が狭く、形状が悪い土地の場合、指定容積率の半分以下しか使用できない場合もあるので、この調査は欠かせないものとなっている。

(D) **容積率の緩和**

□容積率不算入規定

ビルやマンションにおいて、駐車場として利用している区画については一定の基準で容積率の不算入が行われる。これは、駐車場整備の観点から緩和規定が設定されたものといえる。一方で、これを使い1階部分を当初駐車場として建築確認を取得しておきながら、後日事務所等容積参入される店舗やオフィスといった用途に変更してしまうビルも存在する。これは違法行為となるので要注意である。

□総合設計制度

建築基準法59条の2により、大規模なビルの場合、公開空地を設ける等により斜線制限の規制を緩和し、さらに容積率のボーナスをもらうことがあり、これによるビルは指定容積率を超過した建築物になっているこ

とがある。総合設計制度を活用したビルかどうかは、市役所等の建築指導課等で確認することができる。

□都市再生特別地区

国が指定した都市再生緊急整備地域内において、既存の用途地域に基づく規制を適用除外として、開発者の提案により指定された地区で、大幅な容積率のボーナスをもらうかたちのものが多い。ただし、建物内に公共関連施設（たとえば大学等）を入れることを前提としたものが多く、これらの用途変更ができない点に留意する。

(E) いわゆる既存不適格ビル

既存不適格という言葉は、法律施行前から存在するものについての既得権保持的な意味をもつが、容積率に関する既存不適格ビルは、通常都市計画法においては昭和39年の改正による容積地区指定前の建物絶対高制限しかない時代のビルで、この使用容積率が現行の指定容積率を超過しているものを指す。都市の中心部に多く、建替えを行うと床面積が小さくなってしまうことから、耐震改修等で現在も利用しているものが多いのが特徴である。これは合法物件であり、この点のみでみると、融資継続になんら問題はない。

ホ　開発許可制度

開発を行う場合においては、市街化調整区域については原則すべての行為で開発許可の取得が必要となる。一方で、その他の区域については開発面積に応じて許可が必要となる規模が指定されている。

区　分	規　模
市街化区域	1,000㎡または500㎡未満
非線引き都市計画区域	3,000㎡未満
準都市計画区域	3,000㎡未満
準都市計画区域以外の都市計画区域と都市計画区域外	10,000㎡未満

ヘ　土地区画整理事業施行区域内の土地

土地区画整理事業については上記仮換地・保留地において触れたが、土地

区画整理事業施行区域に指定されると、売買そのものの制約は特段ないが、権利関係は従前地に残りながら、仮換地の使用収益開始日より仮換地上での土地利用が可能となり、この指定土地の公法上の規制を受けることになる。区画街路は換地処分前までは、市道等の認定を受けないが、建築基準法上の道路に認定されるため、建物の建築が可能になるのが一般的である。ただし、事業の進展による制約がある可能性も否定できないため、市町村の建築指導課等で確認する必要がある。

なお、現在の全国的な土地区画整理事業をみると、仮換地指定による使用収益開始決定は比較的予定どおり行われていても、換地処分の完了までとなると、当初計画よりも大幅に遅れるケースも存在する。この場合に、街路の舗装や上下水道等のインフラ整備にも遅れが生ずる可能性もあり、これが不動産価格に影響を与えることもあるため、供給処理施設の今後の整備状況等は、道路の整備状況を含め、上下水道やガスを管轄する箇所できちんと確認しておく必要がある。

ト　農地法との関係

対象不動産が農地である場合、注意を要する。融資担当者がいままで農地とかかわる側面があるとすると、市街化区域内の農地を転用前提に貸出を行うケースにとどまっていたと考えられる。市街化区域内に所在する場合は、農地転用を市町村の農業委員会に届け出ることで転用が可能であるが、市街化調整区域の場合、転用許可をとるのが容易ではない。特に農用地指定を受けている農地改良を行った土地は、整備に多額のコストがかかっていることもあり、安易な転用前提を想定することは避けなければならない。

農地かどうかの判断は、現地が農地として利用されているかどうか、登記情報上の地目が「田」「畑」であるかどうかをチェックすることがまず一義的なものとなる。また、市町村役場の農業委員会に照会し、農用地指定を受けた土地であるかを調べることができる。

> ■農地法との関係
> ■市街化区域の場合
> 　農地転用の届出がされているか（受理通知があるか）をチェックする
> ■市街化区域以外の場合
>
> | 現状のチェック　　　：農地としての利用があるか？※ |
>
> ↓
>
> | 登記情報のチェック：地目が「田」または「畑」であるか？ |
>
> ↓
>
> | 農業委員会でのチェック
①　農業振興区域かどうか？
②　農用地指定はあるか？ |
>
> ※　なお、農地として利用されていない場合でも農用地指定を確認する。

(6) 土壌汚染の可能性について

　土壌汚染は、工場の敷地としての利用等で有害物質を使用して発生するケースが一般的で、まれにではあるが自然由来で有害物質が存在することもあり、判定を行うには詳細な土壌汚染調査を実施することが要求される。また、敷地の土部分から有害物質が発生するケースのほか、近接地や場合によっては離れた場所から地下水を経由するケースもあり、汚染発生可能性は複雑である。ただ、詳細な調査には費用がかかることから、対象地の用地利用もしくは近接地で汚染発生の可能性があるかどうかを調査し、これで可能性が低いと判断されると詳細な調査を行うまでには至らないのが現状である。

　ただ、調査および対策費用はかかるものの、土壌改良技術は急速に進歩しており、一部の企業では土壌の改善を前提とした取得を行うところもみられるようになってきている。土壌浄化がなされることで担保適格性が回復し、融資が可能になるものと考えてよい。ただ、浄化が完了しても、過去に汚染事実が存在したことによる、Stigma（スティグマ：「汚名」の意味）と呼ばれる心理的な要素が残り、通常の土地価格より減価されることがありうるので

留意したい。一般には工場用地の場合はこの程度は小さく、その他の用途の場合はある程度の減価が残る可能性があると考えてよい。

では、汚染可能性の有無はどのように調べるのであろうか。一般に、土壌汚染調査を依頼すると、次の段階別での調査が行われる。

> Phase 1：地歴および現地調査
>   土地の過去の利用状況および周辺の利用状況を、過去の図面や役所・所有者等への聞き取り調査を行うことで実施し、また現地調査を行い利用状況をみて汚染可能性がないか調査する

↓　ここで可能性があると判定された場合は顧客の意向で次のステップへ進む

> Phase 2：サンプリングによる調査
>   対象地土壌の一部（特に汚染可能性があると考えられる箇所を中心に）を採取し、調査する

↓　ここで汚染物質が出た場合にはさらなる広範囲での調査を実施する

> Phase 3：より広範囲な調査および対策計画の策定
>   対象地全体、あるいは汚染可能性が高い箇所についてポイントを策定した調査（メッシュ調査ともいう）を行い、具体的な物質に基づいて対策計画を策定する

ただ、このような調査は、土壌汚染対策法では原則工場閉鎖時に要請しているものの、実際の健康被害等が発生しない限り、操業中に実施することを求めていない。このため、操業工場の場合に調査を実施することはあまりない。

では、不動産鑑定評価においては、どのような調査を行うのであろうか。一般的に地歴および現状の利用状況から調査を行うことが多い。

　イ　地歴調査

上図のPhase 1とほぼ同じ調査である。土地の過去の履歴を調べるもので、過去の住宅地図（図書館や最近ではこれを調べるサービスを提供する会社も増えてきた）での利用状況、建物がある場合は登記情報もしくは過去の建物については閉鎖謄本により用途の調査、入手できれば航空写真なども確認し、さらに所有者へのヒアリングを行うことで判断する。

役所における調査としては、土壌汚染対策法の指定区域（土壌汚染が存在する場合は公表されている）かどうかの確認と、特定有害物質使用事業所の敷地であるかどうか、特定施設届出（下水道に排水する場合は下水道管轄担当、汚水処理槽で処理後放流する場合は環境関係の管轄担当）の提出の有無を確認し、可能性を判定する。
　　ロ　現地調査
　土壌汚染発生の可能性があると考えられる「特定有害物質」の使用があるかどうかヒアリングを交えながら調査する。
　これらのイ、ロの調査で汚染可能性が高いと判定された場合は、専門業者への調査依頼を行う、もしくは汚染対策の必要性を記載し、対策費用については考慮しない旨の条件付き評価を行うこととなる。
　あくまでも土壌汚染がないと完璧に判定できるのは、専門業者による詳細な調査を行い、さらになんらかの汚染物質が存在する場合はこの除去対策を行った場合に限られる。ただ、すべてについてこれを行うのは、売買や評価それぞれにおいて過度な負担になるため、可能性の有無を判定するのがまず第一義となる。

(7)　埋蔵文化財の有無
　埋蔵文化財の存在については、文化財保護法の規制を受ける。通常、市町村の教育委員会に属する文化財課あるいは生涯学習課において、対象不動産が「周知の埋蔵物文化財包蔵地」として指定を受けているかどうかを調べ、指定を受けている場合に、たとえば建物の建築等、土地の掘削を伴う土地利用を行う場合（すでに整地した土地の上を青空駐車場として利用するといった場合は該当しない）、次のような行政からの指導を受けることになる。
　　□行政機関による試掘調査の実施
　　　建物の敷地として利用されていない箇所において、試掘調査を行うもので、これにより出土可能性を調べる。遺跡の内容や規模によるため何ともいえないが、おおむね1〜3日程度と考えられる。試掘費用は公共サ

イドがもつところが多いが、役所の窓口で確認されたい。
■試掘調査で特段出土品がない場合
　本工事において注意をしながら土壌掘削を行う旨の指導を受け、出土品があった場合にはすみやかに届けることになる。
■試掘調査で出土可能性がある場合
　発掘調査が実施される。費用については土地所有者サイドが負担するケースが出てくるので注意を要する。また、期間的なものについても規模や出土状況によって異なるので、費用見積りとともに、役所の窓口で確認されたい。

(8) 地下埋設物の有無

　過去に工場等で利用された土地の場合、地下部分に設備が残っていることが考えられる。このような地下埋設物の存在は土地の減価につながるため、地下埋設物が存在するかどうか検討する必要がある。

(9) 災害発生の可能性をどう考えるか

　最近では、全国で想定を超える風水害が恒常的に発生しており、川の氾濫や土砂崩れといったものの被害の報道をよく見かける。平成23年3月11日の東日本大震災では1,000年に1度ともいわれる津波被害を受け、世界中を震撼させたのは記憶に新しい。

　災害発生は突然で、かつ過去の経験則すら超えるものが多くなっており、ある意味対策をしきれない面があるが、発生可能性を予測することは重要である。市町村あるいは都道府県では「災害ハザードマップ」（あるいはこれに類するもの）を用意しているところが多く、河川氾濫による水害・土砂崩落可能性のある地域、津波発生における予測高といったものを提示し、予防を呼びかけている。これらを参考とするのがひとつの方法となる。

⑽　高圧線・地役権、その他の権利の設定

　対象地上を高圧線が通過している場合、あるいは付近を通過している場合は、土地の価値は通常下落する。もっとも、住宅地や商業地に比べ、工場団地や工場集積地は高圧電力を使用することが不可欠であり、高圧線が通過する箇所が多数存在する場合は、地域内において極端に減価が発生することはない。

　高圧線が通過する場合は、土地の登記情報をみると地役権が設定されているケースが多い。地役権は当然にしてこの利用箇所が存在し「要役地」と呼ばれているが、登記情報にこの場所と利用内容が記載されている。登記地役権はこのほか通行権、水路利用等で設定されるケースも多く、設定内容をよく確認する。逆に直接接面がない土地の場合に、地役権による通行権を前提とした利用の土地の場合は、この所有者と将来的に通行権が確保できるか検討する必要がある。

　特殊な権利としては最近では、主にリゾート地等で「眺望地役権」を登記するケースが多く、この権利付着がどのようなものか確認する必要がある。権利関係の詳細は登記情報には表れないため、個々の契約書等を確認することが求められる。

2　建物をみるにあたっての基礎知識と調査方法

　次に、建物をみるにあたっての基礎知識を考えてみたい。建物は躯体（スケルトン）と設備（インフィル）に分けられ、通常は躯体部分のほうが設備部分の耐用年数よりも長い。躯体は木造、鉄骨造、鉄筋コンクリート造、鉄骨鉄筋コンクリート造の主に4つが存在し、これらを合体させたつくりのものも存在する。ここでは、金融機関の職員が押さえておきたい建物の基礎知識について考えてみよう。

(1) 建物の構造、耐用年数（使用年限、経済的耐用年数）と融資の償還年限
　イ　建物の構造

　建物の構造は躯体部分を指す。建物は通常、屋根・柱・壁・床といった構成要素があり、構造体としてはまずは屋根と柱が特に重要となる。一方で、建物の耐力を壁にもってきた、いわゆる「壁構造」建物も存在し、この場合は壁の状況が重要となる。構造のチェックポイント例をあげると、次のものがある。

　　(A)　屋　　　根

　屋根の役割は主には防水があり、風雨を防ぐ重要な役割をもっている。屋根がダメになると建物内に水が入ることになるが、室内ではなくコンクリート内に浸入することも多く、この場合は通常の耐用年数、使用年限よりも利用可能な期間が短くなってしまうことがありうる。したがって、屋上にのぼり、屋根の防水状況（コンクリートまたは鉄板の状況を確認する）、コーキングの状況をチェックし、傷みが激しい場合は十分に注意する。

　　(B)　外　　　壁

　外壁も屋根同様風雨を防ぐとともに、外観上の大きな役割をもっている。このため、タイル貼りの外壁の場合はこの浮き具合などを確認するとともに、吹付塗装のものの場合は色の変色状況もチェックする。詳細な確認では打音調査といって実際に壁部分を叩いて音の状況でチェックするが、これは専門業者の領域となる。外壁が傷むと落下により事故が発生するため十分に注意する。

　　(C)　構造体（柱）

　構造体は建物内部などでみることができる場合があるが、通常はパネルで囲まれる、あるいはクロスが貼られる、塗装がなされるなどして剥き出しの状態は少ない。また、コンクリートの状況（中性化度）を調査する必要があるが、これは専門業者の領域となる。

　ロ　物理的耐用年数（または使用年限）と経済的耐用年数、融資償還年限との関連

　よく鉄筋コンクリート造の建物の耐用年数はどのくらいですか？　という

質問を受けることがある。法定耐用年数についての質問であれば、たとえば税務処理上のものをひとつの基準として回答することが可能であるが、物理的な側面では正直答えかねる面がある。一方で、経済的耐用年数という概念があり、これは主に不動産鑑定評価で利用されている。これは、現実の経済価値を基準として考える耐用年数であり、物理的側面での使用年限とは異なる面がある。通常は鉄筋コンクリート造の建物で躯体部分を50〜60年程度で判断しているものが多いが、一律何年という定めはない。

　この経済的耐用年数と使用年限問題がクローズアップされてきた背景のひとつに、融資の償還年限との関係がある。償還年限は貸金が最終的に回収されるまでの年限を指すが、これが鑑定評価の経済残存耐用年数（経済的耐用年数から経過年数を控除したもの）を下回った場合、償還前に建物の価値がなくなってしまうというかたちでとらえられかねない面があり、この点をどう考えるべきか整理が必要となる。

　一般的に、「建物の使用年限＞建物の経済的耐用年数」の数式が成り立つと考えられる。使用可能年限を超えた経済的な耐用年数は考えられない。ただ、これを建物の適切なメンテナンスを行うことで「建物の使用年限≧建物の経済的耐用年数」あるいは「建物の使用年限＝建物の経済的耐用年数」までもっていくことができないだろうか。これが大きなテーマとなる。

　では、この建物の使用年限はいったいどのくらいになるのであろうか。国土交通省大臣官房官庁営繕部が監修した「建築物のライフサイクルコスト」という本をみると、構造、躯体の計画修繕の前提は鉄筋コンクリート造、鉄骨鉄筋コンクリート造の建物耐用年数として65年を基準としているものが多い。これがひとつのメルクマールになるのではないか。あるいは、現実にはこれよりも若干の余地があるものと考えると建築後70年程度が使用年限と考えられる。もちろんこれよりも長くもつものはたくさんある。

　もっともこの年数を経る間に、建物を取り巻く法規の改正は多く、もちろん建築時の法律に合致していれば既存不適格建築物ではあるが、あくまでも合法建築物である。ただ、たとえば防災上の観点、耐震性能との関係をふま

えると通常の計画修繕に加え、耐震補強工事が必要となるし、時代の変化とともに意匠面での大きな変化が商品価値を落とすということも容易に考えられる。いわゆる歴史的建築物になるような外観であればよいが、標準的なビルの場合、経年とともにその意匠的な側面は現在のものより劣るのは当然であり、見た目と効用に関連性はない面はあるとはいえ、やはり厳しいものと推定される。

その意味では、使用年限を鉄筋コンクリート造で仮に計画修繕想定年限である65年ないしはこれを若干超過した70年とした場合に、これに呼応して十分な経済的な価値、使用価値があると考えるためには、主に次の点を考える必要がある。

□適切な計画修繕が行われているか？（躯体・設備に関する十分な維持管理、修繕）
□建物の劣化が通常想定の範囲内か？（コンクリートの中性化の状況がどうか）
□建物の耐震性能が十分あるか？（現状の耐震性能を満たしているかどうか）
□商品として堪えうる意匠であるかどうか？

ハ　建物の計画修繕

建物にはさまざまな部位があり、まず大きく分けると躯体と設備があるが、それぞれの部位ごとに修繕や更新、交換が必要となる。建物を長期使用する場合は、それぞれの耐用年数に基づいた計画を立て、不具合が発生する手前で修繕等を実施することが求められる。この計画は、建物を実際に建設した建設会社が提案することが多いが、最近では後段に記載する「エンジニアリングレポート」をとり、これに計画表を付してもらい費用等と含めて検討することが多い。

ただ、設備においては現実には計画よりも長く使用可能なものや、エネルギー効率等の関係から早期に交換を行うほうが合理的なケースも多く、施主・管理会社・各部位を取り扱うメーカー等と相談しながら、時々の見直し

を行うことも肝要である。建物の運営を受託するプロパティマネジメント会社がこれらを取り仕切ることもある。

使用年限まで利用ができ、賃貸料等の収益を獲得するためには、まず計画修繕を適切に行う必要がある。

ニ　コンクリートの中性化

上記の計画修繕は、設備部分および屋根や外壁といった外にみえる躯体部分を中心に実施されるものである。しかし、建物の躯体部分のうち柱・壁・床部分が最も大きな割合を占めるもので、これについては計画的な交換等は現実不可能である。したがって、屋根や外壁を適切に補修・修繕して維持管理を行うことで劣化をできる限り防ぐことになる。

では、この躯体部分の大半の劣化をどのように判定すべきであろうか。この判定方法に「コンクリートの中性化調査」がある。この調査は建物の一部、たとえば柱、梁、床スラブ部分等をサンプルとして抜き（コアサンプルという）調査を行う。この調査は中性化進行度（深さ）を測るものであるが、これとコンクリートのかぶり厚さを比較して使用年限を調べるものである。かぶり厚さとは、鉄筋コンクリートの鉄筋部分からコンクリート表面部分までの最短の厚さを指し、これが厚いほど鉄筋への影響が少なく、耐用年数が長いことになる。

コンクリートの中性化＝建物の劣化がわかる
- □「中性化進行度（深さ）」とコンクリートの「かぶり厚さ」との関係で調べる。
- □鉄筋コンクリートの場合：通常そのかぶり厚さは約30mm。

中性化が進むとそれだけ、鉄筋に影響する確率が高くなる。中性化はコンクリートである以上進行するのはやむをえないが、標準的と考えられている中性化の進行度と建物の経過年数を式で表すと次のとおりとなる。

> □経年に応じた標準的な中性化進行度式（浜田式と呼ばれるもの）
>   基準中性化の深さ（mm）≒√（経年÷7.2）×10

ここで、建築後27年経過したビルで考えてみよう。上記式に当てはめると、

$$\sqrt{(27 \div 7.2)} \times 10 ≒ 19\text{mm}$$

となる。この式で求められたものをみると、標準的なコンクリートの場合27年経過すると19mm中性化が進行するものであり、これ以下の数値の場合、ビルのコンクリート劣化速度は遅いと考えられる。

では、中性化が完了するまでの長さ（あと何年もつか）というものを示す式としては次のものがある。

> □中性化完了時期までの予測式（$\sqrt{t}$則と呼ばれるもの）
> ■基本式：$C = A\sqrt{t}$
>   C：中性化の深さ（mm）
>   A：中性化速度係数（ケースバイケースで算定する）
>   t：経年（年）

仮に、10年経年のRC鉄筋コンクリート造建物で、中性化深さが10mmの場合、鉄筋かぶり厚さ30mmの深さまで中性化が達するまでの期間はあと何年か、上記式に入れてみよう。

基本式は$10 = A\sqrt{10}$

A（中性化速度係数）$= \sqrt{10} = 3.16$と求められる

では、基本式に下記数字を代入

　C　中性化の深さ　：30
　A　中性化速度係数：3.16
　　$30 = 3.16\sqrt{t}$
　∴ $t = 90$（年）

90 − 10 = 80（年）

答えはあと80年となる。

以上が、中性化に関する考え方と計算式であるが、これらを行うためのコアサンプル調査は、通常耐震診断とセットで行われることが多い。

　ホ　耐震性能との関係

建物の使用年限との関係で最も重要な側面に、耐震性能がある。耐震性能は時代時代により強化されてきており、また平成23年3月11日に発生した東日本大震災以降では、「建築物の耐震改修の促進に関する法律」（耐震改修促進法）が改正・強化され、一定規模の特定建築物については耐震診断の義務づけが行われている。

現行の建築基準法では、昭和56年6月改正（いわゆる新耐震基準）のものが基準となっており、耐用年限中に数度（まれに起きるかもしれない地震：50年に3～4回程度）遭遇する地震（中地震）に対しては、建物の機能を保持することとし、建物の耐用年限中に一度（きわめてまれに起きるかもしれない地震：50～100年に1回程度）遭遇するかもしれない程度の地震（大地震）に対し、建物の架構に部分的なひび割れ等の損傷が生じても、最終的に崩壊からの人命の保護を図ることを目標としており、地震規模と耐震性能は次のとおりとなる。

□中地震時（80～100gal程度）：震度5強程度
　柱、梁、壁にひび割れが生じない（無被害）。
□大地震時（約300～400gal程度）：震度6～7程度
　柱、梁、壁に部分的なひび割れが生じるが、倒壊や特定階の落階等は生じない。

過去からの建築基準法と耐震基準の流れをまとめると、次頁のとおりとなる。

現在におけるいわゆる「新耐震基準」の制定は、昭和55年7月建築基準法施行令の一部改正公布、昭和56年6月同上施行の手順で行われたもので、新

■建築基準法と耐震基準

昭和25年	建築基準法制定
昭和46年	柱の補強規定の追加
昭和56年	新耐震設計法の採用
平成7年	耐震改修促進法施行
平成12年	限界耐力計算法の導入
平成18年	改正耐震改修促進法
平成19年	構造計算適合性判定
平成25年	耐震改修促進法の改正（特定建築物）

	診断法
第1次診断	簡易簡便計算
第2次診断	壁や柱の耐力をそれぞれの箇所ごとに計算する
第3次診断	精密診断

耐震制度の適用は昭和56年6月1日以降に建築確認申請が提出されたものを指し、これ以前は旧耐震の建築物となる。平成25年には改正耐震改修促進法では、ホテルや旅館といった特定建築物については階数3以上かつ延床面積5,000㎡以上、学校関係（小中学校）の建物は階数2以上かつ延床面積3,000㎡以上について耐震診断が必要となっている。

　使用年限との関係で考えると、建物の耐震性能は新耐震基準を満たすことがある程度必須になってきているが、この基準を考えるにあたっては耐震診断が必要となる。

　□Is値

　　耐震性能をみるうえで必要となる数値に、Is値（構造耐震指標）がある。耐震性能が満たされていると考えられる数値は、通常Is=0.6以上であることが要求される。

　　Is値は通常、建物の各階X方向・Y方向について算出し、不足部分につ

いては、耐震補強を行う等の方法を講ずることになる。

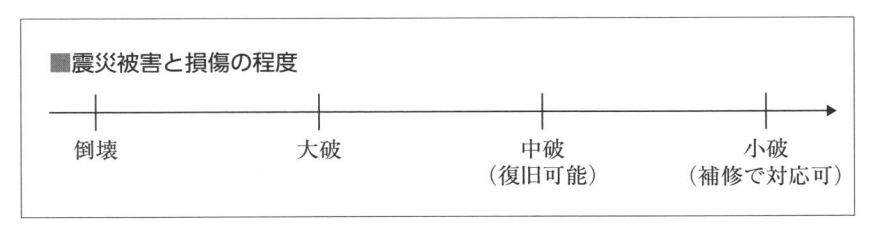

■震災被害と損傷の程度

倒壊 ── 大破 ── 中破(復旧可能) ── 小破(補修で対応可)

耐震補強は、耐震壁を設置する（たとえば窓をなくして壁にする等）、制震ダンパと呼ばれる油圧式の筋交を入れる、柱の補強（耐震強度が弱い階の柱を強化するため厚くする）といった工事をもって行われる。

□PML値（Probable Maximum Loss：地震による予想最大損失額）

耐震性能をもとに地震による予想最大損失を示したもので、後述するエンジニアリングレポートに記載されることが多い。通常記載されるものは最大損失をもたらす再現期間475年相当の地震が発生し、その場合の90％非超過確率に相当する物的損失額の再調達価格に対する割合を示したものである。

一般的に、数値にあわせたリスク判定を行い、リスクが高いと判断された場合には、収益還元法の適用において還元利回りを高く設定する等を行うことがある。

損失（補修工事費）÷総建替え工事費＝PML
10％以下　：リスクが低い
10〜15％：標準
15〜20％：リスクがやや高い
20％超過　：リスクが高い（→地震保険の付保、還元利回りに反映される）

ヘ　建物の意匠との関係

適切な計画修繕が行われ、物理的な耐用年数が十分に認められ、耐震性能をクリアあるいは補強を実施できた場合でも、やはりビルとしての経済価値

を上げるうえでは外観および内部の意匠が、現在のものと遜色がないことが求められる。特に耐震補強のために、壁の増設や筋交の設置、さらに柱を補強することは、見た目上やはり大きなマイナスが生ずることがある。このため、耐震補強を行う際には、意匠面での工夫が必要となる。通常は耐震補強を行う際、意匠デザインの設計事務所を入れることも多い。

(2) 建物の合法性

　建物の建築には、建築基準法等さまざまな法律に合致していることが求められる。建物の設計は通常一級建築士事務所等が設計図面を作成し、これをもとに建築確認の審査機関（かつては市町村または都道府県の建築指導課などが担当していたが、現在は民間会社が審査機関となっている）による審査を経て合法であると判断され、建築確認を取得し、実際の建築をスタートさせる。建物の建築が終わると使用開始前に工事完了検査を受け、施主への引渡し後、建物の使用が開始される。

イ　建築確認と検査済証

　建築物は当然合法なものであってはじめて金融機関の融資を受けることができるものであり、このためには、建築確認通知と検査済証を取得していることは大前提となる。なお、建築確認を取得しておきながら検査済証を取得していない（工事完了検査を受けていない）ことが時々あるが、これはなんらかの違法行為を行っている可能性があるのでこの背景を十分に調査する必要がある。

　建築確認通知および検査済証を取得しているかどうかは、市町村または都道府県の建築指導課等で調査することができ、多くの役所では取得内容を記載した「台帳記載事項証明書」を取得することができる（一定の手数料が必要となる）。なお、保管期間内であれば、建築確認の概要書という敷地図面等が記載されたものを閲覧、あるいは複写できることがあるので参考とされたい。

　建築確認・検査済証は、建築物と昇降機（エレベーター）の双方において発行される。

ロ　違法建築物の考え方

　融資担当者としては、違法建築物については厳格に対処することが望ましいものと考える。ただ、是正が容易であれば是正を前提とした対応が現実的でもあろう。なお、既存不適格建築物は、現行法には合致していなくても建築当時の法規になんら抵触していないため、違法建築物ではないので注意したい。

ハ　合法使用でない典型例

　典型的なものは容積率を超過するケースが多く、たとえば容積率不算入が認められる駐車場部分を事務所や倉庫として利用するケース等が考えられる。建築確認の概要書と実際の竣工図を照合して調査する。

(3)　エンジニアリングレポートの特徴とその見方

　不動産の証券化や投資、売買、さらにこれらに対する鑑定評価を行う際に、対象不動産の状況を把握するための物的調査にエンジニアリングレポート（ER）を作成することが一般化してきている。専門家による建物調査の意味合いもあり、この特徴と見方について若干解説する。

イ　特　徴

　ERは、ゼネコンや建物調査会社、一級建築士事務所等が作成する。公益社団法人ロングライフビル推進協会が策定した「不動産投資・取引におけるエンジニアリング・レポート作成に係るガイドライン」をもとに作成されたもので、次の4つの報告書が一体化したものを指している。

□建物状況調査報告書
□建物環境リスク評価報告書
□土壌汚染リスク評価報告書
□地震リスク評価報告書

ロ　記載内容
　(A)　**建物状況調査報告書**

通常は以下のものが記載されている。

□立地や建築・設備の概要
　　位置や構造、電気・給排水・衛生設備、昇降機の概要
□設備等の更新・改修履歴
　　建築後の更新修繕履歴と今後の計画
□構造概要・設計基準
　　構造とこれに対する性能評価、設計に対する性能評価等
□遵法性
　　建築確認・検査済証の有無、建築基準法等への準拠状況
　　既存不適格箇所の存在、是正の必要性の指摘
□緊急修繕更新費用
　　直ちに修繕・更新が必要な箇所の指摘と費用の査定
□短期および長期修繕更新費用
　　長期修繕計画に基づく修繕・更新費用
□再調達価格
　　現時点において対象建物を再建築した場合の価格（設計・監理料は含まない）

　(B)　**建物環境リスク評価報告書**

通常は、アスベスト使用箇所の有無、PCB油が混入されているトランスの存在の有無とその保管状況を、目視とヒアリング等で確認した結果が記載されている。なお、詳細な調査が必要な場合は、外部委託した調査結果をふまえたものが記載されていることもある。

　(C)　**土壌汚染リスク評価報告書**

地歴調査や周辺の土地利用動向調査を行い、土壌汚染の可能性を記載したものである。いわゆるPhase 1調査のものが一般的である。より詳細な調査を行う場合には、外部への委託を行うことが多い。

(D) 地震リスク評価報告書

ここでは耐震診断ではなく、PML（地震による予想最大損失）調査を行ったものである。したがってIs値が記載された構造計算書とは異なる。

ハ　エンジニアリングレポートの活用方法

敷地、建物の双方について記載されているレポートであるが、建物の合法性、既存不適格箇所の存在、設備の更新状況といった専門的な点はこれを参考とする。

不動産の鑑定評価では、原価法の適用における再調達原価査定にあたり「再調達価格」は大きな参考となるほか、建物の問題点指摘は減価修正において役に立つ側面がある。また長期修繕計画は、収益還元法における長期修繕の資本的支出の額の査定においても活用される。

(4) 有害使用物質の有無

建物の有害使用物質として考えられるものは、アスベストとPCBが代表的である。

イ　アスベスト

アスベストは天然素材の石綿（天然鉱物繊維）で、不燃性や耐熱性、耐腐食性が高く、かつては耐火被覆材等に多用されてきたものであるが、健康被害が大きいこともあり現在では使用されることはない。アスベストには次の3種類があり、空気中に飛散したものを長期間大量に吸入すると中皮腫や石綿肺、肺がんの原因になるといわれている。

種　類	使用禁止
青石綿（クロシドライト）	平成7年4月
茶石綿（アモサイト）	平成7年4月
白石綿（クリソタイル）	平成16年10月原則禁止

アスベストとは異なり、人工鉱物繊維であるロックウールやガラスウールというものがある。これら自体には発がん性がないとされている。ただ、そ

の製造時期（建物の建築時期）によっては一部にアスベストを混入させているものが存在する。したがって、使用部材の名称だけをみてアスベストの含有の有無を判定することは困難である。アスベストが使用されている可能性がある箇所としては次のものがある。

　□吹付アスベスト

　　壁や鉄骨、柱、天井に白い綿状のものをみることがある。これは吹付けによるもので、天然鉱物繊維を使用しているものが、吹付アスベストである。かつては多くの箇所でみられたが、さまざまな対策措置が行われるようになっており、減少したものの、機械室等で依然として使用されている箇所を見かけることがある。

　□飛散性アスベストと非飛散性アスベスト

　　建物の建材には、成形板と呼ばれる、さまざまな物質を含有させてつくられる板があり、その効果により保温材や断熱材・耐火被覆材という名称がある。このなかには、アスベストを含有しているものがあり、飛散性の有無で飛散性アスベスト、非飛散性アスベストに分けられている。吹付アスベストや飛散性アスベストについては石綿障害予防規則（平成17年7月1日施行）により、アスベストの発散や粉塵にばく露するおそれがある場合は、除去などの措置を講じなければならないことになった。また、非飛散性アスベストを含め、建物改修や解体の際には飛散防止のための対策をとる必要がある。

　アスベスト使用に対する社会の目は厳しくなってきており、問題がある建物を含む不動産の場合処分がむずかしい、あるいはこれらが含まれる場合の建物取壊費用が非常に高額になることがありうるので十分に注意したい。

　　ロ　PCB使用機器・部材

　　かつては壁や窓枠等のシーリング材や、工場やビルの変電施設にPCBが使われていた時代があった。また現在でもPCBは、受電設備の旧式のトランスに含まれていることが多く、トランスそのものを交換した場合でもPCB油が混入している機器については処分ができないため、建物内に保管されている

ことが多い。このため、昭和50年以前に建設された建物の場合、PCB使用機器の存在を確認する必要がある。

PCB使用機器の回収機関となる日本環境安全事業株式会社（JESCO）は、なかなか稼働がスタートしなかったが、ようやく回収を始め、一部で回収された例が出てきている。また、低用量の場合は産業廃棄物として処理が認められるようになったものも出てきている。このため、使用状況・保管状況とともに、今後の処分計画もあわせて確認する必要がある。

(5) 建物設備をみる際の基礎知識
イ 電気設備

電気設備は通常、受変電設備と弱電設備がある。ビル等の大規模な建物は通常高圧で受電を行い、これをキュービクルと呼ばれる変圧装置で電圧を下げ、弱電装置に引き継いで各コンセントなどで使用する。

受電装置のトランスのうち旧式のものにはPCB油が混入しているものがあり、新しいものに取り替えられている場合でも、過去のPCB油混入の旧機器を保管しているケースがある。

非常用の電源として、自家発電装置を用意しているところがある。これはディーゼルエンジンによるものが多い。

ロ 空調設備

空調設備は、冷水と温水を使って空気温度を調節し共用部分やテナント部分に適温の空気を供給する。空調設備の耐用年数は比較的短く、13～15年程度で更新・交換が発生する箇所が出てくるので注意を要する。

ハ 給排水衛生設備

一般のビルは、市町村等の水道から供給を受けた水が受水槽に入る。地下あるいは低層階に設置された受水槽からポンプで高架水槽に上げ、自然落下で各階に供給するケースが多い。かつては水圧が低く中高層階に水を上げることができなかったためこのような方式をとるところが多かったが、最近では水圧の上昇もあり直結方式といって市町村等の水道から各階に供給する

ケースがある。
　ニ　昇　降　機
　エレベーター、エスカレーターの双方がある。エレベーターはワイヤ式の場合、屋上部分にエレベーター機械室が存在するが、油圧自走式の場合これがない（一般的に2～4階程度の低層のもので使用される）。
　ホ　共用部分
　オフィスビルの場合、就業者の環境を十分にチェックする必要がある。給湯室や洗面所、パウダールーム等の状況がどの程度であるか調査する。

第 3 章

不動産の特性と価格メカニズムの理解

Ⅰ　はじめに

　第2章では不動産をみる場合のポイントを解説したが、次に不動産が有する特性と不動産が経済価値に与える影響を考えてみたい。そもそも、不動産は有限かつ唯一無二の個性（個別性）があり、また有限であるがゆえに稀少性をも有するため、バブル経済や、平成15年頃から20年夏のリーマンショック前までは、なんらかの理由づけがあると価格が急上昇するという傾向がみられる。この要因は熱しやすく冷めやすい側面があり、その分、反動は大きいものとなる。この傾向は最近時においても考えられ注意を要する。

　一方で、大局的な流れを掴む必要もある。平成26年3月現在、金融政策的な要因あるいは国内の景況感の要因、さらに2020年に開催される東京オリンピックという国際的な大イベントを控えて開発需要が増大する可能性を含んでいるというさまざまな要因のなかで、上昇トレンドに向けた動きが目立つようになってきている。このトレンドは、要因次第では長く続くものとなるが、やはりどこかの局面で拡大から縮小に転ずる機会がある可能性を秘めている。

　過去の動きや典型的な特性からみて、不動産価格はいったいどのように動いていくのであろうか。ここではそのメカニズムを概観したうえで、次章における不動産鑑定評価手法との関係づけを行いたい。まずは一般的な経済財とは異なる不動産の特性をみながら、価格形成要因をひも解いてみたい。

Ⅱ　不動産の経済的な特性

　不動産は、土地・建物をその主要構成要素とする経済財である。その数は日本国内でも多数存在し、日々さまざまな人や企業が不動産取引にかかわっている。その点では、一般経済財と特段異なるものではない。

　しかし、不動産は「個別性」「稀少性」「代替性」といった他の経済財にはあまりみられない特殊な要因を有しており、それが不動産マーケット、さらに経済価値形成に大きな影響を与えているものである。

　ここではまず、この特性をみてみよう。

1　個別性と稀少性

　不動産の特性としては「個別性」と「稀少性」がある。まず不動産は二つとして完全に同じのものは存在しない。これは、不動産には「個別性」という特性があることを意味する。

　不動産は、土地・建物といった要素から構成されるが、このうち土地は基本的に再生産ができるものではなく、当然にして完全同一な土地は二つと存在しないものである。

　個別性が強いことに加え、土地には有限、すなわち「稀少」なものであるという特性がある。かつての土地神話や不動産バブル形成は、まずはここから地価上昇につながったのは前述のとおりである。たとえば山林であっても買っておいて損ではないという考え方が蔓延していた。ただ、バブル崩壊で収益性、利用価値といった側面が重視されるようになり、この考え方は消え去ったようにも思われるが、景況感の回復とともに土地をもっていることの強みが見直されるようになってきている。

　この土地が建物と一体化することで、通常利用される形態である「建物と

その敷地」という形態になると、土地（ないしは立地）と建物という2つの「個別性」が加わり、「稀少性」がいっそう強まることとなる。

　さて、「稀少であること＝価値が高いこと」に直ちにはつながらない。不動産マーケットにおいて市場が過熱しだすと、まず超優良物件に購入者は群がる傾向にある。平成10年頃から不良債権の処理が進展し、債権による担保不動産の取得から次第に現物投資に向かい、外資系企業などによる不動産投資が行われ始めた平成13年頃における日本の不動産マーケットが、まさにこの現象にあったと考えられる。

　この当時、外資がターゲットにしたのは、銀座や表参道といった都心商業一等地であったのは前述のとおりである。このエリアは狭く、また既存建物が多数建っているエリアであるがゆえに、投資家にとって魅力的な売り物件そのものが少ない面があった。まして、この当時は高級ブランドショップによる東京への旺盛な出店意欲という背景もあった。このような業態の店舗では、ひとつの商品が数十万円あるいは数百万円の単位の価格のものである。客単価が高いということは、それだけ収益性がよいことにつながる。最初は表通りの不動産をターゲットとして価格が急騰したが、次第に裏通りにまで進み、このエリア全体の土地、ビルの価格急騰にまで展開していくことになる。裏通りまで洗練された店舗が建つようになった商業地は、本当に成熟した地域といってよいだろう。

　昭和60年代後半から発生した不動産バブルでは、東京の国際都市化（あるいは24時間都市化）によりオフィス用地が不足するという背景があり、オフィス街あるいはその周辺の予備軍的な地域から地価上昇が始まったが、リーマンショック前の不動産市況の回復は商業店舗系立地地域の地価上昇が先行したかたちとなった。

　いずれの時代も、先行する噂的なものがまずあり、これが不動産の個別性・稀少性と重なり、急激に価格が上昇するという構図に大きな変化はない。マーケットメカニズム的には優良物件が上昇すると、徐々にその周りの物件が上昇し、次第に全般的に広がるという流れがあり、この流れに次に説

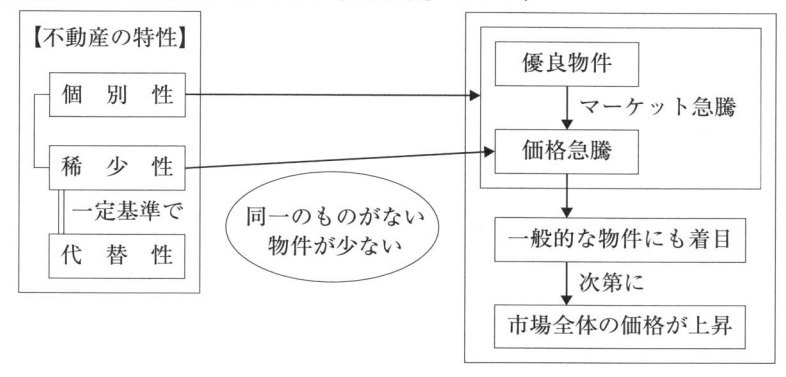

■ **不動産のマーケットメカニズム（価格変動トレンド）**

```
【不動産の特性】                    ┌──────────────┐
┌─────────────┐                    │   優良物件    │
│  個 別 性  │──────────┐          │      ↓ マーケット急騰
│             │          ↓          │   価格急騰    │
│  稀 少 性  │─────────→            │              │
│             │    ╭─────────╮      │      ↓        │
│ 一定基準で  │    │同一のものがない│ │ 一般的な物件にも着目 │
│  代 替 性  │    │物件が少ない│    │      ↓ 次第に  │
└─────────────┘    ╰─────────╯      │ 市場全体の価格が上昇 │
                                    └──────────────┘
```

明する「代替性」の概念がある。

「個別性」「稀少性」「代替性」という3つのキーワードのもとに、不動産のマーケットメカニズム（価格変動トレンド）を図示すると上図のとおりとなる。

2　代 替 性

(1)　代替性の原則

　人は、どんなものでもよいものを買いたいと考える。特に急激な上昇が見込める財であれば、需要者や投資家は、これをこぞって買うようになる。不動産の場合、上昇トレンドのエリアが必ずあり、投資家はこのエリアの不動産に集中的に買い注文を入れるという現象が起きる。ただ、不動産は稀少なもので、かつ土地・建物の個別性が優良と判断される物件はきわめて少ないものである。

　需要が集中し価格が高騰すると、投資指標である利回りなども低くなり、次第にこのエリアだけではなく、この周辺あるいはたとえば商業ビルへの投資を検討していたが、オフィスビルでの投資利回りがよいのであればこちらにシフトしてもよいと考えるようになる。次第に地域全体、さらにはより広いエリアに購入希望が入るようになり、より広範囲に価格上昇トレンドが広

第3章　不動産の特性と価格メカニズムの理解　**81**

がっていく。不動産を取り巻く経済的な環境がよい場合には、最終的に全国の一般物件の価格上昇にまでつながることが考えられるかもしれない。このような価格上昇トレンドが広がっていく背景に存在するメカニズムに「不動産の代替性」が存在する。

(2) 代替性と不動産価格の関連

　需要者にとってみれば、もちろんほしい物件が妥当な価格で売られていたら購入を即断するだろう。しかし、超優良立地に所在する土地や不動産は需要者が集中して当初の希望予算を超えた破格の額を用意することがない限り困難となってしまう。このような地域の物件は稀少で、次に売り物が出てくる時期は予想さえつかない。したがって投資家、あるいは需要者はこの場所にこだわり続けるか、かわりを探すことにならざるをえないことになる。代替品を求める範囲は、できれば当初希望の地域周辺での購入を希望するが、需要の急回復があるとここにも大勢の購入希望者が殺到する。買えないとなると、だんだんその範囲を広げていかざるをえない。

　かつてのバブル経済のときは、「カネ余り」という言葉があり、いってみれば余ったお金だから何にでも投資してよいという風潮があった。

　一方で、バブル崩壊から相当な年月が経過し、投資家は利用価値がないものは買ってもしょうがないことを経験則的に知っている。投機として非常に短期間に売り逃げすることを前提としない場合は、マーケット需要、投資利回りをにらみ、将来的に持ち続けることがよいかどうかの判断ができる目をもってきている。ただ、ここに購入計画や予算という枠をはめてしまうと、相当の妥協のもと物件の購入を行わざるをえない現実が出てくる。

　こうして代替という概念は広がっていく。この広がりは何も地域的なものだけではなく、もはや建物の用途、たとえば商業ビルを目的としたものをオフィスビルに変えたり、建築年月、グレードといった投資対象の個別性の変更にまで及ぶことがある。

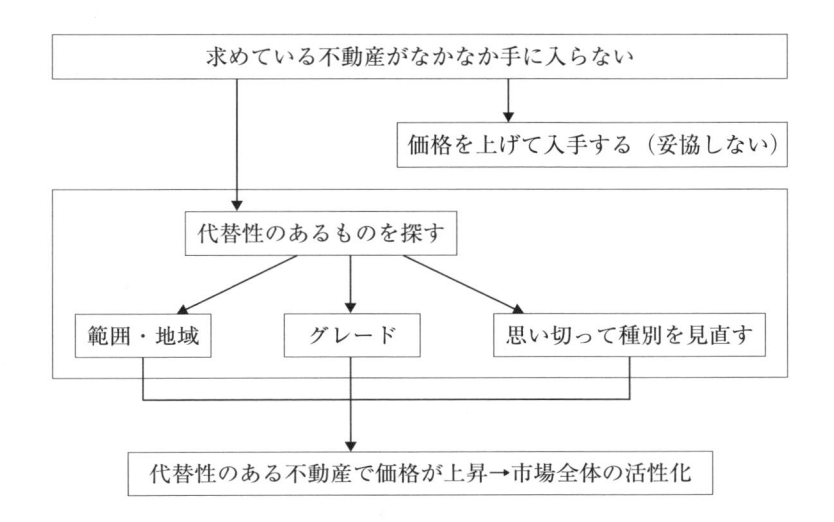

```
┌─────────────────────────────────────────────────┐
│         求めている不動産がなかなか手に入らない         │
└─────────────────────────────────────────────────┘
      │                    │
      │         ┌──────────▼──────────────┐
      │         │ 価格を上げて入手する（妥協しない）│
      │         └─────────────────────────┘
      ▼
┌──────────────────────┐
│  代替性のあるものを探す  │
└──────────────────────┘
    │         │         │
    ▼         ▼         ▼
┌────────┐ ┌──────┐ ┌──────────────────┐
│範囲・地域│ │グレード│ │思い切って種別を見直す│
└────────┘ └──────┘ └──────────────────┘
              │
              ▼
┌─────────────────────────────────────┐
│代替性のある不動産で価格が上昇→市場全体の活性化│
└─────────────────────────────────────┘
```

　最近の特徴として、かつては市場における需要者が自己利用を目的とした者が中心で、一部の機関投資家が投資目的として購入するというパターンの市場から、投資目的の者が中心となって動くことが圧倒的に多くなってきたことがあり、資金力のある投資家が多数存在することで、優良立地の稀少物件の価格はより高くなりやすい傾向もある。

　一方で、価格が急騰すると投資戦略そのものを変更するケースが大半で、いったん戦略変更を決意すれば立地や用途といった面が当初設定したものと異なってもよいと考える向きが強い。こうしたケースでは、代替物件を積極的に幅広く求める傾向が強く、当初は首都圏の商業ビル志向であったものが、オフィスビル志向に範囲が拡大し、利回りが確保しやすい物流施設やビジネスホテル、老人ホームといった業態にまで拡充していくケースもある。物流施設や老人ホームは、バブル期には投資物件としてはあまり見かけず、また積極的に動きがあった類型ではないが、投資対象の研究が進むにつれ、収益獲得が確実とみられるものについては、最近では取得競争もみられるようになった。このように「代替性」が発揮され、さまざまなものへ投資対象が広がってくる。

かつてのバブル期は、地方都市圏、リゾート物件、山林、住宅素地といったものにまで広がった投資対象であるが、最近ではこれらに広がるまでにはなかなか至らなくなった。これは、収益還元法といわれる不動産鑑定評価手法が重視され、毎期の純収益が獲得できない、あるいは小さいものであれば投資対象に入れないという点が明確化した感がみられる。以前に比べると代替基準そのものは厳しく、一定の枠をなかなか超えにくい面が出てきたものと考えてよいだろう。その意味では、たとえば物流施設やビジネスホテルという業態は、バブル期には投資対象としてあまり重要視されてこなかったが、施設の大型化が進むとともに信用度が高い企業が長期契約で一括賃貸を行い、テナントリスクの軽減と安定収益が獲得できるようになったことで、投資家の間では都心部のオフィスビルや商業ビル同様に取得意欲が高まっている。広い意味では代替性が出たといってよいであろう。

3　代替性と有効需要

(1)　代替性と効用

　「代替性」がきく範囲として最も重視されるものは、不動産の「効用」がどの程度一致しているかということである。すなわち、たとえば店舗であれば商品の販売、オフィスビルであれば事務作業、住宅であれば居住すること、工場であれば生産ということになる。

　もちろん、本来であれば敷地として考えた場合、立地、鉄道駅等の交通機関への接近性、商業地域であれば繁華性が高いか低いか、建物としてみた場合用途、建築年月、面積、電気容量や空調設備といったスペックに類似性が高いかどうかで代替性の有無が判定されることになるだろう。

　このような個性的な側面を考えると、住居系用途あるいは工業系用途の不動産に比べると、商業系用途の不動産の方が強く、稀少性が高く、代替性の範囲も狭いものと判断される。オフィスビルであれば交通アクセス、近接する鉄道駅の性格、周辺における人口の状態という点でみるとまだ代替する物件を見つけることができる可能性が高いが、商業系テナント（店舗）用途の

場合、地域のイメージや店舗の集積度、店舗の種類、得られるであろう顧客層といった側面にまで及び、高額商品を販売する店舗の場合はこの場所は限られてくる。また企業戦略イメージと合致する代替不動産は、きわめて限られることになる。その意味では、本当に優良な場所の物件の価格が上昇すること＝バブルと考えるのはかなり早計といえる。

　ただ、最近では不動産の需要者はエンドユーザーよりは投資家のほうが増えており、特に都心物件はこの傾向が強い。エンドユーザーと異なり投資家としてみると、物件としての個別性や稀少性をエンドユーザーほどは重視せず、投資採算性、利回りといった側面での代替性が発揮できればこれでよいと考えるため、当然にして用途や範囲が広くなるもので、時として同じ投資額に対しリスクが低く、リターンが高いかどうかで判断する。したがって、不動産を購入する際には優良性ばかりではなく、投資採算性・効率性を追求する。高い利回りが得られるのであれば、リスクをとるのが通常である。したがって、さまざまな分野への投資が期待できるのである。

(2) 不動産により異なる効用

　エンドユーザーと投資家では効用が異なる面はあるが、エンドユーザーが収益を獲得することで、賃料という形態から投資家が収益を獲得する構造となっている。したがって、エンドユーザーの効用が高くなければ、投資家の効用も実現できないことになる。このため、やはり不動産の効用はエンドユーザーを基準に考えるほうが合理的ともいえるだろう。

　一口に不動産の「効用」といっても、それは立地や種類によって異なるものである。商業用不動産については、効用としては「収益性」が最大に求められる。投下資本に対する収益力、店舗やホテルといった施設の運営による収益が最大限確保でき、これが賃貸料に反映されることが重要となる。

　一方で、住宅用不動産、ここでは賃貸借等を前提とする投資目的のものを除外して考えた場合、エンドユーザーの効用は居住における「快適性」へのニーズが最も高く、収益性はあまり強く考慮されない。

効用は大きく分けて営業用と居住用が存在する。営業用不動産が志向する収益性と居住用不動産が志向する快適性は一致するものではなく、求める方向が一致しているとは言いがたく、不動産の種類に応じて求められるべき効用は異なるものと考えられる。

4　地　域　性

不動産の特性に、「個別性」「稀少性」「代替性」といったものが存在することは前述した。一方で、不動産が他の財と異なる特性に「地域性」がある。不動産は他の不動産とともに一定の地域を構成、存在するもので不動産の効用発揮の大きな位置づけにあると考えてよい。

住宅地地域や商業地地域、工業地地域といった用途性で地域を判別したものがよく使われる分類で、商業系の建物と住居系の建物、工業系の建物が混じり、地域としてはっきりとした判別がしにくいものを、混在地地域という。

■地域性の分類例

■住宅地地域

戸建住宅を中心とした地域	敷地規模、建物の品等、街路の状況、住民の状況、中心部や交通機関への接近性等が特性となる
マンションを中心とした地域	建物の品等、中心的な価格帯と購入者層、中心部や交通機関への接近性等が特性となる

■商業地地域

オフィスビルを中心とした地域	ビルの集積、立地企業の動向、建物の品等・経過年数等が特性となる
商業ビルを中心とした地域	交通機関からの接近性、人通り等の繁華性、消費単価、将来的な動向が特性となる

■工業地地域

大規模工場を中心とした地域	生産に関するインフラの動向、輸送手段や消費地への接近性、工場業種、将来動向が特性となる
中小規模工場を中心とした地域	企業の集積状況、インフラ・輸送手段、製造品目、用途の転換の動向が特性となる

本来、地域の特性を十分に活かすためには純然たる用途性が判別できるほうが合理的と考えられる。計画的な土地利用という側面では、他の用途の建物が混在するのは最小限にとどめるべきなのかもしれない。しかし、土地利用方法は都市計画法や建築基準法といった公法上の規制で、用途制限というかたちでの縛りはあるものの、土地の利用はこの範囲では自由であり、他の異質な用途も混ざることで、この点で都市や街のおもしろさが出てくるものでもある。また、「地域性」が不動産の代替性・有効需要の判定において重要な要素である。なぜなら、不動産としての代替は、一般的に類似性が高い地域のなかから希望する条件の物件を選定することから始まるものであり、同種の地域内において、個別性が類似した物件のなかから物件選定が進むのが一般的といえる。したがって、個々の不動産の特性を掴むためには、まず地域性の把握がきわめて重要となる。

5　用途の多様性と不動産の最有効使用

(1)　不動産がもつ用途の多様性

　不動産は「地域性」という他の経済財がもちえない特性を有しているが、一定の地域を構成してそのなかで活用され効用を発揮するものである。ここでの効用は、地域性といってもさまざまな利用方法がある。

　たとえば、かつて工場として利用されていた10,000㎡の土地が存在したとする。この跡地の活用を考えた場合、次の利用方法が例示できる。

□考えられる利用方法
　① 全体を使って郊外ロードサイド型、あるいは大手スーパーを核店舗とする商業施設に転換する。
　② 全体を使って分譲マンションとする。
　③ 一部をスーパーマーケット等の利便施設、一部を分譲マンションとする。
　④ 物流関連の施設を建設する。

> ⑤　研究所施設等が入るオフィス形態のビルとする。

　この例示では5つのパターンを想定しているが、考えられる用途は物件により多く、その点ではこの土地には用途の多様性があると考えられ、経済合理性の範疇を超えるとさらに複雑多岐にわたることになる。もちろん工場として再利用することもある。ただし、公法上の規制や、形状、道路との接面状況、土壌汚染の有無に大きく左右されるのはいうまでもない。

　適切な不動産の経済価値を判定するにあたって、最大に引き出すためには対象不動産の「地域性」「個別性」を十分にふまえたうえで、以下の最有効使用はいったい何かを検討し、これをもとに収益性や有効需要を判定する必要がある。

(2) 不動産の最有効使用

　一方で、不動産は本来有限な資産・財であり、できる限り有効に使用することが大事であると考えられる。ここで、「最有効使用」という概念が登場する。

イ　最有効使用とは

　不動産鑑定評価のバイブルともいえる「不動産鑑定評価基準」に記載されている内容をみると、最有効使用とは「不動産の効用が最高度に発揮される可能性に最も富む使用」をいい、「現実の社会経済情勢の下で客観的にみて、良識と通常の能力を持つ人による合理的かつ合法的な最高最善の使用方法に基づくもの」を指す。この定義をみてわかるように、合理性・合法性が求められる点はいうまでもないが、この最有効使用という概念は他の財には存在せず、不動産独特のものである。

ロ　最有効使用判定のための地域分析・個別分析

　では、最有効使用を具体的にどのように判定すべきであろうか。これを考えるにあたっては、地域分析と個別分析という2つのステップを踏む必要がある。

```
┌─────────────────────────────────────────────────────┐
│「地域分析」                                          │
│   対象不動産の属する地域性の把握                     │
│   (どのような地域か、過去の推移と今後の動向はどうか) │
│               ↓                                      │
│   地域における不動産の「標準的使用」の判定           │
└─────────────────────────────────────────────────────┘
                        ↓
┌─────────────────────────────────────────────────────┐
│「個別分析」                                          │
│   対象不動産の個別性の把握                           │
│   (街路条件、交通接近条件、環境条件、画地条件、行政条件)│
└─────────────────────────────────────────────────────┘
                        ↓
┌─────────────────────────────────────────────────────┐
│「最有効使用の判定」                                  │
└─────────────────────────────────────────────────────┘
```

　この2つのステップの第1段階は「地域分析」で、地域における標準的な土地使用の把握を行う。簡単にいうとオフィスビルが建ち並ぶ商業地域とか、戸建住宅が建ち並ぶ住宅地域とかといった、一般的な利用とこの地域の種別をまとめることである。さらに進めると、たとえばオフィスビル街であれば「どんな企業が入居するビルが多いか、また敷地規模・建物の階数、ビルのグレード、賃貸料水準や空室率の推移」といった点を調べ、たとえば「東京資本の企業の支店が多く入居する中規模・中程度のビルで、賃料水準は坪1.5万円、空室率は年間5％程度、周辺の衰退傾向はみられない」といった要因を分析する。住宅地域であれば、「敷地規模が約何坪で、住宅のグレード、現状の新築物件、中古物件の平均的な価格帯」等の要因を分析することになる。

　また、個別分析ではたとえば敷地の形状や接面状況等、建物の状況等の分析を行うことで、最有効使用を考えることになる。

(3)　標準的使用と地域分析
　　イ　標準的使用とは
　対象不動産の所在する地域を「近隣地域」という。近隣地域における標準的な使用方法(標準的使用という)を探ることは、最有効使用判定において

最も重要なことである。把握の仕方としては、たとえば、一般的な戸建住宅が建ち並ぶ地域においては、戸建住宅の敷地が標準的使用に当たり、事務所ビルが建ち並ぶ地域においては、事務所ビルの敷地が標準的使用に当たる。

この判定にあたっては、利用方法の「合理性」に加え「合法性」が必要となることを忘れてはならない。

合理性の判断基準には、たとえば住宅地をみる場合は、オフィスが多い中心部への接近性や住環境、快適性、中心価格となる商品の価格帯の妥当性等が考えられる。一方で、合法性には公法上の規制、すなわち都市計画法、建築基準法等の法律に適合しているかどうかを検討する必要がある。

　ロ　近隣地域の範囲の特定

これらの検討を行うためには、まず不動産が属する地域の分析、すなわち地域分析が必要となるが、その第一ステップとして地域の範囲を特定する必要がある。地域の範囲を明確化することは、用途的に異なる地域との区別を意味し、この範囲特定でより深い近隣地域の特性把握につながることとなる。

　ハ　地域分析事項

近隣地域の範囲を特定した後は、詳細な項目について分析を行うことになる。主な項目としては次頁の図のとおりである。歴史的沿革や建物の用途性といったことに始まり、将来的な動向に至るまでの状況を掴むことになる。この作業を行うことで、おのずと標準的使用も判明してくることになる。

(4)　個別分析

地域分析を行い、標準的使用を把握した次段階として、対象不動産の個別的要因についての分析（これを個別分析という）を行う。

個別分析は土地・建物について行うことになるが、土地については「街路条件、交通接近条件、環境条件、画地条件、行政条件」の5つの条件が不動産の経済価値に大きな影響を与えるため、これを分けて調査する。

　イ　街路条件

街路条件とは、土地が面している道路の状況を指すものである。接面する

■地域分析の流れと調査事項
1．近隣地域の「範囲」を特定する
2．近隣地域における次の点の調査
　　■過去からの動向
　　■地域内に所在する建物の用途性、土地使用方法の特性
　　■配置されている街路、都心部鉄道駅や高速道路等への接近性
　　■環境面（住環境、商業環境といった側面）
　　■供給処理施設の状況（電気、上下水道、ガスなどのインフラ施設）
　　■敷地の区画形状や地勢、規模といった面
　　■行政的条件（公法上の規制）
　　　たとえば、都市計画法上の用途地域、指定容積率、指定建ぺい率等
　　■将来動向、計画
3．標準的使用の判定
　　■合理性
　　■合法性

道路の状況が土地の経済価値を大きく左右するといって過言ではない。

　ロ　交通接近条件

　都心部からの距離、鉄道駅、バス停、幹線道路や高速道路のインターチェンジといった要素は交通接近条件と呼ばれる。これらの接近性は、当然にして土地の価格に大きな影響を与える。

　ハ　環境条件

　日照や通風、眺望といった対象不動産の環境的な要素を意味するが、供給処理施設の整備状況についてもこの範疇に含まれる。上下水道、ガス、電気といったインフラの有無および将来的な整備、拡張の予定は土地価格に影響を与えるものである。

　ニ　画地条件

　土地の形状、間口、奥行、地勢、道路接面部分との高低差といった要素は、建物の敷地利用や自動車の出入りに大きな影響を与える。建物建築を行うためには2m以上の道路接面が必要であること、また路地状部分を有する場合の留意点は前章記載のとおりである。

ホ　行政条件

これは公法上の規制である。一般的なものとしては都市計画法、建築基準法があり、地域によっては土地区画整理法、都市再開発法、自然公園法、農地法、森林法といった規制を受ける。規制次第で土地利用や建物の建築用途に大きな制限を受ける。

(5)　最有効使用の判定

地域分析による近隣地域の標準的使用と個別分析を行ったうえで、対象不動産個々において最高度の使用方法と考えられる最有効使用を判定する。

```
標準的使用：近隣地域における一般的な土地利用方法
              ↓
個別分析　　：対象不動産の個別的要因の分析
              ↓
最有効使用：対象不動産の個別性をふまえたうえで最も合理的・合法
           的と考えられる使用方法
           ※更地としてみた場合の最有効と土地・建物一体の状態
             における最有効使用の状況をとらえる
```

近隣地域の標準的使用と、更地としての最有効使用は必ずしも合致するというわけではない。たとえば、土地の標準的使用が敷地規模200㎡前後の戸建住宅用地と判定している場合に、規模3,000㎡の土地があったとする。この土地で標準的使用と同一の使用を行う場合には200㎡前後の区画に分割し、道路の築造等を行わなければならなくなるが、仮に一定の容積率があるため3～4階建ての建物の建設が可能で、かつ分譲マンションとしての需要が認められ、こちらの用地として使用するほうが経済的な価値が高いと判断される場合には、最有効使用は一体利用による分譲マンション敷地と判定される。

(6) 最有効使用と現実の状況が異なる場合

　最有効使用については上記のとおりであるが、現実の使用方法と必ずしも一致するものではない。なぜなら、自由主義社会では法規制の範囲を超えない限りは大きな利用制限がかかるわけでなく、またある程度の経済合理性とは無縁のなかで利用されていることも当然にして存在するからである。ただ、この乖離は経済合理性に合致しないケースが多いため、大きな減価要因になる可能性がある。

「最有効使用」と「現実の使用方法」は必ずしも一致するわけではない

↓

一致しない場合→直ちに問題があると考えるものでもない

　　□合法的であれば利用上特段の問題はない
　　□経済価値に影響を与える可能性が高い（価格が下がる）

　最有効使用をとらえるにあたっては、まず対象不動産を、①敷地部分について、更地として考えた場合の最有効使用、②建物およびその敷地一体での最有効使用の状況の2つの観点からとらえる必要がある。
　なお、最有効使用は必ずしもひとつというわけではない。たとえば次のようなことを考えてみるとわかる。

　□オフィスビルが建ち並ぶ地域内におけるビジネスホテル
　　十分な宿泊需要がありオフィスビルが生み出すであろう収益に、本件の収益が双肩あるいはこれを超過するのであれば、経済合理性は十分に満たされており、このような方法も最有効使用といえる。
　□住宅が建ち並ぶなかにある近隣向けのスーパーマーケット
　　十分な顧客獲得が実現できると考えられる場合、あるいは有力企業による一定水準の賃料が獲得できるスーパーマーケットの場合、土地分割を行ったうえでの分譲とどちらが最有効か検討する必要はある。

---

(7) 最有効使用と不動産の経済価値

　地域の標準的使用と不動産の個別的要因から導き出される最有効使用の状態に対象不動産があったとすると、不動産として最高度の経済価値を発揮していると考えてよい。逆に、最有効使用との乖離がある場合は経済価値そのものに減価要因があるものと考えられる。このように不動産の経済価値を把握するうえでは、最有効使用が重要な要素になるのである。

　いわゆる「場違い建築」というものがあるが、これはまさに最有効使用に合致していないものであり、市場においては土地・建物一体価格の減価、あるいは建物価格の大幅な減価、場合によっては更地価格から建物取壊費用を控除した経済価値しかないとみられてしまうこともあるので注意が必要である。

Ⅲ　不動産市場の特性と経済価値

1　不動産の価格形成要因（価格三面性）

　不動産には個別性、稀少性、代替性、地域性、用途の多様性、最有効使用といった特性があるが、不動産市場は株式等の他の財に比べると一般的な公開性のあるマーケットとはいえず、公開性や取引形態について限定性等がある。

　この特性を理解し、さらに経済価値はいかにして決まっていくのかを考えてみたい。そもそもモノの価格決定メカニズムには「価格三面性」というものがある。これは、モノの価格が費用性、市場性、収益性の3つの観点から決まるというものであるが、不動産の価格形成要因もこの3つの観点から成り立つものと考えられる。この点についての詳細は後述する。ただ、前述の

■**不動産の価格形成要因**

通常の経済観念に加え、不動産の特性、市場の特性を加味して考える必要がある

```
モノの価格を決定する価格三面性を基礎とする
■費用性
■市場性 ──→ 種別・類型によって重視する項目が異なる
■収益性
```
　　　　↑　　　　　　　　　　　　　↑

```
□不動産の特性              □不動産市場の特性
　■個別性                   ■公開性の低さ
　■地域性                   ■取引事情の存在
　■最有効使用との関連性     ■売買形態の特性
```

地域性、個別性、最有効使用との関係といった面、さらに市場の特性についても十分に留意しておく必要があるものと考える。

2　不動産市場の特性

不動産市場が一般的な財の市場と異なる特性として、その「公開性の低さ」と、それがゆえともいえる取引事情の存在がある。ここでは、不動産市場の特性について若干考える。

(1)　公開性の低さ

市場においては、通常それぞれの商品をターゲットとしたマーケットがあり、たとえば株式や債券については公開性がある市場がそれぞれ存在し、そこには当然として需要者と供給者が存在する。上場・公開という方式をとっている株式等は、基本的には公開市場での取引が前提となっている。

これに対して不動産は、最近ではネットオークション、公売、裁判所の不動産競売等はあるものの、これらが不動産市場において占める割合は小さい。市場の中心は不動産業者を介在させ、その売り希望情報と買い希望情報はどこかでもれていくものとはいえ、閉鎖的となっており、また成立した売買価格も企業IRの関係から表に出ることはあっても、基本的には秘匿性が

高いものとされている。

　売買情報のみならず、賃貸情報についても居住用のものについては広告という形態で公開はされているものの、オフィスや店舗については通常表に出ることは少ない。したがって、不動産に関する価格情報は非公開が前提なので、かなり信頼できる専門家等を通じた調査を要するものといえる。

(2) 取引形態と取引事情の存在

　では、日本における不動産の取引形態とその背景にある取引事情にはどのようなものがあるだろうか。そもそも取引形態には、大きく分けて相対取引、入札の2つがあるが、一般的には相対取引が多い。入札は金額が高い大型物件や、バルクセールといわれる複数かつ多数の物件の一括取引等の場合に実施されることが多い。

　公売でも少額物件については定価売買が原則だが、大型物件については入札形式をとっているものがある。

　相対形態をとる場合でも、まずは一部の物件を複数の買い手に見積りをとり、自分たちが売却できる水準かどうか検討を行ったうえで取引交渉をする方法がとられることも多い。これを相見積り方式といって、同時期に複数の買い手に個々の不動産価格の提示を行ってもらい、納得のいった価格を提示した物件についてその価格提示者に売却するやり方もよく行われている。

　不動産は一般的なモノに比べると高額商品と考えられる。ただ、取引における売り手、買い手が置かれている立場により、実際の売買代金は大きく変動することが想定される。よい物件でもうまくいけば割安に取得することさえ可能で、たとえば相続税納付を直前とした不動産売買、企業の決算時に現金が必要となった場合の不動産売買等に格安で売却に応ずるケースなどが考えられる。

　逆にどうしてもほしいという人、特に転居が必要な場合、あるいは企業業績が良好で多少高くても必要と考えられる物件は取得しておきたいという願望などが高い場合は、一般的に考える相場よりも高い価格での売買が成立す

ることがある。

　また、関係者、血縁間売買の場合に相場価格とは異なる価格で売買することも恒常的に行われている。

　相場価格より低くなる（売り急ぎ）場合、逆に高くなる（買い進み）場合を例示すると下表のとおりとなる。

　売り急ぎは時間短縮して現金化を行うことが強く求められる場合に行われるものであるが、企業の法的整理の場合も同様のことが発生する。法的整理には破産、民事再生、会社更生等があるが、破産の場合は保有不動産全物件の売却が、また再生・更生の場合も不要資産については、半年～1年程度で売却予定の工場や本社ビルを処分することが求められ、市場が低迷している時期には大幅な減額が求められることがある。

■相場価格より低くなる例（売り急ぎ）

要　因	背　景
相続のための売り急ぎ	分割のための現金化、相続税支払期限が近いため
転居のための売り急ぎ	転居不動産の購入資金調達のため
資金繰りのための売り急ぎ	金融事情が逼迫し現金が必要なため
企業の法的整理	一定期間での物件処分が求められる
関係会社間売買	利益供与的な側面から価格を下げたケース
親族、知人間取引	人間関係による恩恵的な取引がなされた場合

■相場価格より高くなる例（買い進み）

要　因	背　景
隣地買収	稀少性の観点から高値でも購入したい向きがある
営業上の場所的限定	立地などを特に重視するケース※
関係会社間取引	中間利益の取得を目的とした売買のケース
親族、知人間取引	人間関係による恩恵的な取引がなされた場合

※　たとえばパチンコ店舗やソシアルビル等の場合、営業上他の場所に比べ優位性が高いと、通常の稀少性を超過した取引が行われる。

逆に、相場より高い水準で購入がなされる事情にはどのようなものがあるだろうか。前頁下表の例示では、まず隣地買収が記載されているが、単価的にみると相場を超過するものであっても、一体利用による有効性の向上がみられる場合（より大きな建物の建築ができて収益性が向上する等）、購入者にとってみると十分な経済合理性にかなうことになる。また、店舗系用途の利用で特にパチンコ店舗や飲食業の一部においては、客単価や収益性が一般の物販店舗等に比べると高いが、このような店舗の立地は限定される側面が強く、さらに営業戦略的にこの場所を押さえたいという企業心理が働くと、相場価格を超過した水準で取引が成立することがある。かつては、パチンコ店舗用地の取得は相続税路線価の倍額以上での取引が行われることも多かった。

　このような事情を排除し、第三者性を確保する目的で、相対取引を行わず入札を行うケースが増えている。入札を行うと、通常は複数の購入者を集め価格競争をさせることになるため、売却価格が高くできる。この点では、相対取引に比べると価格は高めで誘導されることになると思料される。

3　公的指標と不動産市場の関連

　では、相場や一般経済指標との間の売り急ぎや買い進みといった事情を、どのように判断すべきなのであろうか。そもそも不動産の売買情報は公開性が低い面があり、実際の売買価格、取引事例は守秘義務の範囲にあり、最近では公開によるマンション販売でも定価を載せないものすら出てきているのが実情である。

(1)　地価動向

　不動産のうち土地の価格については、公的指標である国土交通省が発表する公示地価、都道府県が発表する基準地地価のほか、課税を目的とした相続税路線価、固定資産税評価額、固定資産税の路線価等がある。
　これらは現実の不動産市場での時価をもとに求められているものであり、

■不動産の公的指標

	公示地価	基準地地価	相続税路線価	固定資産税評価額
基準時点	1月1日	7月1日	1月1日	1月1日（3年ごと）
発　表	3月下旬	9月下旬	8月上旬	公表しない
実　施	国土交通省	都道府県	財務省	市町村
水　準	時価基準	時価基準	公示地価の80％	公示地価の70％
価格単位	1㎡当り	1㎡当り	1㎡当り	各筆

信頼度が高いといわれている。ただし、基本的に土地の個別性を反映したものは固定資産税評価額のみで、その他は個別性についての検討となるが、重要な参考資料とはなる。

このほかに参考になるものとしては、「主要都市の高度利用地地価動向調査～地価LOOKレポート～」を国土交通省が四半期ごとに発表しており、一定規模の都市の商業地・住宅地のうちの一部のエリアについてその動向（前期比どの程度の動きがあったかという情報）がみられるようになっている。

「地価LOOKレポート」を除くと年に1回など発表までの期間が長いものしかなく、市場において価格が急変動している時期、たとえばかつてのバブル期の地価上昇や、その後の崩壊による下落期、リーマンショック前後の地価変動期などについては、実勢に追いついていないという意見もある。このため、実際の売買事例等に細かくあたらないと現実の相場水準を把握するのがむずかしい側面もある。

(2) 賃料動向

賃料動向、たとえばエリアにおけるオフィス賃料や店舗賃料の水準を示した公的な資料はあまり存在しない。一方で、オフィス賃料や住宅賃料の単価については規模・経年に応じた統計調査を発表している民間企業が多く、エリア別の平均的な賃料の把握はこの資料をみることが最も確度が高いといえ

る。有料のデータを用いると、賃料動向は直近のものまで入手することができる。

(3) マンション価格動向

マンション価格についても公的な機関でその動向を発表しているところはなく、これも民間企業によるデータとなる。有料ではあるが全国における過去の分譲マンションの売出し価格データを販売時期ごとにまとめた冊子や、周辺における詳細な分譲・中古マンションの市場動向を分析したものも入手することができる。

(4) 投資利回りの動向

投資利回りについては、一般財団法人日本不動産研究所が年に2回発行する「不動産投資家調査」に、投資家に対するアンケート調査をもとにした統計として、オフィスビル、住居、倉庫、ビジネスホテルの利回りが都市ごと、また大都市については地域ごとに記載されている。これが最も参考になるものと考えられる。

Ⅳ 需要目的と不動産の経済価値のとらえ方の違い

不動産を需要目的別に大きく括ると、自己利用目的と投資目的に分けられる。ここで自己利用といった場合に、これを営業目的、すなわち活用して収益を獲得するためのものとそうでないものに分けられ、営業目的は広い意味では投資目的の範疇に入るものと考えられる。

では収益目的、あるいは投資目的か否かというくくりで不動産を分類すると、収益用不動産と非収益用不動産（すなわち自己の居住用不動産）の2つに

大別できる。前者は収益獲得を前面に経済価値をとらえるものであるのに対し、非収益用不動産（自己居住用不動産）はあくまでも生活を基礎に考えるべきで、そこには生活の利便性、快適性、安全性というものが求められるものであり、ここから対価を求めることが主目的ではない。

賃貸用のマンションは目的そのものに賃借人の居住が含まれるものではあるが、その所有目的は投資であり、収益獲得が目的であると考え、ここでは収益用不動産に分類する。非収益用不動産とはいえ、もちろん将来的な価値上昇期待が込められていることはいうまでもなく、長期的にみると投資に該当するかもしれない。ただ、極端な価格乱高下そのものを目的としたものではないというべきであろう。

1 収益用不動産の経済価値

(1) 需要者層

収益用不動産は、投資家であり、また収益施設を運営するエンドユーザーが需要者層の中心となる。投資家は、自己資本または複数の投資家から集めた資金で不動産を運用し、目標設定した収益（利回り）を獲得することを目的とする。自己資本投資の投資家は長期的な投資を志向するケースが多く、目標利回りが低くても将来性等も加味しながら不動産の購入を行う傾向がみられる。

一方でエンドユーザーとして不動産を購入する場合は、店舗、生産向上、宿泊施設、リゾート施設として営業利用することで収益を獲得することを目的とするもので、第三者賃貸等を想定するものではない。ただ、投下資本に対する一定の収益目標があり、これが企業の投資利回りに跳ね返ってくるものである。

需要者の投資に対するスタンスや形態は異なるが、収益をどの程度あげられるかという目的面では違いがないといってよい。

(2) 経済価値の原点
　イ　収益獲得が経済価値の原点
　以上のような需要者の目的から考えると、収益用不動産の経済価値の原点は、利回りの確保・収益性の確保ということにほかならない。
　さて、投資不動産は大半が賃貸物件であるといってよい。賃貸用不動産を稼働させて、利回りを確保するためには、賃貸料や共益費、駐車場やその他さまざまな収入を得る一方で、物件の維持・管理、さらに建物の長期的利用のために必要となる費用を支払い、差し引いたネット収益を最大に獲得することが求められる。
　一方で、エンドユーザーとして利用する業態には、スーパーや百貨店といった流通業、ホテルや旅館といった宿泊業、工場を運営する製造業、ゴルフ場やテーマパークといったリゾート業とさまざまな業態があるが、この収益は売上高からそれに要した費用を控除したものが収益になる。
　賃貸料と異なり売上高は契約等による取決めはないため、獲得のためにはエンドユーザーによる相応の経営努力が必要になる。この経営については、第三者に任せることはできず、相応のノウハウが必要になる。経営・運営をサポートするコンサルタント等を入れることで、収益改善が実現することもあるが、エンドユーザー企業の経営ノウハウが不可欠となる。
　ロ　不動産と時代の変化への対応
　不動産は固定的なもので、土地は動くものではない。一方、建物については固定的ではあるが償却資産であり、通常経年変化に応じて減価が進んでいくものである。時間が経過すると、不動産が所在する近隣地域、周辺の地域、属する都市の状況、さらに経済環境そのものも大きく変わっていく。たとえば、鉄筋コンクリート造の建物の使用可能年限は60〜70年程度のものであり、もちろんこれ以前に取り壊すこともおおいにありえるが、収益獲得活動ができるだけ長い期間続けられ、賃貸や営業継続ができるように配慮しなければならない。
　一方で、長い時の経過とともに経済合理性から乖離することも予想され

る。収益獲得の永続性は困難であり、一定の期間が過ぎれば大規模修繕や改装、用途転換等も織り込む必要がある。

2　非収益用不動産（居住用不動産）の経済価値

(1)　需要者層

　居住用不動産の需要者は通常、エンドユーザーとなる住人である。ここでは、生活することにより効用が最大に発揮される。したがって需要者が求めるものは、一定の利便性、安全性、快適性といった要素であり、自己居住を前提とする場合、賃貸料を獲得することを目的とはしない。もちろん、万一の場合投資用に回すといった考え方も存在するが、通常は賃料を基準に住宅ローンの返済を考えるケースよりは、自己の収入等を基準に考えるのが一般的だろう。

　政策的には、長期的にみて都心から常識的な通勤時間（たとえばオフィスから1時間以内という設定）である一定規模の住宅が、一次取得者が購入可能な水準に設定されているのが望ましいと考える。これが投機目的の購入者層に荒らされることは、社会発展的にあまりよろしいこととはいえない。

(2)　経済価値の原点

イ　購入者の負担能力からみた経済価値

　居住用不動産の経済価値は、理論的には土地価格に建物の価格を加算したものと考えるのが一般的であろう。ただ、大半の需要者の状況からとらえてみると、購入者層の負担能力（資金調達能力）が最も大きなものとなる。

　負担能力でみた住宅の経済価値をとらえると、中心となる購入者の収入と住宅ローン金利の状況が大きな影響を与えるものと思われる。地域的にみて一次取得者層が中心となるエリアは、特にこの色彩が強い。貯金の額は個々人の事情により大きく異なる面はあるが、通常、全額一括払いで自己用住宅を購入する人は少数派で、ある程度の頭金（自己資金）を入れるとしても、金融機関からの借入額が多く、この金利水準も大きな影響を与えるものと考

えられる。

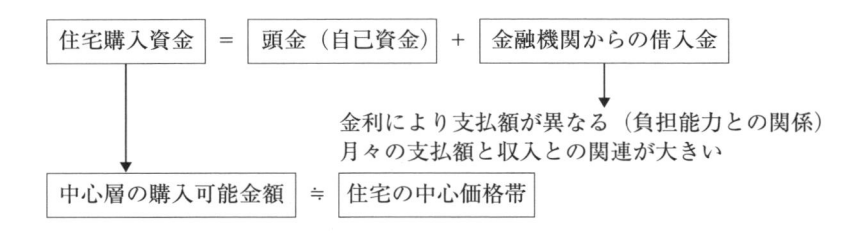

```
住宅購入資金 = 頭金（自己資金） + 金融機関からの借入金
                                      ↓
                           金利により支払額が異なる（負担能力との関係）
                           月々の支払額と収入との関連が大きい
    ↓
中心層の購入可能金額 ≒ 住宅の中心価格帯
```

　これが、二次取得者層、あるいは高額所得者層向けの住宅となると、頭金（自己資金）あるいはすでに所有している買替え前提の不動産の価格に大きく左右される面が強く、自己資金のみで購入する層も増加するため、負担能力的な概念が弱くなることが想定される。

　一次取得者層が中心となる地域において、標準的と考えられる住宅価格が負担能力を基準とした価格水準を超過している場合は、将来的には下落圧力がかかる可能性があると考えるべきであろう。昭和60年代から発生した不動産バブルではこれを無視する水準（たとえば年収の10倍の価格水準）にまで不動産価格が上昇してしまったことから、下落の反動は大きなものとなった。

　ロ　購入者にとっての経済合理性からみた経済価値（借りるか買うか？）

　上記イでは住宅購入資金の側面からみたが、次に住宅を自己所有することの経済合理性、いってみれば買うのと一生賃貸するのとどちらが得かということを考えてみたい。

　かつての賃貸用マンションは自己所有マンションのグレードに比べ、使用資材や施工の程度が劣るケースが多く、これが快適性に影響を及ぼすようになると、経済合理性的な範疇を超えて自己所有を促す側面があった。しかし、ここ10年で完成した賃貸用マンションについては、J-REITやファンドでの運用を前提と考えているものも多く、分譲用と遜色がない程度までにその水準が上がっている。ここでは、条件的には同水準のマンションでの検討を行いたい。

　そもそも不動産を自己所有すると、その後は費用がいっさいかからないと

いうわけではなく、固定資産税・都市計画税、修繕積立金をはじめとした管理費等に加え、一定年数を経過すると内装のリフォームを行うなど、ある程度の金銭的な出費は避けられない。

借りるべきか買うべきか、経済合理性だけからみたどちらを選択すべきかの判定式は以下のとおりとなる。

将来的に不動産を自己所有するために要する金額
＝自己所有不動産の価格＋維持管理費用の現在価値合計額

↕ どちらが高いか低いか？

将来的に賃借することで支払う金額の現在価値の合計
＝家賃・管理費の現在価値の合計額＋更新料・礼金の現在価値合計額

※現在価値　家賃等の費用は将来にわたり支払われるものであり、将来のお金の価値と現在のお金の価値では当然現在のお金の価値のほうが高いことから割引の概念を入れなければならないことを意味する。

住宅を自己所有するほうが経済合理的となる場合は、類似の住宅を賃借する場合に必要となる家賃・管理費・更新料・礼金といった賃貸借に必要となる金額の現在価値合計額から、自己所有でかかる公租公課や管理費、修繕積立金といった維持管理費用の合計額を引いたもの以上であることが求められる。これがプラスであれば、居住しなくなった後でも居住用不動産そのものは残るわけで、その売却価格の現在価値相当分が得となる。

ハ　自己所有ステイタス

居住用不動産の経済価値のアプローチを、購入者の支払能力と賃貸した場合との比較から論じたが、自己住宅を所有することには次のような利点がある。

□所有者の嗜好にあわせた設計が可能である
□改装が可能である（通常の賃貸ではできない）

その意味では、住宅購入動機には経済合理性に加え、なんらかのステイタス性という側面もあることを考えるべきだろう。

第4章

価格三面性と評価手法

I 不動産の経済価値と価格三面性

1 はじめに

　不動産には「効用・有用性」があり、なんらかの経済活動に使用され収益を生むという構図がある。また、一方で、不動産は唯一無二性をはじめとした「個別性」や数に限りがあるという「稀少性」という経済価値を見出せる側面も持ち合わせている。

　これらの「効用・有用性」「個別性、稀少性」といったものに、購買力がある者が対価を払って得たいという需要である「有効需要」が結びついて経済価値が発生し、「価格」という形態で、この経済価値が表されることになるが、この経済価値を貨幣価値で表したものが「不動産の価格」となる。

　では、実際の不動産の価格形成メカニズムはいったいどのようになっているのだろうか。次にその解明の基本となる「価格三面性」について解説し、そのうえでこれから発展した不動産鑑定評価手法について考えてみたい。

■不動産の特性、有効需要と不動産の価格

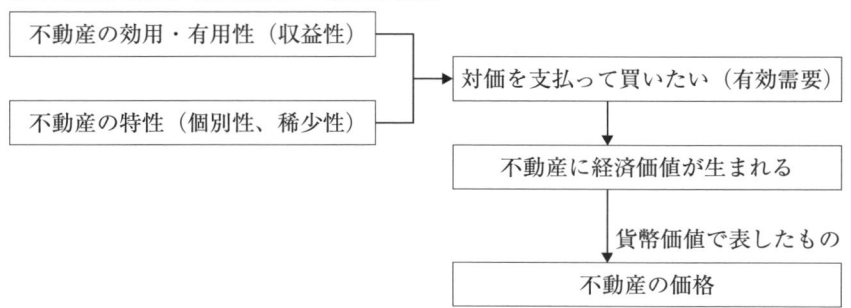

| 不動産の効用・有用性（収益性） | → | 対価を支払って買いたい（有効需要） |
| 不動産の特性（個別性、稀少性） | → | |

↓
不動産に経済価値が生まれる
↓ 貨幣価値で表したもの
不動産の価格

2　価格三面性

「価格三面性」とは、一般的な財の価格形成メカニズムである。その考え方の基礎には、モノの価格は「費用性」「市場性」「収益性」の３つの側面から決定するというものがある。

不動産の価格もその形成要因は一般的な財と同様で、「費用性」「市場性」「収益性」の３つのアプローチから決定されるものである。

通常、マーケットでは生産者（供給者）と購入者（需要者）という２つのサイドのプレイヤーが存在し、プレイヤーらがそれぞれの考え方をぶつけ合って価格が決まる「需要と供給の原則」がここには存在する。

両サイドのプレイヤーは、お互いの立場で市場における価格の希望を主張することになるが、その際、生産者（供給者）は生産に要した「コスト」を主張し、需要者は一般財のもつ効用、ないしは利用することで生み出すことができる利益（「収益性」、場合によっては「快適性」など別の概念もある）といったものを主張する。両者の価格交渉が成立すると、売買は成立する。

一方で、市場の歴史は長く、多数の売買が繰り返されることによって、次第に市場そのものの熟成化が進み、財の売買価格の履歴が積み上がってくる。市場ではこの履歴情報が出回るようになり、「履歴情報」を入手したプレイヤーはこの数字を無視しにくくなる。そしてこのような情報は、生産

■モノの価格三面性

■費用性 　生産にどの程度コストがかかったか？ 　→供給者サイドに立った考え方	
■市場性 　市場においてどの程度の価値でみられるか？ 　→需要と供給の観点に立った考え方	これらの要因が比較検討されてモノの価格が決定する
■収益性 　利用することでどの程度収益が得られるか？ 　→需要者サイドに立った考え方	

者・需要者（ユーザー）に対して有用な価格情報として機能するようになる。

ここでは「コスト」「効用」「履歴情報」という3つの言葉がキーワードになるが、これを価格三面性に置き換えると、「費用性」「収益性」「市場性」ということに該当するのである。

ただ、これら3つの側面が簡単に収束しない点はある。たとえば、費用性と収益性という2つの要素が乖離を生むこともよくある。生産者がいくらコストをかけたと主張しても、効用、収益があがらない商品が出ることだってありうる。一方で、コストが低いながら高い収益を生み出すことができる商品も発生することだってある。このような乖離は、履歴情報が次第に埋めるようになり、同様の商品がこの価格だという実績は、他の論拠を大きく上回る説得性があるものとなる。

これを不動産に置き換えて考えてみたい。不動産も、「費用性」「収益性」「市場性」が絡み合って価格が決定することになる。ただ、不動産市場は、不動産がもつ資産としての特性（稀少性、個別性、地域性）やマーケットの特殊性（情報の閉鎖性等）からやや違った側面をもつ点に注意したい。マーケットデータとしては同種の不動産の売買価格は、重要な参考とはなるものの、ひとつひとつの個性も強いことや取引事情が多く存在する可能性もあり、そのまま当てはめて考えることができない場合も存在する。

不動産の価格を求める方法が記載されている不動産評価基準には評価手法も記載されているが、これも価格三面性をもとにしている。

続いて、評価手法を交えながら価格三面性について考えてみたい。

3　費用性からのアプローチ

(1)　基本的な考え方

費用性とは、不動産を得るために要した費用（Cost）の側面を意味する。

費用性から不動産について考えてみる。不動産を分解すると、土地と建物（財団組成されているものは組成されている機械器具、工作物、構築物といったもの）に分けられる。仮に同一の不動産を得ることを考えた場合に、必要とな

■不動産の費用性からみた価格の概念

$$
\begin{array}{r}
土地価格 \\
+）建物価格 \\
+）その他の構成要素の価格 \\
\underline{-）経過年数等による価値減少} \\
費用性からみた価格
\end{array}
$$

る土地、建物等の調達コストをそれぞれ合算することで、費用性からのアプローチは完成する。

　なお、多くの場合に不動産の経済価値の過半を占めると考えられる土地は再生産できない。したがって、コストという概念はむずかしいが、同じ土地を手に入れるために必要なコストを考えることになる。いってみれば、土地を購入する購入代金が基礎となる。

　一方で建物は建築コストを指し、費用という概念が掴みやすい。新築の建物であれば建築費が大きな参考となるが、建築後期間経過をしているものについては、当時の建築費は参考程度となり、類似建物の建築費から類推するか、もしくは建物の使用資材や実際に要する人手等も勘案して、各要素の積算をすることが必要となる。最近は、建物の調査の際の「エンジニアリングレポート」をとることが大規模な不動産の調査において一般化してきており、この記載内容である建物の再調達価格が有用な参考となる。

　なお、建物等の償却資産は、時間の経過で価値が減少するという特徴をもつため、この価値減少を反映させる必要がある。この作業を減価修正と呼んでいる。土地は通常発生しないが、崩壊などで行うこともある。

　不動産の費用性からみた価格の概念を式に示すと、上の式のとおりとなる。

　上記の式をみると、一見容易に思われるかもしれない。ただ、容易であるがゆえに各構成要素の価格を的確に求めることが強く要求される。

(2) 留意すべき点

イ　個別性、稀少性との関係

不動産には前述のとおり、個別性、稀少性といった側面があり、これによって価値が大きく変わってくるものである。その意味では、同一不動産の取得を前提と考えること自体やや矛盾する面も感じる。不動産の唯一無二性が大きく発揮される超一等地の土地の価格を判定することはきわめてむずかしい。そもそもこのような土地はなかなか売買に出ないからである。また、間口、奥行、地形といった個別性が類似していればよいが、個別性が強い場合の判断がむずかしく、特に超一等地の場合この要因が価格に大きく影響を与える。

ロ　費用性からみた価値を超える不動産の経済価値は妥当か

賃貸用の不動産で考えてみたい。この価格を求めるためには、費用性、市場性、収益性の3つの側面から検討することになるが、収益性からみた価格が費用性からみた価格を超えることがあってよいのだろうか。本来、費用性をベースに考えた価格を超えて市場で売買が成立するのは、合理性に欠けるといってよい。仮に収益性から求めた価格が100の新築ビルがあったとする。このとき、同種同様の不動産を取得するために要する土地の取得コストが50、建物をこれから新築するために必要な建築コストが40であるとすると、この2つの価格の合計である90が費用性から求めた価格になる。

収益性からは100、費用性からは90という2つの価格が求められ、その差に10の乖離が発生するわけだが、90を出せば同種のものを最初からつくって手に入れることができるとするならば、何も収益性から導き出した100という価格で買い取る必要はなく、自分で用地取得して建物を建てるという選択肢をとるだろう。

通常、費用性からみた価格はモノの価格の上限値的な側面をもつともいわれている。いくら収益性が高いからといって、自分で用地取得でき、建物建築が可能であれば新たにつくることを選択するだろうと考える。したがって、収益性からみた価格が費用性からみた価格を上回ることは本来ありえない。

ただ、最近、収益性からみた価格が費用性からみた価格（積算価格）を大きく上回っているケースが常態化してきたのは、いかがなものだろうかと思う。特に、都心に立地するオフィスビルや賃貸マンションについてはほとんど収益価格が積算価格を上回る状態になっているが、はたしてこの現象は正しいのだろうか。

　このときに感じるのは、費用性からみたそれぞれの構成要素の価格は、はたして正しかったといえるのだろうかという疑問である。不動産は稀少性、個別性がきわめて強く、有限が強調される場合、同種のものを取得するとなると相当の競争が発生する等、困難な状況も想定される。都心一等地のビルのケースはおそらく土地の価格が大きく上昇しているのではないかと感じる。最近では、土地の売り物がきわめて少なく取得困難な状況から、予定している価格では到底買えないこともある。これらの点を十分に再検討することで、積算価格が上昇する余地があるものと思われる。現実の市場での土地価格を、稀少性の存在もふまえて見直してみると、収益価格と積算価格との乖離はほとんどなくなるのではないかという気がしてならない。

> 費用性からみた価格＜収益性からみた価格
> 　→本来はありえない。利回りや土地価格等の再検証が必要！

(3) 費用性からのアプローチの特性

　費用性は、上述のとおり構成要素である土地・建物の価格について適切に判定できていれば、非常に把握しやすいものと考えてよい。このように比較的容易に求められるという長所はあるものの、求められる価格に実際の市場での需要者サイドの意見、たとえば利回り等が反映されない可能性があるという短所もある。

　バブル崩壊後に不動産価格が急落した際、担保不動産が予想していた価格では売れないという事態に金融機関は陥ったが、それは当時、不動産価格に

ついて収益性ベースでの検証が行われていなかったからにほかならない。

　最近では収益性からの検討ばかりが重視され、費用性からの検討に重きを置かない風潮があるが、これは誤った面がある。なぜなら、費用性からの検討は、前述のとおり価格の上限値を測るものであるとともに、投資採算性を測るためには不可欠なものといえるからである。

4　市場性からのアプローチ

(1)　基本的な考え方

　市場性からのアプローチは、需要と供給が合致することで成立した取引事例（価格履歴）をベースとするもので、不動産市場における売買をもとに価格が決定するというメカニズムを意味するものである。

　マーケットは、当然にして需要者と供給者がお互い取引交渉をする場所である。市場での売買履歴は現実に成立している価格にほかならず、熟成した市場では、売買が成立している以上は、費用性や収益性といった理論的な側面以上にきわめて実証性が高いものといえる。

　したがって、市場性において用いる取引事例は、不動産価格全体に与える影響が大きいものであり、取引事例の類似性が高ければより強く受けるのが当然である。

　次頁の図のような、3つの取引データがあったとする。このなかで、最高値はB、最安値はCということになりその差は当然にして存在する。一般に住宅地の取引事例は比較的頻繁に取引がなされていることから数も多く、類似性が高いものを選びやすい面があるが、商業地、特に一等地の取引事例は取引自体が少なく、取引価格の単価に大きな差異があることが多い。したがって、さまざまな要因を勘案して修正を行うことが必要となる。

　このような背景のもと、市場性からみた価格をいったいどこに照準をあわせて考えなければならないのだろうか、なかなかむずかしい問題である。あらかじめ断っておくが、平均値や中庸値が答えになるわけではない。本来であれば、最も類似性が高い取引の価格が信頼度が高いと考えるべきである。

■**不動産の市場性からみた考え方**

| 類似不動産Aの取引価格：100 |
| 類似不動産Bの取引価格：120 |
| 類似不動産Cの取引価格： 90 |

→ これらの価格を比較して決めることになる

〔注意しなければいけないポイント〕
① 類似不動産の価格の平均値が答えというわけではない
② 最も規範性（類似性）が高い取引事例の価格をベースに考えるが、なんらかの取引事情を含んでいることがありえるので十分な調査が必要となる
③ できるだけ多数の実例を集める必要がある。ただし、類似性が低いものばかりを集めてもあまり意味がなく、取引事例を分析する力が要求される

しかし不動産市場独特の事情があり、売り急ぎや買い進みといった事情が存在することもあることを勘案すると、十分注意しなければならないだろう。また、不動産価格は時間経過により変化する。この数年は上下変動が激しかった時期でもあるが、取引された時点はすべて一致するわけではなく、その間になんらかの価格変動があるならばその修正を行う必要があり、これを時点修正という。

取引データを多数集めると、その特性は掴みやすいかもしれない。ただ数よりも質という側面もあり、類似性（規範性）が低い取引データは、さまざまな要因での分析が必要となる。

(2) 市場性からのアプローチの特性

市場性からのアプローチは、実際の売買データをもとに不動産の経済価値を把握するもので、売買データという裏付けがあれば非常に実証性が高いという点が長所といえる。いくら収益性からみたアプローチが理論的に優れていても、やはりマーケットでの売買実績データにかなうものではない。

一方で、不動産市場は公開性が低く、また多数の取引事情が含まれていること、売買時点の相違や環境面等の価格形成要因の個性が非常に強いといった要素があり、実績データをなんらかのかたちで修正しなければならず、地

域性や個別性をさまざまな角度から分析する必要がある。この分析を誤ると、実績データを読み違えてしまう可能性もある。ここ数年は、市場のトレンドが急変した時期もあり、過去の実績だけでは現時点や将来動向が読めない面もある。

5　収益性からのアプローチ

(1)　基本的な考え方

不動産の効能は、居住、営業、賃貸、生産といったさまざまなかたちで発揮され、なんらかの収益を生み出すことになる。自社使用の物件は賃貸料という形態のものを徴収していないのが一般的で、またエンドユーザーが居住する住宅の場合、快適に生活するということに重きが置かれ、収益性という概念で価値をとらえようとするのはむずかしい側面もある。ただ、たとえば自社使用の物件については、営業・生産活動により獲得できる収益を基準とする、あるいは第三者賃貸するという想定のもと賃料に置き換えると、なんらかの収益認識ができるものと思われる。

不動産は元本に当たり、不動産の経済価値は元本の経済価値にほかならないが、果実である収益は元本との関係で次の関係式で表される。

| 不動産の経済価値（元　本） | ＝ | 不動産の生み出す収益（果　実） | ÷ | 投資利回り（果実の元本に対する割合） |

この関係式をもとに不動産の経済価値を求める考え方が、収益性からのアプローチということになる。この式をみると非常に単純な印象を受ける。収益と利回りが決まれば、不動産の収益性からのアプローチができることになる。

収益は、賃貸物件であれば、たとえば賃貸のオフィスビルやマンション、テナントビルであれば、賃貸料・共益費収入をベースにとらえ、収益を測定する。一方で、自社利用の不動産として利用されているのであれば、事業収益をベースにとらえる、または第三者に賃貸可能なものであれば、賃貸を想

定して測定する。所有者が居住する一般的な住宅の場合も同様と考えられる。このような方法で、収益を認識することになる。

(2) 収益性からのアプローチ

収益性は、実際に不動産を利用し収益を獲得する購入者サイドに立つ考え方であり、投資理論に合致したものと考えられ、説得力がある点は優れていると思われる。かつては費用性からのアプローチを中心として不動産の担保力を測定してきた日本の金融機関も、バブル崩壊後の莫大な不良債権処理にあたり、収益性からのアプローチを採用し、価格を大きく下げて需要者を見つけ出すことで処理が進んだのはいうまでもないことである。

一方で、「収益」と「利回り」という2つの要素のみで説明されるという点からは、この2つの要素の設定次第で求められた価格に大きな乖離が発生するということを意味する。実は収益分析は、将来的な動向要因の分析までふまえておく必要があり、現状の実績数値のみを判断材料にするわけにはいかない面がある。したがって、オフィスビルや商業ビルの場合、賃貸市場の特性等を十分に理解しておかなければならない。一方で、事業用不動産の場合、不動産の分析能力以上に、業界・企業の分析といった側面の理解が不可欠で、この動向や商品・客単価分析、稼働状況等を十分に把握することが大事となる。

Ⅱ 価格三面性と不動産評価手法

1 価格三面性と評価手法・試算価格の性格

不動産価格形成要因と、価格三面性の関係、さらに不動産価格を求めるた

■三面性と評価手法等の概要

三面性	評価手法	試算価格	概　要
費用性	原価法	積算価格	土地、建物の再調達原価を減価修正する
市場性	取引事例比較法	比準価格	取引事例を比準することで価格を求める
収益性	収益還元法	収益価格	純収益を還元利回りで還元する

めの3つのアプローチは前述のとおりである。次に、これを具体的な評価手法に落として考えてみたい。ここでまず、不動産鑑定基準に記載されている、評価手法との関係を説明する。

　価格三面性それぞれに応じた評価手法があり、これを用いて求めた価格を「試算価格」と呼ぶ。試算価格は、あくまでも最終的な鑑定評価額を指すものではなく、それぞれの手法適用で求めた価格の状態で、これらを分析・調整しながら不動産の経済価値を判定するための一段階における価格である。

　実際は、これらの価格を調整することになるが、この調整はたとえば、賃貸用のオフィスビルといったものは収益性を重視すべきと考えられるため収益価格を中心に考えるなど、これらの価格の軽重づけなどを行いながら最終的な経済価値判定を行っていくことになる。

2　費用性と原価法

　費用性に着目した不動産鑑定評価手法を原価法という。原価法は、まず不動産の構成要素である土地、建物について新規に新品の状態で入手することを想定した「再調達原価」を求め、次に建物の新築時等から時間が経過することで経済価値が減価することを考慮し、再調達原価に対して、経過年数等に応じて発生していると考えられる減価を施して、試算価格である積算価格を求める手法をいう。

【再調達原価】
　土地の再調達原価（更地価格）
　建物の再調達原価
－
【減価修正】
　土地の減価修正
　建物の減価修正
＝
【積算価格】

(1) 再調達原価

再調達原価は、新たに新品の状態で入手するために要するコストである。

イ　土地の再調達原価

土地は原則再生産できるものではない。このため、更地として取得することを想定し、更地価格を再調達原価とする。ここでは、更地価格は後述する取引事例比較法や土地残余法と呼ばれる土地の価格を求める収益還元法を適用して求めることとなる。大都市の中心市街地等に所在する物件の場合、土地と建物のウェイトで考えると、圧倒的に土地のウェイトが高いものであり、この判断を誤ると原価法自体の精度が低くなるので十分に注意する必要がある。

ロ　建物の再調達原価

建物の再調達原価とは、新築の際に要する費用を指す。これを査定する方法は、複数存在する。

最も正確性が高いものとしては、一級建築士事務所等に建物の竣工図・当時工事請負契約書等の資料を渡し、これに記載されている実際に使用された資材や施工費、要すると考えられる人件費、その他の諸経費といったものを積算してもらい、「再調達価格」（これには設計、監理料は入っていない）の査定をお願いすることがある。ただし、これには時間と費用がかかる。

簡易的な方法としては、一般的には構造、種類、品等といった要素を考慮し、再建築を前提とした場合のコスト（単価を基準として求める）を査定する方法がある。

(2) 減価修正

再調達原価を求めた後、減価修正という作業に入ることになる。減価は新品時かつ最有効使用の状況にある不動産からの価値の減少を意味するものである。経過年数などに基づく物理的な要因ばかりではなく、機能的、経済的な要因を含めて発生するものであると理解したほうがよい。減価修正を行った積算価格は、このような多面的な側面での検討が行われていることが重要

となる。

　イ　土地の減価修正

　一般に土地は償却資産ではなく、減価修正の対象にはならないものと考えられる。ただ、土地の一部が崩落しているなどの要素があれば、当然にしてその修復に要する費用などは考慮することになるが、このようなケース以外通常は減価修正を行わない。

　ロ　建付減価・建付増価

　土地に対しては物理的な側面のみならず、最有効使用と現実の利用状況が異なり、経済的合理性に合致していないと考えられることもある。この場合、土地そのものに減価が発生していると考えてよい。この減価を、建付減価という。通常は土地の減価修正のなかに含まれて行われる。

　一方で、現状の建物の存在がプラスになるということもありえるが、これを建付増価という。数的にはだいぶ少なくなったが、指定容積率が変更となり、現状では再建築ができない建物（既存不適格建物という）がある場合に、合法的ななかで現状建築可能なボリュームを超過しているわけだから、この超過が土地に対し価値増に働くものと考える。また、建築基準法の総合設計制度を活用すると、指定容積率に対し容積率の割増しを受けることができる。この場合も建付増価が発生していると考えられるケースがある。

(3)　建物の減価修正

　建物については減価を把握する必要がある。減価が発生する要因と具体的な方法について考えてみたい。

　イ　減価要因の把握

　減価要因としては、物理的要因、機能的要因、経済的要因の３つの要因に分けられるといわれている。３つの要因をみると次のとおりであるが、ひとつの要因が単独で減価を発生させるのではなく、現実の償却資産の減価は、３つの要因すべてが絡まったかたちで減価が発生していると考えるほうが合理的である。

	考えられる要因	発生原因
物理的要因	老朽化 摩滅、破損	時間的な経過により発生 実際の使用により発生
機能的要因	敷地と建物の不適応 形式の旧式化	そもそも場違い建築 周辺環境が大きく変化した 設備面で時代遅れになった
経済的要因	経済的不適応	周辺の立地環境に大きな変化 購入者の現象による流動性の変化

　最近では、「エンジニアリングレポート」の作成を建設会社や建築士事務所に依頼し、建物診断を行ってもらうケースが増えている。建物の問題点、たとえば緊急修繕箇所の指摘や、中長期的な修繕計画の整理を行い、将来にわたって必要と考えられる費用の見積りをとることが多く行われている。

　一方で、経済的要因については、その意味はわかりやすい側面があるが、実際に減価額としてとらえる場合にはどのような指標があるかわかりにくい面がある。ただ、立地環境が悪くなると獲得される賃貸料等に影響が出るほか、流動性が劣るようになると、売却そのものがむずかしくなるなど価格にも影響が出てくるため、これを適切に勘案して減価を行う必要がある。

　ロ　減価修正の具体的な方法

　上表では減価要因を記載したが、具体的な減価修正の方法について考えてみたい。一般的な方法としては、時間的な経過をベースとした経済的耐用年数に基づく方法と観察減価法がある。この2つの手法をもとに減価修正を行うこととなるが、耐用年数に基づく方法は、経済的耐用年数の設定ができれば容易であるが、観察減価は判定がむずかしい面がある。

　(A)　**経済的耐用年数に基づく方法**

　経済的耐用年数とは、建物が市場において価値が認められると考えられる年限を指すものであり、法定償却年数の概念とは異なるものである。また、使用年限とも異なる。通常鉄筋コンクリート造の建物は、適切な維持管理が行われていれば65～70年程度使用可能と考えられており、物理的な使用年

■建築工事費から内訳をみる場合の例(一般的なオフィスビルの場合)

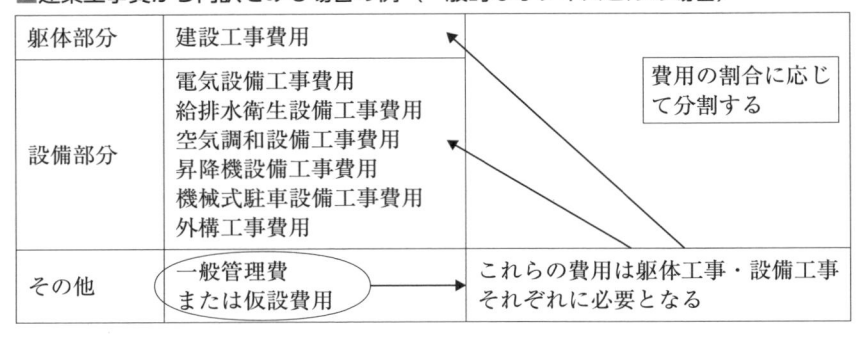

躯体部分	建設工事費用
設備部分	電気設備工事費用 給排水衛生設備工事費用 空気調和設備工事費用 昇降機設備工事費用 機械式駐車設備工事費用 外構工事費用
その他	一般管理費 または仮設費用

躯体部分・設備部分 → 費用の割合に応じて分割する

その他 → これらの費用は躯体工事・設備工事それぞれに必要となる

限は経済的耐用年数とは異なる概念であるといってよい。

　経済的耐用年数は、細かく分けると各部位や機械設備によって大きく異なるものであるが、通常躯体部分と設備部分を分け、それぞれで経済的耐用年数を設定して求めることが多い。

　躯体部分と設備部分の割合を査定する方法としては、建築費の内訳をもとに求めるのが一般的で、最も参考となるものとしては建築時の工事請負契約書等がある。エンジニアリングレポートがある場合は、再調達価格の記載部分に内訳が存在するので非常に参考となる。

　躯体と設備に分けられないものとして、工事全体の一般管理費や工事にあたって設置する仮設費用があり、この額はそれなりに大きい。この額は双方の工事に必要であることから、それぞれの費用割合に応じて分割する方法がひとつの考え方と思われる。

　では、ここで再調達原価が5億円と求められたオフィスビルを想定し、建築後5年が経過した段階での減価額の査定方法についてみてみたい。上記の方法で、躯体部分の割合と設備部分の割合がそれぞれ60％：40％であったとすると、それぞれの再調達原価は躯体3億、設備2億円となる。躯体部分、設備部分それぞれの経済的耐用年数を査定した場合の査定方法例を以下に示した。

■減価修正額の査定方法（例示）
　建物の再調達原価：5億円
　　躯体部分の割合60％：設備部分の割合40％
　　　躯体部分の再調達原価：3億円
　　　設備部分の再調達原価：2億円
■躯体部分の減価
　躯体部分の経済的耐用年数を50年と考えると

$$3億円 \times \frac{経過年数5年}{経済的耐用年数50年} = 減価額3,000万円$$

■設備部分の減価
　設備部分の経済的耐用年数を15年と考えると

$$2億円 \times \frac{経過年数5年}{経済的耐用年数15年} ≒ 減価額6,600万円$$

■経済的耐用年数に基づく減価額
　　躯体部分の減価額：3,000万円
　　設備部分の減価額：6,600万円
　　合計　　　　　　：9,600万円

(B)　観察減価法

　経済的耐用年数に基づく減価は、データや年数に基づく計算を中心として求めることができるが、ここでは反映されない減価がある。たとえば市場性減価がこれに当たる。物理的な使用等に問題がない場合でも、立地環境の変化や市場参加者が急減することで、市場環境に変化があった場合、また市場環境において評価されにくい建物については、年数に基づく減価では表せないのが通常となる。このため、観察減価というものを併用し、さらに減価を行うことになる。

□緊急修繕
　緊急な修繕が必要な箇所は、経済的耐用年数による減価に表れない部分が多い。この修繕を行わないと経済的耐用年数程度の減価にとどまらないと考えられる場合には、別途減価する必要がある。

□市場性減価

建物に対して一般経済社会では不要と考えられる設備や造作がある場合は、市場性による減価を行う必要がある。

(C) 土地・建物一体での減価修正

いわゆる場違い建築や、指定容積率に比べ建物建築に使用されている容積率が低い場合には敷地を有効活用していないとみて、最有効使用と合致しないこととなる。このような場合には、土地・建物それぞれの減価修正に加え、一体での減価修正を加える必要がある。

(4) 原価法の適用にあたっての注意点

原価法は、一般的には以下のとおりの計算式で示される。

```
    土地価格
+)  建物価格
+)  その他価格（財団組成している場合）
-)  減価修正額
────────────────────────────
    積算価格（原価法により求められた試算価格）
```

昨今の不動産市況においては、特に収益用不動産について収益還元法によ

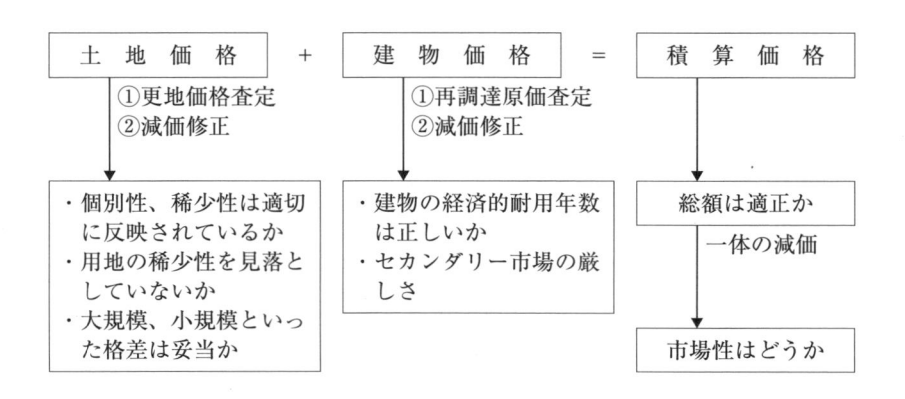

```
┌─────────────┐   ┌─────────────┐   ┌─────────────┐
│  土 地 価 格  │ + │  建 物 価 格  │ = │  積 算 価 格  │
└─────────────┘   └─────────────┘   └─────────────┘
 ①更地価格査定       ①再調達原価査定
 ②減価修正           ②減価修正
       ↓                   ↓                   ↓
┌─────────────┐   ┌─────────────┐   ┌─────────────┐
│・個別性、稀少性は適切│   │・建物の経済的耐用年数│   │ 総額は適正か │
│  に反映されているか │   │  は正しいか         │   └─────────────┘
│・用地の稀少性を見落と│   │・セカンダリー市場の厳│       │ 一体の減価
│  していないか       │   │  しさ               │       ↓
│・大規模、小規模といっ│   │                     │   ┌─────────────┐
│  た格差は妥当か     │   │                     │   │ 市場性はどうか│
└─────────────┘   └─────────────┘   └─────────────┘
```

る収益価格が重視される傾向にあり、原価法そのものがやや軽視されている面がある。しかし、土地・建物といった構成要素を適切に査定することで、本来であれば不動産がもちうる経済価値を適切に把握できるものと考えられ、一定の説得力があるものと考えられる。では、これらの各作業段階において留意すべき事項を考えてみたい。

　イ　更地価格の査定にあたり

　土地の個別性・稀少性が十分に反映されているかどうかということを、再吟味したい。一般的には、対象不動産が所在する地域や周辺において多く取引されている不動産の敷地規模に比べて、極端に規模が大きい、あるいは小さい規模である場合、なんらかの減額あるいは増額要因がある。通常、これは個別的要因としてとらえられるものと考えてよい。一方で、事務所ビルやマンションの需要が旺盛な地域にありながら地域内の中心にある敷地規模が小さく、有効活用地が少ないなかでの面大増（面積が大きいことにより効用が高まることによる単価の増価）が発生することもあるので注意したい。

　規模が大きな土地については、土地の分割や分譲マンション建設を前提とした手法である「開発法」という手法や、最有効使用の建物を建築しそこから得られる収益をベースに土地の収益還元価値を求める「土地残余法」という収益還元法の一種の手法を併用し、精度を高めることが重要となる。

　ロ　建物価格の査定にあたり

　経済的耐用年数として採用しているものが適切かどうか判定したい。なお、経済的耐用年数と金融機関が融資を行う際の償還年限を考えた場合、この不動産担保を前提とした融資を行う際「償還年限＜経済的耐用年数」となることが求められる。したがって、経済的耐用年数を設定する場合はこの点も含めて十分注意する必要がある。

　建物価格は、平成25年以降材料費や人件費といった側面の上昇、また工期が延びることによる最終的な価格の上昇といった面が出てきていることから、できる限りエンジニアリングレポートについて直近のものを徴求し、確認することが重要となる。再調達原価は収益還元法における建物の長期修繕

■土地・建物一体での状況
　土地（更地として）の最有効使用を考える
　　　一致するかどうか？
　現状の利用状況
■建物取壊しが妥当か？
　この場合は「更地価格－建物取壊費用」程度の価格まで減価する必要があるかどうか検討する
　　例）古家、閉鎖工場
■取り壊さないまでも建物には価値がないと考えるのが妥当か？
　　例）中古住宅、本社ビル
■土地・建物の合計額からディスカウントをすれば売れるものなのか？
　　例）優良な建物が建っているケース（高額な点を修正して市場で動くか）

費用の査定にも影響が出るため十分に注意を要する。

　建物は、いったん使用されると中古物件になってしまい、1年目での減価が大きいうえ、セカンダリー物件については市場の目は厳しい。したがって、この点を十分に考慮しているか確認が必要である。

　また、土地と同様に建物についても周辺における一般的な物件に比べ規模が大きい場合は、十分な市場性が認められるか検討を行い、減価修正のなかでの調整が必要と考えられる。

　　ハ　土地・建物一体減価について

　敷地の最有効使用をまず検討し、そのうえで建物と一体の状況がこの最有効使用と合致しているかどうかを検討する。もし合致していない場合には、他の用途への転換が必要か考え、これを減価というかたちで反映させることが求められる。

3　市場性と取引事例比較法

(1)　取引事例比較法の特性

　市場性からアプローチする評価手法を、取引事例比較法という。この手法は、実際の取引事例を集め、これを分析・比較することで対象不動産の経済価値を把握するものである。

この分析・比較にあたっては、売買の事例の売買背景（取引事情）、成立時点、地域性、個別性の格差があるため、これらの要因の修正を行うことが求められる。この要因修正の作業を「比準」と呼んでいる。

　要因修正作業は、「事情補正」「時点修正」「標準化補正」「地域格差修正」「個別格差修正」の５つの補修正を行うことになるが、具体的には各補修正を指数化して取引価格（通常は単価に対して）に乗ずることで、対象不動産の価格（比準価格）を求めることとなる。

　取引事例比較法は、取引価格をベースに不動産の経済価値を求めるという点ではきわめて実証性が高い手法であるといえる。ただし、取引事例については次の点で注意が必要となる。

> ①　取引事例の時間的経過による不動産価格水準の変化に対する分析の必要性。
> ②　本当に売買が成立しているかどうかが前提条件となるので、広告といった情報で適用できるものではない。
> ③　取引情報は秘匿性が高いものであり、公開されることが少ない。

　実際には、取引事例の収集等を一般人が行うことは不可能な側面があり、この適用は、不動産鑑定士に鑑定評価を依頼するしかない。ここでは適用方法について解説する。

(2)　土地の比準

　更地価格を求める際の土地の比準の流れをみてみよう。各取引事例の価格（１㎡当りの単価で比較するのが一般的である）に乗じて修正を行うことになる。

　これを式に表すと次のとおりとなる。

	取引事例価格	取引事例価格を単価（1㎡当り）で比較する
×）	事情補正率	取引が成立した背景にある売り急ぎや買い進みといった事情がある場合は、その要因を補正する
×）	時点修正率	取引があった時点から把握しようと考えている時点までの間に地価変動があれば、これを修正する
×）	標準化補正	地域の標準的使用の物件と事例の格差を修正
×）	地域格差修正	地域の標準的使用をベースに地域の間の格差を比較、修正
×）	個別格差修正	対象不動産の個別性をもとに修正
＝）	比準価格	

(3) 地域格差修正、個別格差修正

　不動産は複数集合することで地域を構成し、地域ごとに標準的使用が存在する。対象不動産が存在する地域を「近隣地域」と呼んでいる。この比準という作業は、この地域の標準的使用をベースに地域の間の格差を修正するとともに、取引事例地、対象地それぞれの個別性を修正することで行われる。

　近隣地域と類似性が高い地域を「類似地域」と呼び、通常取引事例はこの類似地域のなかから選択することになる。必ずしも近隣地域と類似地域は近接しているものばかりではなく、一定の範囲内に散らばっているものと考え

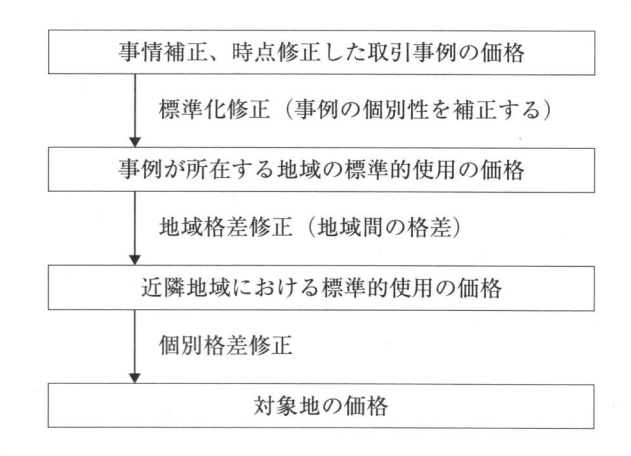

```
┌─────────────────────────────────────┐
│  事情補正、時点修正した取引事例の価格  │
└─────────────────────────────────────┘
          │ 標準化修正（事例の個別性を補正する）
          ▼
┌─────────────────────────────────────┐
│   事例が所在する地域の標準的使用の価格   │
└─────────────────────────────────────┘
          │ 地域格差修正（地域間の格差）
          ▼
┌─────────────────────────────────────┐
│    近隣地域における標準的使用の価格     │
└─────────────────────────────────────┘
          │ 個別格差修正
          ▼
┌─────────────────────────────────────┐
│            対象地の価格             │
└─────────────────────────────────────┘
```

たほうがよい。このような類似地域と散らばった類似地域を含んだ範囲を「同一需給圏」という。

　この補修正は、修正率を乗ずることで行われるものであるが、この図だけではわかりにくい面もあるため、住宅地における取引事例を適用例として少し説明したい。

```
□対象地（規模180㎡の住宅用地）
　■位置と特性
　　対象地は東京郊外の住宅地
　　私鉄△△線「○○」駅の北方600m
　■地域性、標準的使用
　　敷地規模150～180㎡前後の一般的な水準の戸建住宅が建ち並ぶ地域
　　地域内には幅員４ｍの道路が配置
　　公法上の規制：第１種中高層住居専用地域、指定建ぺい率は60％、容積率
　　は200％
　■対象地の個別性
　　近隣地域内のほぼ中央部に位置
　　北側で幅員約４ｍの道路に接面
　　間口12ｍ、奥行15ｍ、長方形状の平坦地
```

```
□取引事例地（規模200㎡の住宅用地）
　■位置と特性
　　対象地同様東京郊外の住宅地
　　私鉄△△線「○○」駅（対象地と同駅）の北西方600ｍ
　■取引価格
　　5,000万円（１㎡当り25万円）
　■取引時点と背景
　　取引時点：平成25年12月１日
　　売買背景：第三者に売却されたものであるが、相続のため資金化が急がれ
　　ていたため相場より割安で取引された
　■地域性、標準的使用
　　敷地規模200㎡前後の比較的グレードの高い戸建住宅が建ついわゆる高級住
　　宅地
　　地域内には幅員６ｍの道路が区画整然と配置
　　公法上の規制：第１種低層住居専用地域、指定建ぺい率は40％、容積率は
　　80％
　■事例地の個別性
　　類似地域内のほぼ中央部に位置
```

	北側で幅員約6mの道路に接面する 間口13m、奥行15mで規模200㎡の長方形状の平坦地

　この要因を実際に数値化した修正率として表した表にまとめると、次のとおりとなる。

	取引事例の土地	対象とする土地	格差要因	修正率
所　在	東京郊外の高級住宅地	東京郊外の一般住宅地		
価　格	総額5,000万円 単価25万円／㎡	(求めるべきもの)		
1. 取引事情 （事情補正率）	相続による売り急ぎがあった。精通者によると10%割安とのこと	———————	売り急ぎ10%	90%
2. 時　点 （時点修正率）	平成25年12月1日	平成26年3月1日	3カ月で地価水準が0.5％上昇した	100.5%
3. 地域要因 　A．街路	（地域修正率） 幅員6mの公道が整然と配置されている	幅員4mの公道が整然と配置されている	A～Eの相乗積→ 幅員が狭いことから1％程度格差があると判定	101% 101%
B．接近	私鉄○○駅の北西方約600mに位置する駅前にスーパーなどが立地する 小中学校までは徒歩10分圏内である	私鉄○○駅の北方約600mに位置する駅前にスーパーなどが立地する 小中学校までは徒歩10分圏内である	駅や商業施設への接近性はほぼ同じであることから ±0％とした	100%
C．環境	比較的グレードの高い戸建住宅が建ち並ぶ閑静な住宅地地域 上下水道、都市ガスが完備している	一般的な水準の戸建住宅が建ち並ぶ住宅地地域 上下水道、都市ガスが完備している	住宅地としてのグレードが少し劣り、この要因が5％低くなると判定	105%

D．画地	平坦地で敷地規模約200㎡前後の整形地が中心	平坦地で敷地規模約180㎡前後の整形地が中心	敷地規模による影響はないと判定	100%
E．行政	第1種低層住居専用地域に指定され、建ぺい率40％、容積率80％となっている	第1種中高層住居専用地域に指定され、建ぺい率60％、容積率200％となっている	容積率が高いことによる利用可能性を考慮すると5％低いと判定	95%
4．個別的要因				
取引事例地	（標準化修正率）		A～Eの相乗積→	100%
A．街路	北東側で幅員6mの公道に面している		標準的	100%
B．接近	私鉄○○駅600m		標準的	100%
C．環境	地域要因に同じ		標準的	100%
D．画地	接面は等高 間口13m、奥行15m 規模200㎡ 長方形状 地勢は平坦		標準的	100% 100%
E．規制	地域要因に同じ		標準的	100%
対象地		（個別修正率）	F～Jの相乗積→	100%
F．街路		北東側で幅員4mの公道に面している	標準的	100%
G．接近		私鉄○○駅600m	標準的	100%
H．環境		地域要因に同じ	標準的	100%
I．画地		接面は等高 間口12m、奥行15m 規模180㎡ 長方形状 地勢は平坦	標準的	100%
J．規制		地域要因に同じ	標準的	100%

　地域要因、個別要因についての修正率は、国土交通省が監修した「土地価格比準表」というものがあり、これを参考とするのが一般とされている。これをみると、地域性による分類がなされており、それぞれの地域要因、個別的要因の項目、優劣による格差率が記載されている。

前記の表の修正率をもとに、対象地の価格を比準計算式に入れると次のとおりとなる。

```
      事例価格           ：250,000円／㎡
　×）事情補正率         ：100／90
　×）時点修正率         ：100.5／100
　×）標準化補正率       ：100／100
　×）地域修正率         ：100／101
　×）個別修正率         ：100／100
　≒　対象地の比準価格   ：276,000円／㎡
```

この例はひとつの取引事例価格を用いているが、通常は多数の取引事例を収集し、このなかから規範性が高いと考えられる4〜5つ程度の取引事例を選択したうえで、比準価格を求めることになる。

当然にして比準した価格は複数出ることになるが、この事例から求めたものが近似値になることもあれば、乖離することもある。乖離が激しい場合は再度比準作業に立ち返ってチェックする必要があるが、生じた乖離を読み取り、調整をすることで、比準価格を決定しなければならない。

(4) 収集する範囲と分析における留意点

イ　収集範囲

取引事例は、補修正を行うにしても対象地との類似性が高いことが求められる。このため通常、まず「近隣地域」、次に同一需給圏内の「類似地域」、これで見つからない場合は「近隣地域」あるいは同一需給圏内の「類似地域」周辺の地域に広げるという手順で探すことになる。

ロ　分析時の留意点

取引事例比較法を適用するためには、多数の取引事例を集めるべきである。ただ、新規に分譲された住宅地等はほぼ同時期に多数売買事例が出てく

るが、既成の市街地、特に中心商業地等はそもそも売り物件が容易に出ないことから、相当格差があるものでも選択・採用しなければならないケースも出てくる。

　また、不動産の取引は更地取引ばかりではなく、建物と一体でのものも多く、この場合は、建物およびその敷地の取引事例から土地・建物を配分して、敷地部分を土地の取引事例として利用することになる。ただ、配分を行うにも注意が必要となる。留意点をみてみよう。

　(A)　**古い建物が存在する場合**

　土地と建物一体の不動産から配分を行う場合、建物が新築のときは、建築費をもとに建物価格を決定するため比較的わかりやすいが、建物が古い際に建物価格がどのように決定されているかはわかりにくい。建築後30年以上経過した建物が存在する土地の場合、購入者からみると０円あるいは建物の取壊費用相当を土地価格から差し引いた程度で考えているケースがある。売買の契約書上で内訳の記載があり、建物に価格がついていることもあるが、購入者は、内訳の経済合理性まで追求することはない。

　ただ、不動産取引においては土地に対しては消費税がかからないが、建物に対してはかかるため、税率が今後上がることを考慮し売買契約では土地価格をやや高めに設定し、建物価格を相対的に低くすることが発生するかもしれない。したがって、一体の事例を配分して利用する場合は、さまざまな側面をよく考慮する必要がある。まれにではあるが閉鎖工場の場合、土壌汚染対策費用をどうするかで経済価値に大きな影響が出るので注意したい。

　(B)　**いわゆるミニ分譲住宅の敷地**

　敷地規模が20〜25坪前後の戸建住宅の分譲が、大都市近郊を中心に多くみられる。これらは「ミニ分譲住宅」などと呼ばれているが、これらの住宅は近隣の分譲マンションと競合するケースが圧倒的に多く、一戸建住宅取得希望の一次取得者層を中心に一定の需要がある。規模が小さいため建物価格が小さく、土地に回される残余部分が多いこともあって、土地単価に直すと敷地規模30〜50坪といった過去から存在する一般的な規模の住宅の敷地単

価と比較すると、20〜30％程度に割高となることが多い。これを周辺の標準的な住宅敷地規模のものと直接比較すると、水準そのものに大きな差異があるので十分に注意したい。

　(C)　収益力が高いビルの敷地価格

　J-REITや私募ファンド等に組み込まれるビルは、一般的に収益力が高いものが多い。このような物件を取得する際には、収益還元による価格をベースとするのが一般的であるが、最近では低金利政策が長期にわたって続いており、投資利回りが低下しているという背景もあって、積算価格を大きく上回ることも考えられる。

　一方で、高い収益価格のなかから土地、建物それぞれの部分の価格に分割する際は、積算価格で査定した土地・建物の比率を用いるケースや、全体の収益価格から建物価格を控除する方法のいずれかを選択するのが一般的で、売買契約もこの按分によるものが多い。売買契約書上の配分だけではなく、総額から建物の建築費を控除した残余の額等も勘案し、土地価格相当額についてどのように考えるべきか十分に検討する必要がある。

4　収益性と収益還元法

(1)　収益還元法の特性

　収益性に着目した評価手法を収益還元法というが、これは不動産が生み出す果実である収益（たとえば賃貸料収入から賃貸に要する費用全般を差し引いたもの）を、利回り（還元利回りと呼ばれる）で割り戻して不動産の経済価値を求める手法で、式で表すと次のとおりとなる。

> 不動産の価格（収益価格）＝純収益÷還元利回り

　この式は直接還元法と呼ばれる式であるが、収益価格決定要素には、純収益と還元利回りの2つしかなく、一見容易にみえる。しかし、これらのファクター次第で価格に大きな変動があるという点からみると、このファクター

を求める分析を慎重に行うことが求められる。

なお、収益還元法には投資家の行動を基準として考えられた、DCF法という多年度還元法があり、より細かい分析が必要となる。

イ　純収益の査定

不動産が生み出す収益は、「純収益」と呼ばれる、不動産が生み出すすべての収益である「運営収益」から不動産運営に必要となる「運営費用」を控除したものを基準として考える。

賃貸用不動産の場合、賃貸借契約が存在するため、入ってくると考えられる収益は契約の賃料をベースに求めることができる。一般に事務室、居室、倉庫の賃料、駐車場、看板の使用料といったものが該当するが、細かく調べると自動販売機設置料や屋上の携帯電話アンテナ設置料、冷暖房使用料等といったものもある。

これらの賃貸料は、まず満室を想定したうえで可能と考えられる総収益である「潜在収益」を求める。次に、賃貸事業は満室状態が永続的に続くことにはならないので、空室損失相当額を差し引く。テナントの信用リスク等がある場合は、貸倒れ損失相当額を差し引くこともある（一般の賃貸借はこのリスクを軽減するために通常敷金などを徴収するため、あまり差し引かない）。これらを引いたものが「運営収益」となる。

運営収益が現実に獲得できる不動産の収益となり、収益還元法の適用においてはまずこの判定が重要となる。

■総収益として考えられるもの（例示）

■賃貸オフィスビル	■賃貸マンション
賃貸料収入 　共益費収入 　駐車場収入 　看板使用料収入 　自動販売機設置料収入 　冷暖房使用料 　保証金の運用益	賃貸料収入 　管理費収入 　駐車場収入 　敷金・保証金の運用益 　権利金の償却額

「潜在収益」－空室損失相当額－貸倒れ損失相当額＝「運営収益」

　一方、費用については実際にビル管理に要しているコストを丹念に調べていくことで判明する。これらの各項目を例示すると次のとおりとなる。

□運営費用として考えられるもの（例示）
　■建物運営に要する維持管理費用
　　エレベーター、空調機、受水槽、電気設備に対する保守点検費
　　建物の清掃費（主に共用部分にかかる）
　　共用部分にかかる光熱水道費
　■修繕費
　■テナント募集費用
　■プロパティマネジメントフィー
　■固定資産税・都市計画税（土地、建物、償却資産）
　■火災保険料
　■その他の費用（たとえば借地がある場合は地代など）

　「運営収益」から「運営費用」を控除したものが「運営純収益」となるが、実際の不動産運営において、賃貸借を行う場合には多額の一時金が差し入れられ、この一時金については将来的には要返還性があるものの運用は可能であり、不動産事業者や投資家はなんらかのかたちでこれを運用する。このため、運用益相当額は収益相当として計上することになる。
　一方で、建物の経済的耐用年数、使用年限での使用が確実に行われるためには、維持管理を適正に行うことに加え、適時大規模修繕を実施する。これは、建物の長期的利用を考えた場合に発生する空調機の交換、屋上防水や外壁の改修、さらに電気設備やエレベーター等の交換といった修繕が発生する。このような大規模修繕は計画的に行うべきものであり、大規模ビルの場

合、建築当初あるいは建築後10年といった節目に作成するのが通常となっている。中小規模のビルの場合はこのような計画を作成することはほとんどないが、このような修繕が発生しないわけではなく必要となる。このような支出を「資本的支出」と呼び、最終的にはこれも控除する。

さて、これらの加減を行って純収益を求めることになるが、大事なことは、「純」の収益、すなわちネットの収益であって、グロスである総収益ではないということである。ワンルームマンションや一棟売りのアパート、ビル等の広告に利回りが大々的に書かれていることがあるが、グロスに対する利回りが記載されているケースが多く、ネット利回りは非常に低くなってしまうといったものも多いため、注意を要する。

純収益を求める流れを式に示すと、次のとおりとなる。

```
　　潜在収益（完全稼働を前提とした収益）
－）空室損失相当額・貸倒れ損失相当額
＝）運営収益（空室等を考慮した収益）
－）運営費用
＝）運営純収益（運営費用を控除したもの）
＋）一時金の運用益
－）資本的支出
　　純収益
```

ロ　エンジニアリングレポートの活用

さて、収益還元法の適用においては資本的支出の査定が不可欠であるが、ここで長期修繕計画の策定と費用見積りが不可欠となる。もちろん、建物の工事契約書の工事代金内訳から、設備等の耐用年数を考慮して、この交換時期を基準として修繕費用を査定することも考えられるが、非常に煩雑かつ専門性を要する作業となる。

したがって、ここではエンジニアリングレポートを活用することになる。

エンジニアリングレポートには長期修繕計画とその費用見積りの項目があり、ここに記載されている数値を資本的支出として計上することになる。

ハ　賃貸用不動産以外の純収益の把握

以上は賃貸用不動産における純収益の査定方法であるが、賃貸されていない収益用不動産の場合はどのように考えればよいだろうか。

賃貸用不動産	：賃貸借契約などにより収益を認識する
事業用不動産	：事業収益から不動産帰属部分を査定して認識する
自己使用不動産	：賃貸することを想定して収益を認識する

(A)　事業用不動産の純収益

事業用不動産とは、たとえばホテルや旅館、ショッピングセンター、工場といったもののように、所有者が自己不動産を使って事業を行うことにより収益があがるものを指す。収益認識は、賃貸用不動産が賃貸料等をベースに査定されるのに対し、事業用不動産は事業収益をベースに査定されるものである。もちろん賃料に置きかえて考えられる場合は、賃貸料を査定する方法もあり、近年では、事業収益から賃貸料相当額を分析査定して収益還元を行うこともある。

そもそも企業収益は、経営、労働、不動産、資本が結合して得られるものであると考えると、不動産に帰属すると考えられる収益は、企業収益から経営、労働、資本に対して配当される残余であるととらえることができる。事業会社の損益計算書をみると、営業利益は売上高、売上原価、販売費および一般管理費の3つの要素から求められるものである。償却前の純収益をベースにとらえることを前提とすると、不動産の減価償却費を営業利益に加算する必要がある。

注意すべき点は、事業を行うためには不動産以外に機械、器具、什器、備

品といったものが必要で、営業利益のなかからこれらが寄与すると考えられる部分を控除する必要があるため、どのような機械・器具が収益に貢献しているのか十分注意してみなければならない。なお、資産全体を担保にとることを目的とした「財団」の場合は、これらを含んで一体の不動産と認識できるため、この問題は少ない。ただし、目録でこの内容を再チェックする必要がある。現在、財団を活用した事業資金担保力の向上が再度見直されつつあり、事業用資産の収益評価手法の高度化を含めた検討が必要になるだろう。

ここで問題となるのは、収支が赤字の場合である。この場合には再建計画を立て、適切な運営を行った場合に得られると考えられる収益を予想することが求められる。ただ、これは容易ではない。やはり専門知識をもったコンサルタント等の活用が必要となる。

(B) **自己使用不動産の純収益**

賃貸用不動産や営業用不動産は、純収益が賃貸料や企業収益といったデータで表されるが、本社ビルや自宅、社宅として使用されている不動産については収支データが出てこない。このため、賃貸することを想定し、そこから得られると考えられる賃貸料をベースに収益を認識する。

賃貸想定は、類似建物が多数賃貸物件として存在する場合は非常に容易である。一方で、賃貸物件が周辺に存在しない、あるいは類型的に存在しない場合もある。近隣にない場合はより遠い位置にある同種の賃貸事例や相場、もしくは他の類型から推定するしか方法はない。

このような賃料想定が困難な地域にある事業用の自己使用不動産については、市場での売却が容易でないケースが多いので注意を要する。

二　還元利回り

還元利回りは、不動産純収益から不動産の収益価格を求めるための利回りである。不動産を投資財のひとつとして考えると、還元利回りは株式や公社債、預金金利といった金融資産の利回りとの間に牽連性が高いと考えられ、これから求めることがひとつの方法となる。

一般に安全性、安定性が高いと考えられる金融資産の利回り（日本国債の

利回り等）、不動産がもつ特性（危険性、非流動性、管理の困難性、資産としての安定性）といった要素を加味して求めることになっている。

最近では不動産の投資事例が多数あり、取引事例利回りがわかるケースが多いため、これを参考として求めるケース、投資家のアンケート調査などから地域の標準的な投資利回りを査定し、これに対象不動産のもつ個別性を考慮して査定する方法などさまざまな方法がある。

　ホ　収益性が低いと判断される場合

運営収益に占める運営費用の割合を「経費率」と呼んでいるが、賃貸オフィスビル等の賃貸物件の場合は経費率がおおむね20〜40％の間に収まる傾向にある。一方、商業店舗ビルや都市ホテル、旅館といった事業用不動産の場合は営業利益率で把握することになるが、業態により高低に差はあるもののおおむね5〜15％程度の間に収まる傾向がある。ここから考えると、支出の比率は85〜95％となる。

この範囲を超えた経費あるいは支出の比率となる場合は、収益性が低い不動産とみなしてよく、なんらかの改善の余地がある、あるいは、最有効使用と合致していないということが考えられる。

また、現状かけられている費用が過大、あるいは賃貸料が相場賃料に比べて低いなど収支上の問題点があることも考えられる。なんらかの方法で経費率、あるいは支出の比率を下げる、もしくは収益そのものを上昇させる方法はないか再考してみる必要がある。

さまざまな改善を検討しても収支に大きな影響がないと考えられる場合には、建物の用途変更、取壊しといった方策を検討せざるをえないだろう。場合によっては、取壊しが最有効であると判定することもある。

5　試算価格の調整

不動産の価格形成理論には、基礎としてモノの価格決定メカニズムの価格三面性があり、「費用性」「市場性」「収益性」といった三面性に呼応した3つの手法を適用して、それぞれの試算価格を求めることになる。ここで求め

た価格は「試算」価格であり、あくまでも検討途上のものであるといってよい。これらから最終的な鑑定評価額を求めるまでの「調整」という作業をみてみたい。

(1) 調整の重要性

ここで求められた試算価格は、もちろん近似値に収まることもあるが、通常は乖離が発生する。このため、いったいどの価格を尊重すべきか、あるいはこれらの3つのなかのどれを尊重すべきか判断しなければならない。

ここでは、「調整」という作業を行うことで不動産の経済価値の把握が最終的に可能となる。

実はこの調整という作業が重要で、たとえば単純に収益価格が不動産の経済価値と判定することが合理的というわけではない。不動産の類型と重視すべき試算価格を例示すると、次頁の表のとおりとなる。

重視とはその価格が経済価値決定の中心になることを意味するものであり、この試算価格＝最終的な評価額ということを意味するものではない。

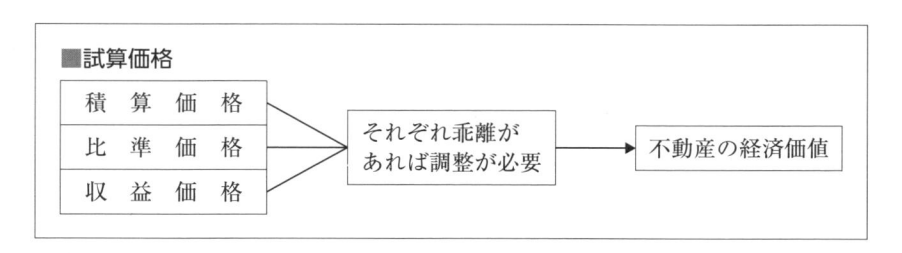

■試算価格

| 積算価格 |
| 比準価格 | → それぞれ乖離があれば調整が必要 → 不動産の経済価値
| 収益価格 |

(2) 調整の方法

ではいったい、この調整はどのように行われるのであろうか。一般的には試算価格の再吟味（手法の内容と各構成要素の点検）を行い、最有効使用との関連性を再度検証したうえで価格を求めることとなる。

イ 試算価格の再吟味

まず、適用した手法の詳細を再検討する。一般に建物およびその敷地の場

■類型と重視すべき試算価格　○は重視　◎は特に重視

類　型	積算価格	比準価格	収益価格	特　徴
更　地		○	○	土地は積算価格を求めることは少なく、市場性と収益性を重視して考える。この場合の収益還元法は「土地残余法」という 住宅地等は取引件数が多く、地域の趨勢、地価水準の動向を十分に把握すると取引事例比較法の価格に説得力あり
一般住宅	○		△	一般住宅は、安全性、快適性が重視されるため、収益志向は低い。総額感覚に非常に敏感になる必要がある。取引件数が多い土地の上の住宅は、積算価格で査定したものが中心となる
賃貸住宅	○		◎	賃貸住宅の場合、投資目的であることから収益性を重視して価格が定まる。利回り重視であるが、いまだ低い利回りで購入されるものもある
事務所ビル	○		◎	投資目的のものや、ファンド組成物件については特に収益性を重要視 自社ビルについても収益評価が主流となっている
店舗ビル	○		◎	投資目的のものや、ファンド組成物件については特に収益性を重要視 ※なお、中心市街地の凋落でメインテナントの破綻が起きたビルは、テナント入れに相当苦労するため、価格が低くなるケースがある
ホテル	○		◎	もともとは費用性も考慮されていたが、収益重視志向に移行
旅　館	○		◎	収益重視志向に移行しつつあることは事実だが取引自体が少ない 建物がきわめて古い物件は要注意
工　場	○		○	本来は収益不動産だが、収益の把握がむずかしく、費用性、市場性が重視されてきたが、今後は収益還元法評価が増える可能性もある。用途転換も視野に入れた検討が必要

合、積算価格と収益価格を求めることになるが、これらの再検証ポイントをあげると次のとおりとなる。

(A) **積算価格**

□土地価格

■単価と総額との関係は適格かどうか

比準価格をベースに土地価格を求めている場合、規模による格差を十分に反映しているか検討する。

■稀少性や収益性を十分に考慮した価格となっているかどうか

土地の収益価格（土地残余法）を適用していない場合は、これを適用する必要はないか（収益力の高低を十分に反映しているか）。

□建物価格

■再調達原価は適切かどうか

いたずらに対象不動産の個別性を考慮していない建築費を採用していないか検討する。

■経済的耐用年数は適切か

税法の耐用年数と経済的耐用年数には大きな違いが存在する。

□土地・建物一体価格

■総額が高額の場合、市場性が減退することはないか

土地・建物の価格を合算すると、市場で一般的に取引されている総額水準と大きく乖離が生じていることがある。

(B) **収益価格**

□純収益

■収益・費用は実額をベースとしているか

維持管理費等を賃貸料収入に対する一定割合として査定した場合や、大規模修繕のための積立を建物の再調達原価に対する比率から求めている場合、現実の数値と異なることがある。

■賃貸を想定した場合

たとえば本社ビルを第三者に賃貸する場合、一棟貸しが前提となると

周辺相場賃料を下回る水準でないと取引が成立しない可能性がある。
還元利回り→不動産のリスクを十分に反映しているか？
取引利回りの水準を再検証する。

ロ　他の価格との再検証

手法適用の各段階について再度検討するとともに、最有効使用との関係を再度確認する。参考として次の価格についても再検証してみる。

(A)　更地価格との関係

収益価格が更地価格を下回る場合は最有効使用の状態にないものと考えられるため、取壊しを前提とし、更地価格から取壊費用を控除した価格も参考とする。この場合に賃借人の退去が可能であるかも考慮する必要がある。

(B)　取引事例の総額水準

土地・建物の複合不動産の場合、複合不動産として取引事例比較法を適用することは少ないが、同類型の不動産の売買価格の総額水準を調査する。市場取引の水準が把握でき参考となる。

一体の総額で市場における流動性の高低が決まることが多いため、たとえば高すぎると考えられる場合は減価を行うといった調整が必要となる。

第5章

不動産鑑定評価と目的

I　はじめに

　不動産の経済価値を測るために不動産鑑定評価を依頼することがあり、金融機関では担保不動産や証券化不動産について鑑定評価書をとることが日常で行われる。鑑定評価は不動産鑑定士という第三者に意見を求めることで、一定の透明性が確保できるとともに、専門家の活用で、容易には収集できない取引事例などを反映した評価が行われるという利点がある。

　一方で、不動産鑑定評価には、基本的事項、付加条件、さらに依頼目的により、求められるべき価格の種類や水準といったものの違いが出てくるもので、この点について一定の理解がないと、せっかくコストをかけてとった鑑定評価が活かせないということが起きかねない。ここでは、不動産鑑定評価において留意しておくべき事項を整理するとともに、目的別に注意点をまとめてみた。

II　不動産評価にあたっての基本的事項

　日本の不動産鑑定評価は、不動産鑑定士が「不動産鑑定評価基準」というものに基づいて評価するもので、この業務範囲は公共事業（たとえば道路や鉄道事業における用地買収など）、公的評価（地価公示、都道府県地価調査、固定資産税評価、相続税路線価評価）といったものから、裁判所依頼の評価（たとえば競売評価、調停などにおける評価）、金融機関依頼の担保不動産や証券化不動産評価、売買や交換のための評価、係争における評価などさまざまな

■鑑定評価の基本的事項

対象不動産	物的な特定と権利関係の特定
価格時点	鑑定評価の基準となる時点
価格の種類	求めるのはどのような価格なのか

ものが存在する。

　評価においては、まず対象不動産と目的（価格の種類）の特定が重要であり、価格は時間経過によって変化するものであるから、不動産評価を行うにあたっては、「どの不動産」を「いつの時点」で「どのように」評価するのかを決めたうえで作業に臨む必要がある。不動産鑑定評価基準においては、これを「鑑定評価の基本的事項」と呼んでおり、上表の3つが存在する。

　一方で基本的事項を確定するにあたり、なんらかの条件を付加する場合（付加条件という）も存在する。ここでは、3つの基本的事項と付加条件について考えてみたい。

1　対象不動産の確定

　これは、対象物がどこにあり、その範囲はどこまでか確定することで、鑑定評価を行うにあたってまず行うべきことといえる。確定する事項には、「物的事項」と「権利に関する事項」の2つが存在する。

(1)　物的事項の確定

　物件の確定（特定）は至極当たり前のことのように思われるが、実際には結構複雑な事象が起きるものである。不動産は土地、建物、財団組成されている場合には、工作物や構築物といったものが含まれるが、物的事項として考えられるのは以下のとおりである。

　　イ　土地の確定

　土地において確定すべきことは、その位置と境界、地積、地目等が考えられる。

(A) 位置と境界の確定

　最初に物件の位置を確定することになるが、これは登記情報、公図写し、地積測量図、建物図面、さらには建物の設計図書（このなかに測量図が含まれていることがある）を用いて、その所在位置等を確定する。境界確定がなされると境界石や金属板を入れることが通常であるが、これがない場合も多く、境界の確定はあくまでも図面上で行ったという次元のものにすぎない。この場合は、境界については図面上での判断という条件付きのものとなる。

(B) 地積の確定

　登記簿に記載されている地積を公簿面積、あるいは登記簿記載面積等と呼ぶ。一方で、正確な地積測量あるいは国土調査が行われ登記情報に反映された土地は正確性が高いが、そうでない場合の公簿面積は現実の地積と異なることがありうる。したがって、境界確定とともに土地の測量を行い正確な地積を把握することが求められる。

　測量が行われていない次のような土地には注意が必要である。

□大規模な土地（たとえば工場敷地、跡地）

□山林、農地（縄延び・縄縮みが多い）

□市街地の邸宅（古くからあるものは面積錯誤がある場合が多い）

　このような物件は、たとえば住宅地図等で簡易測定を行うなどして、公簿面積の信頼度を確認することが望ましく、明らかに異なる場合は測量の実施と地積の訂正が不可欠となる。

(C) 地目における留意点

　地目は土地の種類を指すものであるが、登記簿や固定資産税の課税台帳上に示されているため容易に特定ができる。記載例としては宅地、山林、雑種地、田、畑、堤等さまざまなものがある。実際の土地利用と異なることも多いが、大きな問題にはならない。

　なお、次の地目については十分に注意を要する。

□田・畑

　　農地は、農地法の規制を受けることになっており、市街化区域に所在する

ものを除くと、原則農業従事者以外の取得はできず、転用を前提とする所有権移転はハードルが高く、同時に開発許可が必要となるケースが多い。また、農地法の許可が下りず、所有権移転登記が請求権仮登記のままになっているケースがあり、条件として移転を前提とした評価書も存在するので注意を要する。現時点で条件付き売買契約が有効か、代金支払はどうなっているのかということを確認する必要がある。

□保安林

山林という地目は、平地林から傾斜林までさまざま存在し、実際には住宅敷地として利用されているものもあったりするなどあいまいな印象を受ける。雑種地についても同様で、これらの地目＝規制が強いということにはならない。ただ、地目が保安林となっている場合、厳しい伐採制限や地質変更制限がかかることがあるので、十分に気をつけないといけない。地目が保安林でも現時点では規制対象外のケースもあり、市町村または都道府県の農林関係の窓口で確認する必要がある。

1筆で広大な地積を有する土地で、たとえば一部が宅地（住宅の敷地や駐車場）として利用され、残りが山林などの別用途となっているケースがある。固定資産税の課税台帳上ではこれを利用面積分けして、1筆で複数の記載がなされることもある。この面積分けは正確性そのものに疑問はあるが、ひとつの参考とはなる。

ロ　建物の確定（増改築や設備関係の工事区分等における留意点）

建物の確定は、所在、家屋番号、面積、構造、用途といった項目が中心となる。金融機関の場合は、通常登記情報を基準・前提として考えるため、登記情報と法務局に備え付けてある建物図面を用いて確認することになる。

(A)　登記情報、設計図書との照合

ただ、現実の建物の状況は、新築時および増改築時の設計図書（竣工図など）をみる必要がある。建物の建築には建築確認・工事完成検査が必要となり、増改築や用途変更を行う場合でも一定規模を超えるとそのつど建築確認・検査済証を取得しているか確認する。少し厄介ではあるが、登記簿や設

計図書といった確認資料と実際の建物が一致するかどうかは現地において確認したうえで確定することになるが、長い年月を経ると登記上には表れない簡易な増改築などがなされていることも多い。また、意図的に行った増改築などは合法でないケースも多い。このため、実地調査ではこのような点を注意深く確認する必要がある。

また、未登記建物が存在することも多い。これらについてはその利用状況や規模なども勘案し、できる限り登記を行うことが金融機関からみると望ましい。

(B)　工事区分との関係

外見では対象となる建物に含まれるようにみえても、現実にはそうでないケースがある。

よくあるケースは商業ビルの場合で、いわゆるスケルトン状態での賃貸がなされていることがある。スケルトン賃貸は、内装や設備をテナントが施工することが多く、この場合財産上はテナントに帰属することになる。スーパーマーケット等の商業テナントへ建物を一括賃貸する際には、エスカレーターや空調装置等がテナント工事（B工事と呼ばれる）となっているケースも多い。このため、建物竣工図の設備に関する部分や、賃貸借契約書等の工事負担区分（所有者が行うA工事かテナントが行うB工事か）等をよく確認する必要がある。

(C)　エンジニアリングレポートの活用

これだけの事項の特定や確認は容易ではなく、合法性をふまえた確認は専門的な知識や調査が必要となるケースが多い。このため、エンジニアリングレポートにこれらの内容を反映させてもらい、専門家の視点で確認を依頼する方法がある。

ハ　借地権の確定

借地権は当事者間の契約により成り立つもので、通常は借地契約が締結され、何らかの書面が作成される。登記がなされるものとなされないものがあるが、なされないもののほうが多い。定期借地権のうち事業用定期借地権に

ついては公正証書が作成される。

権利を分けると地上権と賃借権がある。したがって、借地権契約によりその位置、範囲、地積、目的、その他の事項を確認する必要がある。契約に応じて地番や地積が分けられていないことも多いため、この範囲の特定には、借地権者からなんらかの確定資料の提出が不可欠となる。

　ニ　その他の資産の確定

工場財団や観光施設財団といった財団組成がなされている場合は、財団の目録に記載された工作物、機械器具、構築物といったものが評価の対象となる。建物に付随するものと機械として独立しているものを、十分に吟味する必要がある。

財団の留意点は、目録が実態と一致しているかどうかという点につき、組成時期が古い場合は機械器具などがすでにないケースも多い。

(2)　権利関係の確定

一般に、不動産の所有権が対象になるケースが多いが、マンションのように建物の一部を所有する場合は区分所有権が対象になる。また、敷地が所有権ではなく、借地権（賃借権・地上権）の場合もある。

不動産に対し、賃借権や地役権といった権利が付着している場合もあるので、これらについて確定しなければならない。このような権利が付着することで、不動産の評価に大きな影響が生ずる。たとえば地役権が設定され高圧線が上空を通過している場合、あるいは区分地上権が設定され地下鉄などが通っている場合などには、大きな減価につながる。したがって、権利関係の確定は上下をあわせてよくみる必要がある。

また、賃貸用不動産の場合、その期間や賃料により不動産の経済価値に大きな影響が与えられることに注意しなければならない。各テナントや居住人に対し特殊な契約がなされていないか、賃料水準が著しく高いあるいは低い場合に特殊な背景がないかを十分に留意する。たとえば、現状の賃借人の退去を前提とするといった条件を付加することで結論に変化が出るため注意が

必要となる。

(3) 対象確定に付加される条件

イ　付加条件

不動産の評価は本来、現況・所与を前提として評価されるべきものと考えられる。ただ、たとえば、現況が最有効使用でない場合等になんらかの措置を施すことを前提とした不動産の経済価値を把握する必要があるなど、さまざまな要請が一方ではある。このような要請に応えるために、対象確定にあたり条件を付加し、現状・所与ではないことを想定して評価を行うことがある。通常考えられるものとしては、次のような付加条件が存在する。

(A)　独立鑑定評価

現状建物およびその敷地から構成される不動産について、建物が存在しない更地として評価することをいう。企業の資産評価等で更地価値だけを把握したい場合や、企業再生の際の評価で、工場閉鎖が決まっており更地価格を求めそこから解体業者が査定した建物等の撤去費用を控除して企業不動産の処分価値を求める場合等がこれに該当する。

建物が建築後相当期間経過していることや、明らかに場違い建築物で、建物を撤去することが最有効使用の観点から合理的と判断される場合には、本源的にとらえるべき不動産の経済価値は更地価格から建物等の撤去費用、その他所要の費用を控除したものとなる。したがって、現実の経済価値は独立鑑定評価を行った更地価格とは大きな乖離が発生することもあるので独立鑑定評価による価格をそのまま用いてはいけないケースもありえる。

(B)　部分鑑定評価

現況の状態で土地や建物といった構成要素の評価を行うことを部分鑑定評価という。あくまでも現況の状態で行うという点がポイントで、たとえば土地の場合、更地として評価する独立鑑定評価と異なり、最有効使用の状態にない建物が存在する場合は建付減価と呼ばれる。このような不適応に対する減価を更地の経済価値に対して施すことによって、現況の部分的な価値を把握

することを指す。金融機関よりは公共団体などで依頼されるケースが多い。
　(C)　併合鑑定評価・分割鑑定評価

　土地を併合・分割すると、地積や地型が変わることにより有効利用度が増減する。この増減を反映させた評価を併合鑑定評価・分割鑑定評価という。プロジェクトファイナンスなどで、増分価値を把握するためなどに依頼されるケースが多い評価である。当事者間のみで有効な評価額で、第三者からみた不動産の経済価値と大きく異なるため、注意が必要となる。

　ロ　対象確定条件、付加条件の実例

　では、現実の不動産鑑定評価書に記載される条件にはどのようなものがあるのだろうか。それぞれの留意点もあわせて述べる。

　□付加条件の例示と留意点
　① 評価対象面積は登記簿記載数量とする。
　　　→留意点
　　　公簿地積と実測地積に大きな差がない場合はよいが、差異が大きい際は評価額の信用性そのものに問題が出てくる。金融機関では、公簿地積が簡易実測地積よりも大きい場合は、小さい簡易実測地積を採用する内規をつくっているところも多いので、これらに合致しているか確認する。
　② 所有権以外の権利が付着していないものとする。
　　　→留意点
　　　通常、抵当権などが付着しているケースが多いため、つけられるものである。特殊な権利があり売却や利用の妨げにならないか注意し、減価が必要と考えられる場合は、これを反映させる必要がある。
　③ 土壌の状況に関する詳細な調査は行われていないが、地歴や現状の利用状況をみると汚染可能性は低いものと推定される。このため、土壌汚染の影響はないものとして評価する。
　　　→留意点
　　　土壌汚染発生の有無は、詳細な土壌調査を必要とするが、可能性が

低い場合はまず調査を実施しない。この点がはっきりしていればよいが、汚染可能性が高い土地について、土壌汚染対策費用を考慮外とするという条件は、別機関などで対策費用を算定する必要がある。

④　一部関係会社に対して賃貸されているが、全体を自社使用しているものとして評価する。

　　→留意点

　　関係会社が同一資本、経営者の場合はあまり問題とならないが、親族などで退去などに応じないケースが発生すると担保処分時に影響があるので十分注意する。

⑤　現状占有者が存在するが、退去を前提として評価する。

　　→留意点

　　占有者の立退き料などが別途必要になる場合があることに留意する。仮に低い賃料で長期間賃貸している住人やテナントがおり、容易に退去に応じないという現実がありながらこのような条件を付加すると、処分時の価格と大きく乖離が発生しかねない。

これらの付加条件を担保評価において安易に付加すると、現実に回収可能な金額と大きく食い違うことがあり、高めの評価額で引当を積んでいても、実際に処分が行われると二次ロスが発生してしまう。なお、次のような条件が付加されている場合は十分な注意を要する。

⑥　現状市街化調整区域に属するが、市街化区域に編入されることを前提として評価すること。

　　→留意点

　　都市計画の見直しが近いうちに行われることが確定している場合を除くと、付加できる条件としての許容範囲を超えており、実現性・合法性の観点から不適切と考えられる。

⑦　現在開発許可の申請がなされているが、開発許可はすでに取得したことを前提として評価すること。

→留意点

　　　都市計画の窓口で開発許可の取得の確度を十分に確認する必要があり、取得後に評価を行うほうがベターと考えられる。
⑧　現状地目「田」となっているが、農地転用許可が取得でき農地地目以外に変更されることを前提として評価すること。

　　　→留意点

　　　市街化区域内を除き農地法に基づく農地の転用許可は容易に下りないことが一般的であり、実現性・合法性の観点から不適切と考えられる。

　かつてのバブル期に、抵当証券の担保不動産などで、不透明な条件を付加した評価が散見されたが、たとえば金融機関の担保不動産の評価において、現況を無視して過大な担保価値を生み出すような評価条件は妥当ではない。

　なお、平成26年度中に不動産鑑定評価基準の見直しが行われる予定となっているが、土壌汚染、建物に係る環境有害物質、埋蔵文化財、地下埋設物、不分明な境界といった項目について、鑑定評価書の利用者の利益を害するおそれがない場合には、調査範囲等の条件を付して評価が可能になる見通しで、この場合には「調査範囲」等に十分注意する必要がある。

2　価格時点

　価格時点とは、評価の基準となった日を指す。この時点に応じて収集される資料なども異なってくるので、まず最初にこの時点を決める必要がある。

　価格時点には、現在時点、過去時点、将来時点の3つがあるが、将来時点

■価格時点

通常は現在時点を採用する

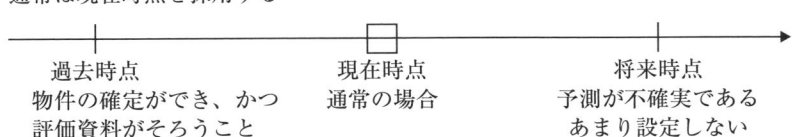

過去時点	現在時点	将来時点
物件の確定ができ、かつ評価資料がそろうこと	通常の場合	予測が不確実であるあまり設定しない

については、予測に限界があるため、不動産鑑定評価ではまず行われることはない。また、過去時点については、その時点において対象となる不動産がどのような状態で存在していたかということがはっきりわかることが前提となることに留意したい。通常の場合は、不動産鑑定士による実地調査を行った日付を価格時点とする。

3 価格の種類

　不動産の価格は多様である。一般に時価と呼ばれるものが説得性は高いと考えられるが、不動産鑑定評価基準をみると、価格の種類として正常価格、限定価格、特定価格、特殊価格の4つが記載されている。一般概念の時価はおおむね正常価格に近く、通常求められる価格はこの正常価格となる。4つの価格の定義は次頁の表のとおりとなる。

　このうち4の特殊価格は、文化財等という定義の記載があるように、一般に売買の対象とされるものではなく、まず目にする機会はない。

　さて、正常価格の定義で登場する、「合理的と考えられる条件を満たす市場」とは、いったいどのようなマーケットなのであろうか。不動産市場は一般の財の市場と異なり、公開性の限定や売り急ぎ、買い進みといった動機が存在することを前述したが、このような要素がない市場を不動産鑑定評価基準では次のとおり記載している。

---

① 市場参加者とは、自己の利益を最大化するために予測、行動する人を指し、次のような要件を満たすものをいう。
　□売り急ぎや買い進みといった特別な動機をもっていない
　□対象不動産と市場について通常の知識や情報をもっていること
　□取引のために必要な労力と費用を割いていること
　□最有効使用を前提とした価値判断を行う
　□買主が通常の資金調達能力を有していること
これらの要件を満たす市場参加者が、自由意思に基づいて市場に参

加し、参入、退出が自由な市場であることが前提となっている。
② 取引が制約や売り急ぎ、買い進みなどを誘引したりする特別なものでないこと。
③ 相当の期間市場で公開されていること。

価格の種類	定　義
1　正常価格	市場性を有する不動産について、現実の社会経済情勢のもとで、**合理的と考えられる条件を満たす市場**で形成されるであろう市場価値を表示する適正な価格 →通常の評価（時価の概念がほぼ一致するといってよい）
2　限定価格	市場性を有する不動産について、不動産と取得する他の不動産との併合または不動産の一部を取得する際の分割等に基づき、正常価格と同一の市場概念のもとにおいて形成されるであろう市場価値と乖離することにより、市場が相対的に限定される場合における取得部分の市場限定に基づく市場価値を適正に表示する価格 例）借地権者の底地を併合する場合 　　隣地買収や経済合理性に反する分割を行う場合
3　特定価格 （改正予定あり）	市場性を有する不動産について、法令等による社会的要請を背景とする評価目的のもとで、正常価格の前提となる条件を満たさない場合における不動産の経済価値を適正に表示する価格 例）資産流動化法・投資信託及び投資法人に関する法律に基づく評価 　　民事再生法に基づいた評価で、早期売却を前提とした価格 　　会社更生法または民事再生法に基づいた評価で事業継続を前提とした価格
4　特殊価格	文化財等の一般的に市場性を有しない不動産について、その利用現況等を前提とした不動産の経済価値を適正に表示する価格 →この評価を行うことはまずない

　ここで気になるのは、③の「相当の期間」である。たとえば、民事再生法の評価目的のもとで早期売却価格を求める場合の早期は短い期間を指すが、

第5章　不動産鑑定評価と目的　**157**

相当の期間とはいったいどのくらいの時間を指すのであろうか。類型によって異なる面はあると思われるが、比較的流動性が高い一般の住宅やオフィスビルについては、半年から1年ということになるのではないだろうかと思われ、これより短い期間は早期売却という概念になるように考えられる。ゴルフ場やリゾートホテルといった容易に売却できない不動産は、1～2年というのがひとつの目安ではないだろうか。

(1) 限定価格と付加条件

鑑定評価の条件に併合鑑定評価・分割鑑定評価があるが、例示をみるとこれと合致しており、限定価格はこれに呼応するものと考えてよい。

(2) 特定価格と法令

平成15年1月1日施行の改正不動産鑑定評価基準では、特定価格と特殊価格が分離され特定価格に「法令等による社会的要請」という概念が新たに入ることになった。例示をすると次のとおりとなる。

イ 資産流動化法・投信法に基づく特定価格

この法律の要請では、求めるべき不動産の価値は投資採算価値である。収益性が最重視され、正常価格の概念と異なる。証券化商品やファンドの投資対象は、賃貸オフィスビル、マンション、ホテル、物流倉庫等といった幅広い類型となり、評価は現況を所与として、原価法、取引事例比較法、直接法、DCF法といった評価手法により、いくつかの試算価格を求めることになる。ただ、最終的にはDCF法を重視して価格決定をする。一方で正常価格は、最有効使用をもとに試算価格を調整するため、必ずしもDCF法の価格のみにとらわれるものではない。

投資用不動産の市場はすでに成熟しており、正常価格もDCF法を中心に査定が行われていること、投資対象資産の大半が、最有効使用の状況にあると考えられることから、平成26年3月時点における正常価格と特定価格の差異はほとんどない状況にある。ただ、鑑定評価書への記載は、これらの法律

に基づくものは「特定価格」として行う。
　ロ　民事再生法・会社更生法・破産法に基づく特定価格
　これらの法律は企業の再生や清算を目的としたものであるが、法的整理を前提とし求めるべき価格には、早期売却や事業継続といった前提条件がある。平成15年に鑑定評価基準が改正される以前には、会社更生法の適用企業について更生担保権の目的となっている不動産の評価をする場合という例示があり、会社更生計画のデータ等を前提として収益還元をベースに評価することで特定価格を求めることが要請されていたが、平成15年の基準改正後は、各法律の成立とその背景を十分に理解したうえで求めることに変わっている。

　なお、平成26年度中に鑑定評価基準の改正が予定されており、特定価格については市場分析の結果、例示された依頼目的により求められる価格が、正常価格の概念と乖離しない場合は、正常価格として出せることになる予定で、証券化不動産の評価において求められてきた特定価格はそのまま正常価格に表記が変わる可能性がある。

Ⅲ　不動産鑑定評価の目的と現実の評価における留意点

1　はじめに

　基本的事項を確定させて不動産鑑定評価は行われるが、次に依頼目的の側面から現実の評価がどのように行われるかみてみたい。
　たとえば売買を目的とした鑑定評価は特殊な要因ではなく、交換や収用といったものも同様であると考えられる。
　ここでは、次の3つについてみてみたい。

□会計的側面
□法務的側面
□担保評価的側面

2　会計的側面からの留意点

　企業会計的な側面からの留意点を考えてみたい。そもそも企業が不動産を取得すると、取得価格でバランスシート上は資産計上（有形固定資産ないしは棚卸資産）される（取得原価主義）。

　有形固定資産の場合、建物についてはその後年月を経ると減価償却が発生し、年々資産の額が減っていくが、土地の簿価は、原則変更されないまま推移する。棚卸資産の場合は、取得原価のまま残る。

　一方で、不動産の時価は市場の変化により当然にして変わるものであり、会計分野での認識とは大きく異なる。時間が経過すると簿価と時価の乖離が大きくなることがあり、不動産価格が上昇を続けるのであれば、企業会計上は問題がまだ小さいが、バブル崩壊後大きく下落したため、本質的な企業価値に与える影響が強く、平成17年4月から減損会計制度が本格導入された。

　また、棚卸資産となる不動産についても、長期にわたって在庫として保管しておくことで、簿価と時価に大きな乖離が発生する。これについても、企業経営において大きな影響を与えることになるため、販売用不動産の強制評価減が導入されている。

(1)　減損会計と不動産評価

　減損会計とは、資産に対する会計処理のひとつであり、有形固定資産に該当する不動産、たとえば本社ビル、営業用の店舗、工場、ホテルや旅館といったものに対して適用されるものである。企業の収益性の低下により、投資額を回収する見込みが立たなくなった資産の帳簿価額を、一定の条件のもとで回収可能性を反映させる水準にまで減額する会計処理のことを指す。

　ここでは、まず資産（不動産）が生み出す収益性を基準として「減損兆

候」の有無を判定し、割引前キャッシュフローと回収可能額をもとに減損金額を査定し、企業会計に反映させる作業となる。なお、この作業は定期的に行われるものではなく、兆候がみられる場合に臨時に行われるもので、その意味では毎期簿価を見直す、「時価会計」とは異なるものである。

減損会計の流れを示すと、次のとおりとなる。

□減損会計の流れ

　減損対象不動産または不動産グループの選別、認識
　　　　↓
　減損兆候の有無の判定
　　　　↓
　割引前キャッシュフロー、回収可能額による減損損失の有無の判定
　　　　↓
　減損会計の計上

企業は、資産や投資を、最終時点まで使用するか売却することで回収することとなるが、減損損失の測定にあたっては、回収可能価額を売却による回収額である正味売却価額と、使用を継続することによる回収額である使用価値の、いずれか高いほうの金額と帳簿価額の差をもって測定することにしている。

不動産の評価は、この際の正味売却価額を求めることに使われるが、不動産評価について減損適用指針では、①原則、不動産鑑定評価基準に基づいて算出するとし、一方で②重要性の乏しい資産については一定評価額や適切に市場価格を反映している指標（一般的には公示価格や基準地価格等）を利用することを認めている。この場合に求めるべき価格は時価であり、鑑定評価における価格の種類は「正常価格」となる。このようにして認識した減損を反映させ、帳簿価額を回収可能価額に減額するとともに、この減少に対応し損益計算書に損失計上することとなる。

■減損損失の測定

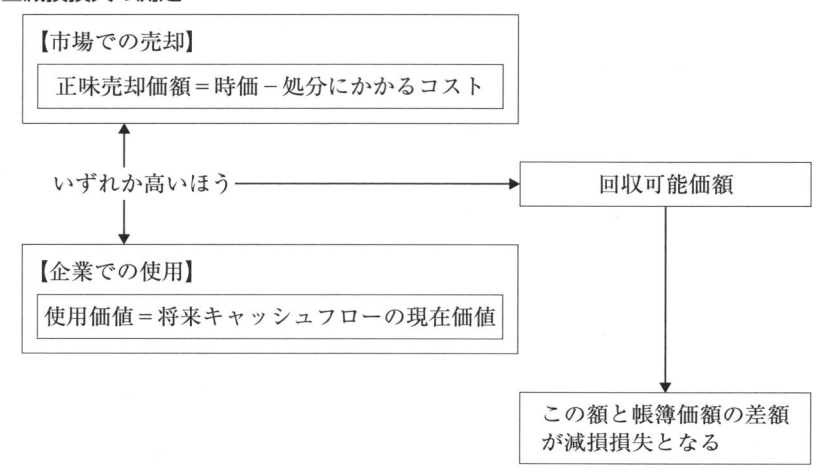

```
【市場での売却】
正味売却価額＝時価－処分にかかるコスト
```

　　　　↕　いずれか高いほう　――――→　　回収可能価額

```
【企業での使用】
使用価値＝将来キャッシュフローの現在価値
```

　　　　　　　　　　　　　　　　　　　　　　↓
　　　　　　　　　　　　　　　　　この額と帳簿価額の差額が減損損失となる

(2) 販売用不動産の強制評価減と不動産評価

　マンションや戸建住宅の分譲を行う不動産会社や、建設会社などが所有する販売用不動産は、会計上棚卸資産に計上される。市場の変化で価格が下落し、なかなか売却ができず、時の経過とともに時価が著しく下落した場合、企業のバランスシートに与える影響は大きいといえる。

　このため、販売用不動産の強制評価減制度が平成13年に義務化され、「不動産時価」の「著しい下落」（おおむね50％下落）があり、「相当期間で回復する見込みがない」（通常５年以内）場合に適用が求められている。そもそも会計分野において、不動産の時価は正味実現可能価額と再調達原価という２つの概念から認識される。

正味実現可能価額	販売見込額から販売経費等見込額を控除したもの
再調達原価	資産を再取得するために要する通常の価額

　強制評価減は、正味実現可能価額をもとに査定されるもので、販売見込額の査定は以下の４つから選択されることになっている。

> ① 不動産鑑定士による鑑定評価額
> ② 公示価格、都道府県基準地価格、路線価による相続税評価額
> ③ 取引事例から比準した価格
> ④ 販売公表価格・販売予定価格

　棚卸資産のうち、現時点で開発が完了していない素地等の時価は、次の計算式で求めることになる。

> 　　完成後販売見込額
> －）造成・建築工事原価今後発生見込額
> －）販売経費等見込額
> 　　不動産の時価

　もともと開発を想定していても、その実現可能性がなくなっているものもある。この実現可能性がない場合は、現状所与での時価を探る必要がある。

(3) 一体収益用不動産における土地・建物の内訳

　不動産鑑定評価手法は、かつては原価法を中心に構成されてきたが、最近では収益用不動産を中心として収益還元法を中心に考える傾向が強い。原価法は土地・建物といった不動産の構成要素を積算することで求めるものであり、それぞれの内訳がはっきりとわかる。

　一方で、収益還元法による収益価格は、土地・建物一体で認識されるものであり、その経済価値を容易に分割することは行いにくい。また、不動産の経済価値はあくまでも最有効使用を前提とし一体で把握されるべきものであるため、その意味では内訳を算出することは無意味な側面はある。

　これに対し、会計制度は土地、建物に対してその構成要素に分けて認識し、その後の会計処理を行うことになる。したがって、内訳を求めることは

会計処理上きわめて重要かつ必要不可欠なものといえる。ここで査定したものは企業における経営判断を左右するもので、特に建物は償却資産であるのに対し、土地は非償却資産であり会計処理も異なることから、妥当な内訳を査定する必要が生ずる。

償却資産の価格ウェイトが高いということは、毎年の減価償却が多く発生し、企業として利益が出ている場合は減価償却が多いと利益が小さくなるため、税務上有利に作用することがある。一方で、利益が小さい企業では償却負担が大きいと赤字になる。

企業以上に、J-REITの場合は、減価償却控除後の利益を配当することになっているため、配当利回りの低下につながる。

では、この内訳はいったいどのように求めるべきであろうか。一般的傾向をみると、原価法による積算価格の土地と建物の価格構成比で求めているものが多い。一見合理的にみえるが、これが経済価値として正しく把握されているとする根拠はどこにもなく、そのほかの方法を採用するところもある。

筆者が知る限りの内訳の査定方法には、次のものがある。

---

① 積算価格比（鑑定評価額を原価法で求めた土地、建物の価格の比率で振り分ける）。
② 土地価格について公的指標をベースに査定し、建物価格は鑑定評価額から土地価格を控除した額を計上する方法（いわゆる土地控除方式）。
③ 建物が新築物件の場合、建物価格について建築費総額をベースとし、その残余を土地の価格とする方法（いわゆる建物控除方式）。

このうち①は、積算価格の比率というはっきりした数字が使えるため、現実的であり、多用されているのではないだろうかと思われる。ただ、これが正解かどうかは非常に疑わしい面もある。

3　法務的側面からの留意点

次に、法務的な側面と不動産評価について考えてみたい。そもそも法務的側面では、正常価格を要請されるケースと特定価格を要請されるケースがあり、適用法律と価格の種類を対比すると、おおむね次のとおりになる。

	査定根拠	求めるべき価格の種類
民事再生法	清算価値保証前提	特定価格
会社更生法	時価評価	正常価格
破産法	資産処分前提	特定価格
投信法	投資採算性の重視	特定価格
資産流動化法	投資採算性の重視	特定価格

(1) 民事再生法における財産評定

民事再生法は企業再生のための法律である。企業再建を前提に考えると、債権者の抵当に入っている営業活動に使用されている不動産が売却されてしまうことは、直ちに事業活動に大きな影響を及ぼすことになる。

しかし、民事再生法は会社更生法と異なり抵当権実行の束縛がなく（例外として担保権消滅制度がある）、抵当権者は担保不動産売却ができる。このため、一方で債権者にとってみると、破産手続に移行して企業を清算するよりも再建計画により弁済を受けることのほうが合理的であると判断しない限りは、再生計画を支持しないほうが経済合理性にかなっている。このことから、民事再生法適用の際になされる財産評定は通常、清算価値保証の原則にのっとって行われる。

これは、再生計画が頓挫した場合破産手続に移行することになるが、債権者は企業清算時に不動産処分で得られる経済価値は保証されるという原則に立ったものである。財産評定で求められた評価額は、債権者サイドからみた弁済との比較や別除権協定、担保権消滅制度における計算基礎となるもので

ある。

　ここで求めるべき価格は、処分を前提としたものであるわけで、通常の公開市場より短い期間において、不動産市場で通常処分するとした際に考えられる用途変更等を加味したものであるといってよい。いわば早期売却を前提とした性格のものとなる。

　再生会社は通常、債務免除益課税対策のために、固定資産の評価替えを行う。では、会計処理上、財産評定の価格を新しい簿価としてよいかという問題がある。本来の簿価は清算価値を前提としたものではなく、時価でよいものと考えられる。したがって、正常価格を採用するのが妥当であろう。

(2) 会社更生法における財産評定

　会社更生法も民事再生法同様、企業再建を目指したものである。ただ、会社更生法における財産評定の目的を、更生会社の新たな資産状況を把握することに置いている。このため、把握すべきものは「時価」であり、財産評定においては不動産鑑定基準での正常価格を求めることになる。

　会社更生法は平成14年に大きく改正された。かつての財産評定は継続使用価値に置かれていたので、更生担保権の不動産評価は収益還元法をベースとした特定価格と定められていた。このため、価格は非常に低く求められる傾向があった。正常価格に変更となった背景には、不動産評価では他の手法も現実には併用されていたこと、財産評価と担保権評価を一致させるべきであると考えられたことがあったと思われる。なお、抵当権者としては、求められる時価は必ず処分価格を上回ることが要請されることはいうまでもない。

(3) 破産法における財産評定

　破産法は清算型といわれており、財産評定においては、早期売却を前提とした特定価格が求められる。破産はその件数が多く、大半が個人の破産となっている。財産評定は企業の破産において行われるのが一般的で、評価依頼は裁判所から選任された破産管財人から行われることが多く、逆に破産を否

認するための否認権行使を目的とした評価が求められることもある。いずれの場合も、特定価格を求めることとなる。

(4) 投信法、資産流動化法のための評価

「投資信託及び投資法人に関する法律」(投信法)、「資産の流動化に関する法律」(資産流動化法)に係る不動産については、鑑定評価が義務づけられている。これは、投資家保護の観点から求められているものである。この場合の価格の種類は特定価格となる。

評価額は、DCF法により求めた価格を標準にするとともに、借入金償還余裕率(DSCR)を使い検証することが求められている。なお、この評価による特定価格は、平成26年3月時点においては、投資市場が活性化していることもあり、収益還元法を基準として査定されている正常価格とほぼ一致して推移している状況にあり、大きな差異はない。

(5) 不動産競売（民事執行法）と評価

民事執行法により裁判所は不動産競売を行うが、裁判所では債権者の申立て後開始決定がなされ、不動産の現況調査と評価が命令され、売却基準価額が決定される。売却は期間入札と特別売却という方法がとられており、期間入札では売却基準価格より2割低い水準である買受可能価額を超える金額で札を入れることになり、最高額提示者が落札する。

■民事執行法（売却基準価額の決定等）

第60条　執行裁判所は、評価人の評価に基づいて、不動産の売却の額の基準となるべき価額（以下「売却基準価額」という。）を定めなければならない。

2　執行裁判所は、必要があると認めるときは、売却基準価額を変更することができる。

3　買受けの申出の額は、売却基準価額からその10分の2に相当する額を控除した価額（以下「買受可能価額」という。）以上でなければならない。

売却基準価額の根拠条文は、民事執行法の60条となっている。

競売の対象となる物件には占有者が存在することや、所有者が競売に協力的なケースが少ないこと、ローン制度が存在するとはいえ、通常の物件に比べるとその充実度が低いこと、また、最近では一般人の入札参加もみられるが、やはり不動産業者等のいわばプロ向きの市場であることに変わりはなく、ここで査定される売却基準価額は、不動産鑑定評価基準の正常価格とは異なる、いわば専門業者取得を前提とした卸売価格の水準を参考としたものである。その意味では、処分を前提とした特定価格に概念は近いといえる。

最低売却価額は評価人（一般的には不動産鑑定士が多い）により求められる。かつて、この水準が高く落札がなかなか進まない時期があったが、収益還元法の積極的な活用等も行われ、実勢を反映させる水準に変わったことから、売却も進展した。

4　事業再生における不動産評価

(1)　事業再生の方法と評価方針

事業再生は、法的なものとしては民事再生法、会社更生法にのっとったも

■事業再生フローと不動産評価の関連

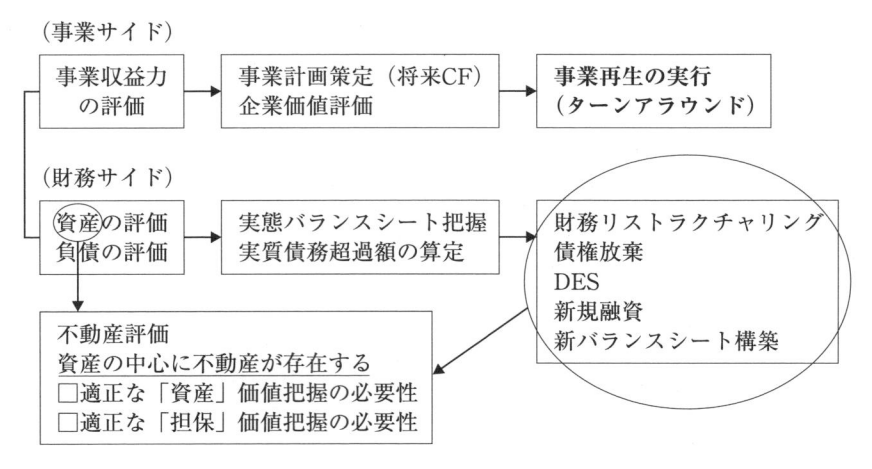

（事業サイド）

事業収益力の評価 → 事業計画策定（将来CF）企業価値評価 → **事業再生の実行（ターンアラウンド）**

（財務サイド）

資産の評価
負債の評価
→ 実態バランスシート把握
実質債務超過額の算定
→ 財務リストラクチャリング
債権放棄
DES
新規融資
新バランスシート構築

不動産評価
資産の中心に不動産が存在する
□適正な「資産」価値把握の必要性
□適正な「担保」価値把握の必要性

のがあるほか、金融機関の紳士協定的な側面もある「私的整理ガイドライン」を活用した企業再生事例、中小企業支援機構を活用した私的整理を前提とした再生例も増加している。かつてに比べ、その数は減少傾向にあるものと想定されるが、再生を必要とする企業は平成26年3月現在でもまだ多く、資産査定における不動産評価の必要が生じる。

企業再生においては、企業の有する特色を活かすべく再生計画を立て、同時にバランスシートの精査を行うが、企業も事業において今後も収益の中心となり再生の要となるコア事業と、そうではないノンコア事業に分けることがまず行われる。それぞれの事業で使用される不動産についての評価が必要となり、コア事業については不動産の継続使用を前提とし、またノンコア事業については通常売却が考えられるため、早期処分を前提とした評価を求めることが多い。

事業再生においては、事業収益力の現状調査と将来の計画策定という事業サイドの動きと、実態バランスシートの作成と実質債務超過額の算定という財務精査を中心とする財務サイドの動きの2つの動きが必要となるが、不動産評価はこのうち財務サイドの資産評価において活用され、財務リストラや金融機関の債権放棄、将来の新規融資の担保力などの判定に使われることになる。

事業再生の流れと不動産評価の関連性を示すと、左頁の図のとおりとなる。

企業の経営状況が悪くなる根底には多角化等があり、強みや特色がある事業分野に集中することが求められる。この集中すべき事業をコア事業、それ以外をノンコア事業といい、コア事業については継続前提、ノンコア事業については事業売却などが検討される。したがって、売却の対象となるノンコア事業に使用されている不動産については、早期売却を前提とした価格を求め、コア事業のうち今後も継続して使用される不動産については、その資産価値としての認識は通常考えられる時価、すなわち不動産鑑定評価基準にいう正常価格の査定が必要となる。

(2) 再生実務上での不動産評価

　事業再生は時間との闘いとの側面がある。したがって、作業を短い時間で実施することが要請される場合がある。一方で、不動産評価は依頼を受けてから資料収集、実地調査、市場の調査、評価手法の適用、鑑定評価額の決定、鑑定評価書の作成に至るまでさまざまな作業があり、さらに企業が保有する不動産は通常数が多いことから相当の期間を要するものである。したがって企業の債権放棄要請、または金融機関による企業支援の決定とほぼ同時にすべての作業をスタートさせる必要がある。

　事業再生のうち、私的整理の現場で用いられるものは、民事再生法や会社更生法といった法的整理の場合と異なり、通常継続保有を前提とした正常価格を求めるとともに、早期売却を前提とした価格を付記するかたちで記載することが多い。なお、私的整理ガイドラインでは、有形固定資産の評価を継続して使用予定の物件は時価（法定鑑定評価額またはそれに準じた評価額）に調整し、売却予定の物件は早期売却を前提とした価格等に調整することとしている。

(3) 将来計画を含めた鑑定評価

　再生企業が継続して使用する不動産については、正常価格をもって時価と判定するものになると考えられているが、評価においては若干の工夫が求められる側面もある。

　たとえば、キャッシュフローベースで赤字の工場をどう考えるかであるが、通常は再生計画案のキャッシュフローを参考にすることが多い。一方で、再生計画案のキャッシュフローをベースとし継続使用を前提とした収益価格が、更地化を前提とした価格を下回ることも考えられる。これは、金融機関サイドとしては清算することのほうが回収できる金額が高いことを意味し、再生計画支持につながらないことになってしまう。したがって、本来継続使用を前提とした収益価格は更地化を前提とした価格を下回るべきではない。

(4) 早期売却を前提とした価格の考え方

　早期売却を前提とした価格は、民事再生法の財産評定における特定価格の概念とほぼ同義と考えられる。したがって、通常の公開市場より短い期間において、不動産市場で通常処分するとした際に考えられる用途変更等を加味した価格であり、いわば不動産業者への卸売価格的な性格のものになる。

(5) 平成26年度の基準改正による変更可能性

　各法律を前提とした価格を求めるにあたり、平成26年度に予定されている不動産鑑定評価基準の改正において、市場分析を行ったうえで、正常価格の概念と乖離しない場合は従来特定価格として求めていたものであっても正常価格として求めることが可能となるため、価格の種類に変更がある点に留意されたい。

第6章

担保不動産の見方と評価

Ⅰ　はじめに

　融資担当者にとって、担保不動産との付き合いは長いものである。かつては企業の担保不動産、たとえば本社ビルや工場といったものが中心で、不動産ディベロッパーの住宅用地等が中心であったが、最近ではノンリコースローンも増加しており、評価額自体も高額のものが増加している。バブル期の過大融資の反省から、担保評価システムを構築する金融機関も多く、多数の物件となる住宅ローン等ではその機能が発揮されている。

　平成26年3月現在、日本では長期にわたった不況から、いわゆるアベノミクス戦略もあり、景況の回復基調が軌道に乗りつつあり、この先行現象として、株式や不動産が安定から上昇トレンドにある。商業用不動産を中心とした不動産取得競争もみられるようになり、また購入者層も国内勢のみならず海外勢が増加し、2020年の東京オリンピック開催まではインフラ投資も増加することが見込まれることから、不動産市況においては比較的明るい材料が多い。ここでは担保不動産の見方と評価について再確認したい。

Ⅱ　担保不動産としての適格性

1　担保適格性の3原則

　そもそも担保不動産は、貸金が長期にわたるケースが多く、継続的に収益を獲得することが望ましいと考えられる。このため金融機関が融資を行う際

には、保守主義の原則に立ち行動し、担保不動産に関しては次の3原則を満たすものであることが求められる。

> ① 「安全性」
>   担保不動産が、設定期間中自然崩壊などで容易に損壊するものでなく、また権利面でも第三者から詐害行為を受ける可能性が低いなど、安全であることが求められる。
> ② 「確実性」
>   不動産の種類にもよるが、担保として徴収したものは、使用料や収益が将来の一定期間にわたって確実に入るものであることが求められる。
> ③ 「市場性」
>   貸金の返済が滞った場合に、担保不動産を売却して返済原資とすることが求められるため、市場において比較的容易に売却・換金が可能であることが求められる。

もちろん、これら3原則を満たさない不動産を担保として徴求してはいけないことを意味するものではない。一般に「添担保」等と呼ばれるが、担保適格性が劣るものでも、他資産がないなかでできる限りの保全を図る必要がある場合は、担保徴求することがある。ただし、適格性を満たしたもの（金融機関によっては「規定担保」等と呼ばれる）と区別し、担保価値を付すものではなく、新規融資の担保とはなりえないものである。

2　担保として注意を要するケース（例示）

不動産が有する特性から注意を要するケースをいくつか例示してみたい。

(1) 権利関係上の注意点
　イ　担保不動産が共有持分の場合

　対象不動産が、関係者あるいは第三者との共有持分となっている場合は注意したい。完全所有権物件と比べて、買い手がつきにくいケースが多いからである。

　他の共有者が信用力が高い企業等の共同ビルであれば、収益の配分や維持管理に要する費用負担、売却時の優先順位を定めた契約や覚書があり、この内容をよく確認する。この点での問題が少なく、市場において売買が成立すると判断される場合は、この限りではない。

　ロ　建物のみを担保取得する場合、敷地が借地権の場合

　建物のみを担保取得する場合は、敷地を利用する権原について十分調査する必要がある。この権原がない場合、将来的に不確定要素が強く処分がむずかしくなるものと考えられる。

　国有地や港湾用地等の公有地上に建っている建物については、敷地部分に借地権は設定されず、土地の使用許可のみの場合がある。この場合は、建物のみを担保取得することになるが、使用許可の内容を十分検証したうえで適格性の有無を探ることとなる。

　敷地が借地権のケースの場合、借地権は都市部であれば借地権取引の慣行があるが、地方によっては借地権取引そのものがなく、慣行として熟成されていない場合は処分そのものがむずかしいケースがあるので注意したい。

　ハ　底　　地

　借地権の目的となっている土地、すなわち底地は一般に担保適格性は低いといわれてきた。しかし近年、工場跡地等でロードサイド店舗用地等に借地権設定（定期借地権のケースが多い）するケースが増えていることも事実で、底地を担保として徴求することも出てきている。賃借人が優良企業で、借地契約期間において安定的な地代が入るものと考えられる場合には、担保適格性があると判断されることが多い。

ニ　担保外建物が存在する場合、未登記建物の存在する場合

　土地あるいは建物およびその敷地を担保徴求する際に、担保に入らない建物が存在する場合、追加での担保徴求を求めることになる。しかし、これに応じない、あるいは第三者所有物件である場合は、担保適格性が低くなるものと考えられる。

　ややこしいのは未登記建物が存在する場合で、この場合はまずこの所有者を確認する必要がある。本来であれば登記を行い、担保設定するのが原則と考える。ただ、簡易な建物の場合、登記がなされないことも多い。後で問題になることが多いため、できれば証書記載を行う等で抵当権者の主張ができるようにしておきたい。

ホ　他人地介在物件、越境物件

　担保不動産は、完全所有権でかつ第三者が所有する土地等が介在しないことが適格性上必要となるのはいうまでもない。ただ、古くからの赤道や水路が残っているケースが多く（通常は公有地）、これらが介在する場合は、道路や水路部分の付替えや買収を行い、一体の土地にするよう努めなければならない。

ヘ　保留地

　土地区画整理事業で、新たにつくられた宅地を事業資金回収のために売却するものを保留地という。これは区画整理事業期間の途中で、宅地としての利用が可能になった際、順次売却される。この土地は換地処分が行われるまで登記が行われることがないため、売却から換地処分時点までは登記簿上存在しない。したがって、抵当権の設定ができないため、対抗要件を具備せず、担保としての適格性はないといわれている。

　ただ、土地区画整理事業は一定の信頼された組織で行われていることを勘案すると、保留地そのものの所有権消滅リスクは低く、またローンを組むことができないと現金での購入が要求され、処分がなかなか進まないという実態も想定される。このため、公的金融機関でこの購入に対するローンを出すところも最近は出てきた。

(2) 公法上の規制からの注意点
イ　市街化調整区域内の不動産

　市街化調整区域内に所在する土地は、建物の建築等の開発行為を行う場合、行政機関の許可が必要となり、またこの許可基準がきわめて厳しいため、通常では開発行為ができないと考えてよい。

　なお、一定の要件のもと適合証明をとることで建替えをできるケースがあるが、更地の状態にある場合は開発許可が取得できないと建物の建築がむずかしい。資材置場や駐車場としての利用は可能かもしれないが、土地の有効利用度が低くなってしまう。

ロ　農地法との関連

　登記地目が「田」または「畑」の場合は農地に該当するが、農地法の規定は厳しく、特に都市計画法上の市街化区域以外に所在する農地については、農地法上、他の用途への転用に大きな制限がかかる。利用や転用、売却にあたって制限がかかるため、十分な注意が必要となる。

ハ　森林法との関連

　山林は、地域の森林計画に入っているケースが多く、この場合は一定の届出等が必要となる。より厳しいものとしては「保安林」があり、この指定を受けているものについては伐採や開発による利用は困難であり、通常は売却そのものがきわめてむずかしく、担保適格性は低い。

　そもそも山林は転用を前提としたものでない場合、市場での換価がむずかしく、また位置などが森林図や森林施業図で把握できるとしても、その範囲等の特定はむずかしい面があり、担保適格性の判定は慎重に行う必要がある。

ニ　建築基準法との関係

□無道路地

　接面道路がない土地は、出入りのための通路確保が必要となり、そもそも難があるといわざるをえず、担保適格性は低いとされている。だからといって経済価値がないということを指すわけではなく、隣地への併合

や通路となる用地の購入が可能であれば、当然にして経済価値はあるため、処分の際は十分に留意する必要がある。なお、私道のみに面している土地については私道敷地部分の持分も担保権設定する必要があり、通行権の権利確保が確実に行われているかどうか考える必要がある。
□違法建築物
コンプライアンス上違法建築物への融資は避けるべきである。違法建築物は、最悪の場合、取壊しを命ぜられることもあることを念頭に置いておきたい。ただ違法部分の改善が可能で、確実に行われれば当然にして担保適格性が認められるといってよいだろう。なお既存不適格建築物は担保としての適格性はある。

(3) 不動産の環境面からの注意点

イ　供給処理施設のない土地

通常不動産を使用する場合、電気、上水道、下水道、ガスの供給が必要となる。供給処理施設の整備状況次第では、処分換価性が乏しくなってしまい、担保適格性も低いと考えてよい。

ロ　土壌汚染地、廃棄物の存在、アスベスト、PCBの存在

土壌汚染がある土地については、汚染状態が続くものであれば担保適格性は低く、土壌浄化がなされてはじめて担保適格性は認められる。また産業廃棄物等が不法に投棄され、大量の廃棄物が置かれている土地については当然にしてこれらの撤去がなされない限り、同様といえる。

建物内にアスベスト使用箇所が存在する場合は、この封じ込め策を行っているか、PCB使用機器が存在する場合はこの保管状況・撤去の計画等を確認したうえで、担保不動産としての適格性を確認する必要がある。

(4) 流動性との関連

担保不動産は万一の場合、売却処分を行うことによる資金回収ができることが適格性の前提にあることはいうまでもない。したがって、流動性が認め

られることが重要となる。

　一定規模の人口を有する都市圏の場合、不動産の流動性は認められるが、購入者が非常に少ない過疎地域の場合、人口の減少や高齢者人口比率が高いこともあり流動性そのものを認めにくく、担保力の判定においては慎重に検討する必要がある。企業城下町で主力産業が撤退した場合も同様で、担保処分が困難になることも予想される。その他、流動性の観点からみて注意を要するものとしては次のものがある。

> □所有者の趣味的色彩が強い豪邸
> □限界通勤圏で売れ残った、大規模かつ多数の住宅用地
> □売買が少ないリゾート地の物件

　また、利用可能性の観点からみて、傾斜地（別荘地としての需要がある場合を除く）・崖地については困難な側面があるほか、道路（私道そのもの）についても有料道路として営業されているものを除くと、担保適格性はないと考えられる。

Ⅲ　不動産担保評価の現状

　ここでは、融資担当者が実務のなかで行っている担保評価の現状について考えてみたい。

1　通常の融資とノンリコースローン

　金融機関は、事業資金として融資を実行する場合、事業内容を審査対象とし、事業の実現性や収益性、将来への持続性、社会的な意義といったものを

審査する。一方で、担保不動産はあくまでも万一の場合の保全を目的とするものである。

通常の融資の審査は、金融機関内の評価部署または融資担当セクションが実施するが、担保評価に関してはこれを専門に行う会社を用意し、そこに依頼するケースがある。これを自行評価、ないしは子会社評価等と呼んでいる。

これに対し、不動産に対するノンリコースローンは、債務者に対して非遡及的な性格を有するものであるから、担保不動産の審査がきわめて重要になる。このため、自行評価や子会社評価はもちろん実施するが、これだけでは十分な調査が行われないことから通常、不動産鑑定士に依頼して鑑定評価をとることが一般化している。

2　時間経過による見直し

バブル崩壊前までは不動産の価格は上昇基調一辺倒であったが、崩壊後は大きく下落、そして上限変動を繰り返しながら今日まで至っている。このため、時間経過による価格の見直しを定期的に行うことが必要となる。

金融機関の動きをみると、通常は年に1度程度の自行評価、あるいは関係会社による評価を行うか、不動産鑑定士へ依頼を行うことが多い。融資金額、リスクウェイト、コストとの関係から、正規の鑑定評価を依頼する場合と、一定の年数については価格見直しのみを「価格意見書」として徴求するケースがある。

3　不動産の鑑定評価と簡易な方法での評価

鑑定評価は不動産鑑定士が不動産鑑定評価基準にのっとって実施するもので、さまざまな検討を行ったうえで鑑定評価額が求められている。もちろん、記載のボリュームや記述方法は、鑑定業者あるいは関与した不動産鑑定士等の特性や力量により違いがあるが、これらの記載事項に対して評価会社や不動産鑑定士等は一定の責任を負う。時間経過による意見書はこれよりも

簡易的なケースが多いものの、手法的なものについては一定の記載内容をもとに発行している。

一方で、調査・評価双方について簡易的な方法で行ったものが世には出回っている。名称としては「不動産調査報告書」などというもので発行されているものもある。たとえば、企業再生を目的として早期売却価格を求める場合等に、売却物件の価値が小さく、正式な鑑定評価書を作成することが時間的にもコスト的にも合理的でない場合もある。したがって一定の範囲で用いることはありえる。ただし、平成15年3月14日に金融庁が示した「担保評価の厳正な検証について」という文書では、鑑定評価額には簡易な方法で評価を行ったものを含まないという記載がある。したがって、ケースバイケースで使い分けることが必要だ。

4　自行評価・関係会社による評価の現状

外部に依頼される不動産鑑定評価と異なり、自行評価、あるいは関係会社による評価は自社の基準で担保不動産の価格を査定するのが一般的である。自行あるいは関係会社には不動産鑑定士の資格を有する人がいるケースが多く、比較的精度の高い評価を行っているところがある。一方、住宅ローンなど定型的な評価については、データを打ち込むことで機械的に担保価値が求められるシステムを投入しているところもある。

担保価値査定の精度は、もちろん高い方がよいが、抵当権を設定している全物件について詳細に査定することは現実的ではない。このため、たとえば戸建住宅については、原価法をベースに、土地の価格を相続税路線価、公示地価、基準地地価、固定資産税評価額といった公的価格、あるいは融資において取引を行った土地の取引事例をもとに求め、建物について再調達原価、経済的耐用年数をベースに求めたものを加算することを標準型としているところが多い。

一方で、賃貸用不動産についても実際の賃料・共益費収入等を基準に運営収益を求め、実額の費用または一定の割合をもとに査定した運営費用を控除

■自行評価・関係会社評価

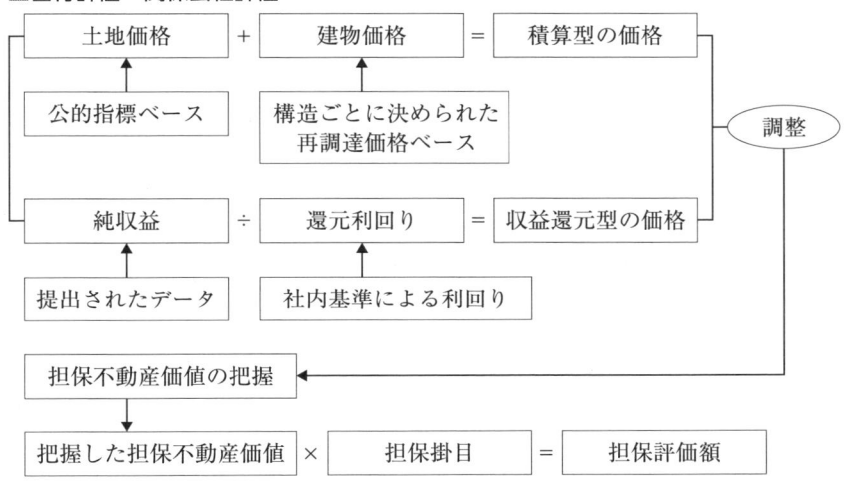

```
┌─ 土地価格 ─┐  + ┌─ 建物価格 ─┐ = 積算型の価格 ┐
│     ↑     │    │      ↑      │                │
│ 公的指標ベース │  │ 構造ごとに決められた │          │
│            │    │ 再調達価格ベース   │          調整
│            │    │                │              │
├─ 純収益 ──┤ ÷ ┌─ 還元利回り ─┐ = 収益還元型の価格 ┘
│    ↑     │    │      ↑      │
│ 提出されたデータ │ │ 社内基準による利回り │
```

担保不動産価値の把握 ← ─────────

把握した担保不動産価値 × 担保掛目 = 担保評価額

して純収益を適用して収益価格型の価格を求め、これを調整して担保評価額を求めるケースが多くなってきている。

　通常、調整して求めた価格に対し、担保掛目を掛けることになっており、掛目は金融機関によって異なるが、おおむね60〜70％が一般的な水準と考えられる。

　担保掛目は、将来における価格下落リスクに対応するもので、ボラティリティや流動性の高低でこの掛目は調整され、たとえば別荘等のリゾート用不動産は安全性の観点からさらに低いものが使われることが一般的となっている。

第6章　担保不動産の見方と評価　183

Ⅳ　担保評価における留意点

1　現況評価の原則と条件設定における留意事項

　担保評価を行うにあたっては、現況を前提としなければならない。仮に現状が最有効使用の状況にない場合があったとしても、容易に改善すること等を前提とすべきではない。

　たとえば、現状低い賃貸料でテナントが入居しているビルが対象不動産であった場合に、賃料を相場並みに上昇することを前提とすることや、現テナントを排除して他のテナントを入居させることを前提とすることは、実現性が低く妥当とはいえない。また、第三者が入居しているものを自己使用目的に変更することも、すでに現在の入居者の退去が決定している場合を除いて妥当と考えられない。

　このことは自行評価、不動産鑑定評価いずれの場合でも同様である。なお、賃貸物件を自己使用に変更したからといって、収益物件でなくなったことを理由に収益還元法の適用を行わなくてよいということを意味するわけではない。よく、自社使用であるから積算価格をベースに考えるべきだという意見を聞くことがあるが、居住用の戸建住宅やマンションを除けば、自社物件であっても収益性からのアプローチは不可欠といえ、収益性が低いことをカバーするものではない。

　なお、不動産鑑定評価においては条件を設定することがあるが、担保不動産について鑑定評価を行う場合には、特にその設定条件について注意をする必要があり、確実な条件実現の可能性がない限り次のような条件設定のもとの評価は避けなければならない。

> ① 市街化調整区域内に所在する物件で、現状地目農地であるが、農地転用許可が取得できることを前提とする。
> ② 住宅用地としての開発許可の取得を前提とする。
> ③ 隣地との併合を計画しており、併合後の土地の状況を前提とする。
> ④ 現状存在する建物については撤去を前提とする。
> ⑤ 現状の占有者については排除を前提とする。

2　不動産鑑定評価における価格の種類

担保評価を目的とし、不動産鑑定評価を依頼することがあるが、この場合の価格の種類は「正常価格」となる。なお、資産流動化法等で「特定価格」を求めることが要請されるものもあるため注意を要する。

3　不動産鑑定評価における試算価格（積算価格と収益価格）の極端な乖離

不動産鑑定評価は、三手法を駆使して求めた試算価格を調整して鑑定評価額を決定する。この三手法はそれぞれ考え方が異なるアプローチによるものであり、求められた試算価格に乖離が生ずることはあくまでも結果にすぎず、そのこと自体は問題とはいえない。ただし、結果として近似値になるのであればよいが、むしろ書類の見栄えを気にして無理やり近似値にすることには疑問を感じざるをえない。

いくつかの鑑定評価書をみると、この価格の乖離をうまく使い、現実の経済価値とかけ離れた鑑定評価額を求めているものが存在する。たとえば、次のものがある。

① 収益性が重視されるべき不動産でありながら、高額に出た積算価格にその中心を置いているもの。
② 費用を甘くみて純収益を高めに設定したり、異常に低いと考えられる還

元利回りを採用して収益価格を高めの水準で求め、これをベースとしているもの。

このような不動産鑑定評価書は問題である。試算価格を調整した内容は、鑑定評価額決定の理由のなかに記載されており、この部分をよく読む必要がある。

4　敷金、保証金、マンション等の修繕積立金の取扱い

担保不動産の評価にあたっては、要返還債務として認識されるべき敷金や保証金については、担保力を判定するにあたっては当然にして不動産評価額から控除して考える必要がある。

一方、マンションや区分所有形式のオフィスビル等の場合、管理組合から修繕積立金が徴収されていることがある。この存在をどのように考えるべきであろうか。現実の外見的な状態のみで不動産の評価を行った場合と、修繕積立金を使い外壁や共用部分の改修を行った後で不動産の評価を行った場合では、評価額に開差が出ることが予想される。ただ、通常では修繕積立金の払戻しを単独で要求しても、訴訟などを起こさない限りはまず返してもらえるものではない。したがって、評価を行う場合には、修繕積立金の存在とその額を十分に理解したうえで評価額に反映させる必要があるだろう。

各 論

類型別不動産評価の考え方

不動産の経済価値のとらえ方、担保評価についての考え方や実務的留意点について、総論（第1章～第6章）に記載した。
　ここでは、一般的なもの、評価が容易ではないものを交えた次の7つの類型を例に考え方を整理し、不動産の経済価値についての理解を深めてみたい。

1．オフィスビルの評価
2．日本旅館の評価
3．ビジネスホテルの評価
4．商業ビル・ショッピングセンターの評価
5．物流施設の評価
6．高齢者住宅（有料老人ホーム・サ高住）の評価
7．工場の評価

　これらの類型は、不動産REITや金融機関の担保評価といった側面で、今後さらに重要になってくるものと考えられる。また、オフィスビルや店舗、住居といった側面で収益還元法が多用されるようになってきたが、工場については、現状ではその適用はまだ少なく、手法開発余地が残されているものと考えてよい。
　それぞれの類型の評価におけるポイントをみてみよう。
　なお、平成26年度に予定されている不動産鑑定評価基準の改正においては、事業用不動産についての記載をより充実させることになっている。
　本項がこの参考の一助となれば幸いである。

類型 その1

オフィスビルの評価

I　はじめに

　オフィスビルは、主に都市の中心部に立地するものであり、経済価値をみるにあたっては、「立地」と「建物グレード（スペック）」「テナントの状況（契約形態・契約賃料）」「テナントニーズ」が大きな要因になる。

　通常、都市の立地ごとに賃料や駐車場使用料の水準の相場がおおむね形成されており、たとえば新築の高グレードビルを基準として、これに建物の建築年月やグレードに応じて差異がつけられ、ビル賃料水準がおおむね決定される。

　ただし、建築後期間が経過してくることで契約時期が異なり賃料単価にバラツキがみられるようになるため、一律にはいかない面もあるので注意を要する。収益還元法において重要な要素となる還元利回り・割引率等、各種利回りについても、東京都心部あるいは主要都市の超一等地を基準として地域ごとに格差率がつけられており、これの利回りを投資家が要求することになり、売買においても重要な側面となる。

　そもそもオフィスビルは、投資用不動産としては最も一般的なものであり、過去から、多数の評価機会があり、データ的な側面も充実してきていることから、評価の精度そのものはかなり高くなっているものと考えられる。また、収益部分と利回り部分の十分な検証材料が存在することから、評価人によって極端な変動が生ずる可能性が本来低いものと考える。

　収入・支出のデータについても、大規模なオフィスビルの場合では通常PM会社に管理・運営業務が委託されており、これらの数値をまとめていること（PMレポートの作成）が一般的であり、詳細なデータを必要とする収益還元法、特にDCF法の適用においても、資料収集が比較的容易であることから、丁寧な作業さえ行えば正確な評価が可能になるものと考えられる。

かつてオフィスビルは賃料が安定的であり、かつ一定の立地であればまず空室が発生する可能性が低いといった点から、投資用不動産のなかでは最も安全性が高いものと考えられてきた。特に東京などの大都市の都心部においては、賃貸料の安定性は高いとされ、立地さえよければ賃料下落や空室が発生することはあまりなかった。

　バブル崩壊後もこの状況は続き、安定的に推移してきた。こうしたなか、平成14年頃から東京都心などにおいても大規模の新築ビルが続々と完成していき、当時、外資系企業によるオフィス利用の増加もあり、高い需要に支えられてスペックの高いビルの賃料単価が急上昇し、ちょっとしたバブル的様相がみられた。

　この状況はリーマンショック直前まで続いた。丸の内や大手町といった一等地については、極端な水準での賃料単価上昇（かつては坪単価4万円のビルが6万円超まで上昇）もみられたが、平成20年夏頃のリーマンショック後に、多数の金融機関を中心とした外資系企業の撤退があり、賃料下落とともに大きく空室が発生した。

　これを埋めるべく、賃料単価を落とす、もしくはフリーレント（一定期間の賃料をとらない）でテナントを入居させるといった施策を行った結果、ビル全体の賃貸料収入が大きく減少した。一等地以上に響いたのがこの背後にあるエリアや地方都市部で、一等地の賃料が下がればこれを好機と考え一等地への移転・集積が進み、一気に空室が増加し、賃料も低い水準にまで下がってしまったのである。

　平成26年3月現在、賃料単価については比較的安定からやや上向きの様相をみせつつあるものの、リーマンショック前の水準よりはまだ低く、新規の大規模ビルが完成する地域においてはフリーレント要請や賃料引下げ圧力が続いているところも存在する。都市によっては依然として、テナントニーズが減退しているところもあり、不確定要素が強い。したがって、いつの時代においても賃貸料の今後の推移について十分に検証する必要がある。

　さて、オフィスビルといっても、1棟が完全に賃貸事務所ビルになってい

るものばかりではなく、下層階については店舗になっているもの、また、中小規模のビルではもともとの地主の居宅あるいはその自社使用部分を包含しているものなどさまざまな形態がある。

　ここでは、一般的なオフィスビルの留意点と、一部他の用途に使用されている場合の留意点にも触れてみたい。

Ⅱ　オフィスビルの不動産としての特徴

　最初にオフィスビルの不動産としての特徴について考えてみたい。

1　自社使用と賃貸用の違い

　オフィスビルは事務所用途のビルを指し、1階部分、ないしはこれに加え鉄道駅等からのペデストリアンデッキ部分等にエントランスホールがあり、地下部分などに駐車場が存在するほかは、各階に事務所フロアが用意されているものである。都市の中心部に立地する場合、通常低層階部分もしくは地下部分の一部については商業施設の誘致が可能で、かつ高賃料が獲得できると考えるため、賃貸店舗として利用されることも多い。

　使用方法でみると、自社使用（所有企業の本社または支社として利用）と賃貸用に分けられる。なかには一部フロアについてのみ自社使用で、他のフロアについては賃貸用というケースもある。自社使用中ビルであっても、どこかのタイミングでSPCに売却、信託受益権の設定等を通じて投資家に売却され、リースバックされているケースも存在する。特にバブル崩壊後の平成7年から12年にかけては、これによる企業の自己不動産の流動化が進展した。

　賃貸用は、第三者に賃貸できる仕様になっており、建築された時期の標準的な水準により、建物のグレードやオフィスフロア部分のスペック、すなわ

ち天井高や電気容量、さらにはトイレや給湯室、休憩室等のコミュニティスペースの存在といった差異が生じてくる。一方で自社使用（あるいはリースバック物件も含む）については、純然たるオフィスとしてつくられたものであれば直ちに第三者へ賃貸することも可能と考えられる。ただ、フロア配置や入口部分の設置箇所も特徴がある等、個性が強いケースも多々あり、賃貸時にデメリットが発生することもあるなど注意が必要である。

　自社使用の場合、会社代表の趣味や企業の性格を建物に反映させるケースが多く、なかには第三者にはとても受け入れられにくいものも存在するため、第三者賃貸を想定すると改装を必要とするケースも存在する。

　一方、賃貸物件としての利用を前提として建築されたものは通常は汎用性が高いため、この問題は少ないといえるが、たとえばシングルテナント（1社のみで全体契約）のように、テナントの強い要望に応じて建てられたものは自社使用物件と同様の問題点を含んでいる可能性もあるので注意を要する。

　建物の個性の強さが直ちに建物建築コストを高くする方向に動かすわけではないが、過去の例をみると凝ったつくりのものの多くが、コスト高になったケースが多かった。このような物件は高コストに見合った収益性がないばかりか、一般的なテナントニーズにあわないケースがあり、建築コストがより低く、汎用性が高い建物が得られると考えられる収益を下回る可能性もある。オフィスビルの価格は費用性（積算価格）よりも収益性（収益価格）重視で求められるのが実態のため、この点を十分に含みおく必要がある。

　ビルの設備のうちテナントが持ち込んでいるケースがある部分としては、

■自社使用物件と賃貸用物件の違いと検討すべきポイント

	検討すべきポイント
自社使用	会社に応じた特殊性が高い物件がみられる →自社使用部分の賃貸が容易かどうか？
賃貸用	汎用性が高い物件が多い ただし、1棟全体賃貸の場合、特殊使用もある

店舗等が中心となる商業テナントビルに比べると少ないが、空調設備と電気設備（特にサーバールームとして利用する箇所が大きく、電気容量が大きい場合）の一部等があり、この部分については所有者資産外となるケースがあるので、担保不動産の評価を行う場合などには確認を必要とする。

2　マスターリース契約（いわゆるサブリース形態）のもの

　不動産会社等に一括賃貸され（マスターリース）、ここからエンドユーザーにサブリース契約が締結されているものは、オフィスビルに限らず、商業ビルや倉庫、賃貸マンション・アパートといったものまで幅広く存在する。ただ、オフィスビルの一括賃貸は、事業が不動産業以外の業種で、一部に本社等自社使用が入っている場合等に、その残りのフロアについて契約が掛けられているケースが多い。

　マスターリース契約には一定期間で切れるものが多く、その後については同様の契約が引き継がれるもの、またはサブリース形態の賃料の何割かを渡す形態のものとさまざまな契約がある。

　バブル期に締結された契約に限ったことではないが、賃料増額改定を前提としたマスターリース契約を時々見受ける。バブル期には建設会社や不動産会社が、将来的な賃料の安定確保を前提（増額を前提とした内容が多かった）として金融機関から融資を受けるために返済計画と合致させるようにプランを立てたという背景があった。

　当時は、オフィスの賃料が下がるという感覚がなかったため、企業や個人がこの形態で多額の融資を受けてビルを建築することが多くみられた。保有期間の返済計画に賃貸借契約をあわせたようなものが多かったが、バブル崩壊後、賃料が大幅下落し逆鞘が発生、そしてマスターリースの不動産会社がこの差額負担に耐えかねて所有者サイドに減額を要求することが相次いだ。

　当然、オーナーサイドは返済計画に大きく影響するものであり猛反発した。マスターリース契約を「総合受託方式」と解釈し、賃料の減額請求権は認めないとした。一方でマスターリース会社側は借地借家法32条1項の適用

■いわゆるサブリース形態のビルの留意点

〔利点〕
　エンドユーザーとの交渉が不要（管理が容易）
〔注意点〕
　サブリース賃貸料が下落→マスターリースの減額改定が行われる可能性

を主張し、賃料の減額請求権ありと主張した。

　この件は、最高裁の判例において、借地借家法32条1項が適用され、賃料減額請求権が認められた。このため、将来的にわたっての増額が認められるか、あるいは減額される可能性があるかどうかという点では不安定な状況にあることを認識しておく必要がある。

　マスターリース契約（いわゆるサブリース形態）の場合は、単純にその賃料を収益の基礎とするのではなく、坪単価ベース等で市場賃料と比べ高いか低いか、エンドユーザーの契約先の信用力、賃料負担能力はどうかという点をあらためて調査し、将来における変動（減額発生の可能性）の有無を十分に検討する必要がある。

3　オフィスビルの立地と賃料水準

　オフィスビルの立地としては、都市としてみると大都市、地方中核都市、地方都市と分かれ、一般的に大都市のほうがオフィス需要は高い。また、都市のなかでも一等地とこれに準ずる中心部、周辺部（副都心）、郊外部に分かれ、一般に一等地から離れるに従ってオフィスニーズが小さくなり、当然、賃料単価も下落する傾向がある。もちろん都市によってはオフィス立地の郊外化が進んでいる都市や、業務核都市、大企業に近接する場合には別角度からのニーズも考えられるが、不確定要素がないか十分考慮する必要がある。

　日本国内でみると、東京（首都）圏が圧倒的にオフィス立地として強固となっている。リーマンショック前は外資系企業も大阪、名古屋、福岡、札幌、仙台の主要都市のほか、地方都市で利回りが確保されれば食指を動かしてきた面があったが、国内の投資家を除くと、近年は東京一極集中的な色彩

が強い。また、東京圏のなかでも丸の内・大手町地区が最大の集積エリアであることに変わりはなく、これに準ずるエリアとして霞が関・虎ノ門地区や日本橋・京橋地区が存在する。

　一方で、副都心地区といわれる新宿・渋谷・池袋等の地区については周辺部的な色彩が強いものの、鉄道路線の集積もあり高い需要がみられる。近年では、東海道新幹線の新駅効果や、京浜急行電鉄の羽田空港乗入れ効果もあって、品川地区やこれに近い大崎地区等においても大規模ビルの人気が高くなっている。今後、中央リニアエクスプレスの始発駅が品川駅になる予定であり、オフィスと連動する交通施設の動向をふまえて将来予測を行う必要もある。

　いわゆるリーマンショック後に東京のオフィス需要が縮小し、同時に賃料下落が発生、これにより企業立地の都心部への移転・集約も進み、都心3区と呼ばれる千代田区・港区・中央区に集積が進んだ。その意味では、景気縮小期においても超一等地はニーズが強い。このため、景気過熱期においては、このエリアの利回りがまず大きく下がって取引価格が高くなる。ただ、これらの周辺部についてもさまざまなニーズが交錯しており、多少需要調整期間はあるものの、テナント募集努力を重ねることで新たなテナント獲得が実現してくる。オフィスビルは建物の耐用年数が長いことから、一時的な空室発生や賃料下落ばかりを気にしすぎるとマイナス面ばかりがみえ、過小評価してしまう可能性もある。その時点でのキャッシュフローはもちろん重要であるが、中長期にわたって判定する必要があり、必ず一定期間における市場賃料等の動向をふまえておく必要がある。

　大都市圏においては郊外部においても賃貸オフィスビルは存在し、主に企業のコールセンターやバックオフィスとして利用されているものが多い。比較的広い床を必要とする企業が多く、なかにはビル一括賃貸型になっているものも多い。一括賃貸の場合は契約内容や、テナント企業の信用力、分割賃貸の可能性なども含め将来動向についてバランスよく判断することが求められる。

一方で地方都市圏をみると、オフィスビルは多くが中心部に立地し、新幹線等の鉄道駅や官公庁に近接した立地が好まれる。ただ、大都市圏に比べるとテナントニーズが弱く、空室率発生に影響を与えてしまう可能性があるので注意が必要となる。都市によっては鉄道交通よりも自動車交通のほうが発達しており、オフィスビルでも、駅前よりも駅から離れていながらも幹線道路沿いに所在するもののほうが、入居率が高い場合も存在する。地方による特性を十分にふまえたうえで、有力と考えられる立地がどのようなものか考えておく必要がある。なお、郊外型立地の場合においては駐車場の確保が不

■オフィスビル立地と留意点

都市圏	立　地	留意点
東　京	中心部	テナントニーズが高く、空室率が低い 利回りが低くなる
	副都心	一定のテナントニーズがあり、空室率も低い テナントの動向を十分に調査する必要がある
	郊外部	都心立地に比べるとオフィス需要は弱い コールセンターやバックオフィスとしての一括賃貸が多い
首都圏	中心部	一定のテナントニーズがあり、空室率も比較的低い テナントの動向を十分に調査する必要がある
	郊外部	景況感によって賃料や空室率に影響が出やすい 景況感が悪化すると利回りが高くなりがちである
大都市圏	中心部	テナントニーズが高く、空室率は比較的低い 利回りは都市の規模等によって異なる
	副都心	都市圏規模によるテナントニーズがどの程度あるか調査が必要、東京資本の支社が立地するのか地場企業中心かによる
	郊外部	テナントニーズについては周辺の企業や官公庁の立地に左右される面がある
地方都市圏	中心部	都市の状況に応じテナントニーズが異なる。空室率が高いことが多く、景況感が悪化すると利回りが急上昇する
	郊外部	自動車利用の都市の場合は一定のテナントニーズがある 利回りは一般的に高く、投資適格性を吟味する必要あり

■賃料相場表の例（○○地区）

	大規模 ワンフロア1,500㎡	中規模 ワンフロア500㎡	小規模 ワンフロア300㎡
新　築	坪15,000円	坪13,000円	坪12,000円
既存（築年）	坪14,000円	坪12,000円	坪11,000円

可欠となるので留意したい。

　一方で敷地規模や建物規模、基準階部分での貸室面積の大きさが建物のグレードに影響を与えることがある。グレードが違えば当然にして賃料単価にも影響が与えられるものと考えられる。テナント仲介業者が作成する地域別の賃料表等をみると、地域ごとの規模・面積的な違いが理解できる。

　また、ビル新築による新たな床供給は、テナント需給に一時的もしくは長期的に大きな影響を与え、空室率や賃料に大きくヒットしてくる。したがって、周辺に新築ビルの建築計画が存在するかどうか常にチェックしておく必要がある。一般的な分類で規模・面積別に賃料相場をとらえる表（例）としては、上表のようなものがあげられる。

　新築、従来のビルに分けて相場を規模別に把握しておくと、実際の契約との乖離をスムーズに把握することができる。

4　オフィスビルに求められる一般的なスペック・耐震性能

　1990年代以降、オフィス環境に大きな変化がみられ、ビルそのもののスペックに対する要求が高くなり、一定水準を超えないと賃借人がつかない、あるいは賃貸料が極端に低くなることがある。ここでは一般的なスペック・規模と面積について考えてみたい。

(1) スペック

　スペックとは、建物内外部における容量やシステム的な側面の充実度を指すが、オフィスビルにおいて重視されるスペックは、近年ではさまざまなも

のにまで広がってきており、特に環境面、すなわち省エネルギー設備（LED電灯、自動点消スイッチ、中水の利用、屋上緑化）といったものまで幅広い分野で求められている。一般的なオフィスビルに求められるもの（オフィスフ

■オフィスフロア

天井高	おおむね2,750mmないし2,800mmが確保できているか
床	フリーアクセス床になっているか
空調設備	ゾーン空調になっているか
電気容量	50～80VA/㎡、データセンターであれば1000VA/㎡
床荷重	500kg/㎡～特別なもので800kg/㎡、 データセンターは1000kg/㎡

■共用部分

管理体制	セキュリティシステムの存在、警備員・管理人常駐の有無
トイレ	洋式・洗浄便座の使用、十分な区画を確保しているか
給湯室	電気式給湯器、十分な区画を確保しているか
駐車場	オフィスに必要な台数確保、入出庫の容易さ
その他	リフレッシュルーム、喫煙室、公開空地の存在など

■環境面・その他でのスペック

バリアフリー	ハートビル法適合かどうか
照明関係	LED灯の使用、自動照明の使用
水関係	中水道の使用
緑化関係	屋上緑化、壁面緑化の実施（CO_2対策、暑さ対策） DBJ　Green　Building認証制度[※]

※　日本政策投資銀行が平成23年4月より環境・社会への配慮を併せ持つオフィス不動産を供給する事業者の先進的な取組みを評価するもので、「Platinum（プラチナ）」、「Gold（ゴールド）」、「Silver（シルバー）」、「Bronze（ブロンズ）」の4段階の認証に加え、中小規模物件や築年数が経過した物件等における、環境・社会への配慮に基づく取組みに関する評価を強化したほか、現在では物流施設についても認証を開始している。

ロア・共用部分）をまとめると前頁の表のとおりとなる。

　天井高については、高経年のビルは2,600mm程度しかないものがあり、また床を上げてPCアクセス対策を行うと2,500mm程度しか確保できないものもあり、圧迫感を感じてしまう。特に昭和30年代に建築された指定容積率を超過したいわゆる既存不適格ビルに多いので留意する。

(2) 耐震性能

　耐震性能については前述のとおりであるが、オフィスビルの場合、昭和56年改正の建築基準法に対応したいわゆる新耐震基準のビルであること、または耐震診断を行ったうえで新耐震基準と同程度の耐震性能を有している、あるいは耐震補強工事を行って構造耐震指標である$Is=0.6$以上を確保しているビルのほうが、テナント誘致において優位となる。

　この流れは、平成23年3月11日に発生した東日本大震災以降強くなっており、企業によっては入居選定に耐震基準を入れる動きも出ており、ますます旧耐震基準によるオフィスビルの旗色が悪くなる結果となっている。耐震性能が低いビルについては耐震補強を行って継続的に利用すべきか、あるいは建替えのほうがもはや合理的なのかということを、常に考えておく必要がある。

5　いわゆる「既存不適格ビル」と耐震補強・建替えによる新規ビルの建設

　一般的なオフィスビルの耐用年数、あるいは使用年限は、構造、規模やグレード、使用資材にもよるが60〜70年程度であると考えられる。こうしたなかで、昭和56年の建築基準法改正による新耐震基準ビルとそれ以前の基準のビルでは構造強度の違いがあり、テナント誘致のためには、なんらかの耐震補強を行うことが要請される時代となってきた。

　仮に昭和55年竣工のビルであったとすると、平成26年は経過年数34年となるが、15〜35年程度残存年限があり、これを建て替えるには取壊費用等も多

額にかかることから、なんらかの耐震補強工事を行うことが多い。ただ、最近では一体開発によるスケールメリットが図れる場合は、取壊費用を超える利益が獲得できると判断して取壊しを行うことが多くなってきている。

一方で、昭和40年前後に建設されたビルではどうだろう。建築後約50年を経過しており、多額の取壊費用を要しても建替えが合理的と判断するのが通常と考えられる。ただ、建築基準法には昭和39年まで容積率の規定がなく、絶対高さ制限（31m規制）のみであったため、この改正前に建築確認を取得したビル、すなわち昭和40年前後のビルの場合、現行法の容積率を超過しているケースが多い。大都市の駅前や中心市街地に多く残っているが、建替えを行った場合の容積率は現行法に従うことになり、使用可能容積率が大きく下回り、床面積の減少となる。この場合に取り壊して新築することが必ずしも合理的でないと判断されることがある。もちろん、コンクリートの中性化度調査を行い、使用可能年限を十分に査定し、このうえで耐震補強工事を行うことが前提となるが、時間経過とともに外装・内装に大きな変化も生ずることから、同時にエントランスや廊下、手洗いや給湯室等の共用スペースを

■**既存不適格のオフィスビルの考え方**

現状が指定容積率を超えているいわゆる「既存不適格ビル」

↓

建物の使用容積率が現行法による指定容積率を大きく超過している場合

↓

次の点の検討 ① コンクリート中性化度の調査による使用可能年限の調査 ② 耐震補強工事費用の概算 ③ 建物意匠の改装とその費用の概算 ④ 補強・改装後の獲得可能賃料の調査 ⑤ 建物取壊費用の検討 ⑥ ビル新築による獲得可能賃料の調査

↓

補強工事・改装が妥当と判断されるか？

中心とした大幅な意匠改装を行うことが通常である。もっとも、耐震改修と意匠改装を行っても天井の低さは残ることから、獲得できる賃料は新築ビルよりも下回る可能性が高い。この点をふまえたうえで、既存不適格ビルについて耐震補強と建替えのいずれを選択するか判断する必要がある。

6 オフィスビルにおけるプロパティマネジメント業務

(1) 所有と経営（運営）の分離の必要性

オフィスビルは収益用不動産であり、当然にして利益の極大化が求められる。長期保有を前提とする投資家からみると一定以上の収益を安定的に稼ぐことは必須であり、また転売時期を探りつつある投資家にとっては、転売時期近くで純収益が高い、言い換えれば高賃料単価のビルであれば、取引において優位性が発揮できるものといえる。

オフィスビルの純収益は、事務所（一部店舗や倉庫を含む）床の賃貸料、共益費、駐車場使用料、ビルによっては空調使用料等の収益から、必要費用となる総費用、すなわち維持管理費・修繕費・PM費用・テナント募集費用・公租公課・保険料などを控除して求めるものであるから、収入部分の増大を企図し、かつ着実に余分なコストをカットすることで費用を削って、差額である純収益の幅を大きくすることが求められる。これはあくまでも「余分な」ものであって、必要不可欠な部分をカットすることと異なるものである。

このため最大の収益を獲得するためには、やはり非常に多くのテナント情報を集め、さらにはコスト意識をもつことが必要となる。通常は専門家であるプロパティマネジメント会社の活用が不可欠となる。

いわゆる不動産の「所有と経営の分離」の必要性があり、オフィスビルはいろいろな類型のなかで最も早くから分離が取り組まれてきたものと考えられる。

REITや投資法人・私募ファンドといった世界では、アセットマネージャー（AM）業務、プロパティマネージャー（PM）業務という2つの業務が

■オフィスビルにおける不動産の所有と経営（運営）の分離
双方とも重要な業務であり適切な分業が大事となる

■オフィスビルの所有者
　投資戦略、ポートフォリオ戦略などに注力する

■不動産の経営（運営）
　物的管理・会計・賃貸・総括・コンストラクション業務を第三者に依頼する

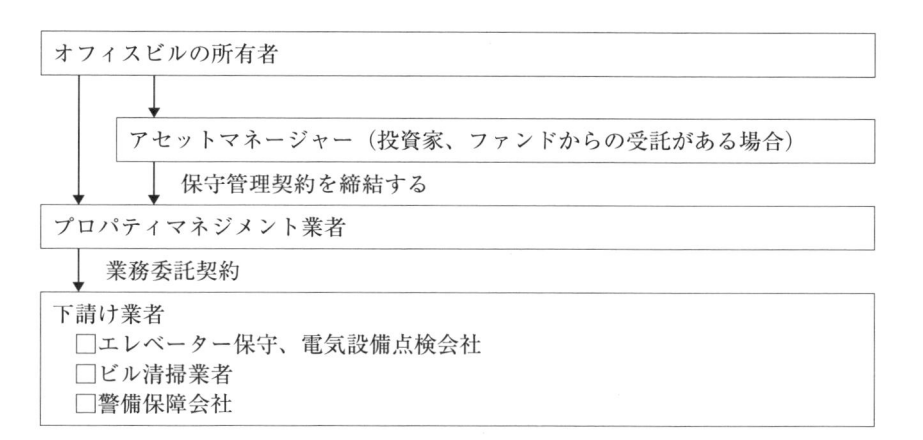

```
オフィスビルの所有者
  │
  │   ┌─ アセットマネージャー（投資家、ファンドからの受託がある場合）
  │   │   保守管理契約を締結する
  ↓   ↓
プロパティマネジメント業者
  │   業務委託契約
  ↓
下請け業者
  □エレベーター保守、電気設備点検会社
  □ビル清掃業者
  □警備保障会社
```

存在し、それぞれ別の企業が請け負っているケースが多い。これに対し、個人や一般事業法人が保有する不動産についてはアセットマネージャー業務とプロパティマネージャー業務の外注化が必ずしも進んでいないケースが多く（関係会社で処理するケースも多い）、利益の極大化が確保できているかどうかは十分に検証する必要がある。

　もちろん、プロパティマネジメント費用は、通常、運営収益の一定割合（おおむね運営収益の2〜5％程度）が必要となり、これを自社で行うと不要になる側面があるが、専門家の介在でコスト削減やビルの延命提案が可能であれば、賃貸事務所ビルの経済価値を決めるうえで大きなポイントになる。逆にいうと、適切なコスト管理とテナント募集、さらにはビル維持のための更新提案等がきちんと行われている業者を選定しなければならない。

(2) ビル管理業務の分類

　一般的なオフィスビルにおける、ビル管理業務の内容を具体的に示すと、次の5つに分けられる。これらをみると、PM会社は総括的な位置に立ち、外部業者への委託を通してビル管理業務全体を遂行することになる。

業務分類	主な業務
① 物的管理業務	□清掃衛生業務：共用部分の清掃、外壁清掃 　PM会社が清掃業者に委託する □設備保守業務：エレベーター、空調・給排水設備、消防、駐車場、受変電設備に関する保守点検、検査 　PM会社が有資格業者に委託する □警備管理業務：警備員配置、機械警備管理 　PM会社が警備会社に委託する □定期検査業務：エレベーター、受水槽等の法定点検 　PM会社が有資格業者に委託する
② 会計管理業務	□家賃・共益費の請求、入金確認 □電気料金・水道料金等の精算 □オーナーへの収支報告、会計報告に関する資料作成 　いずれもPM会社が行うのが一般的
③ 賃貸管理業務	□テナント募集業務 □契約（賃料改定、更新を含む）交渉、契約書作成 　これらは不動産仲介業者に委託する □テナント対応 □原状回復の管理 　いずれもPM会社が行う
④ 総括管理業務	□管理業務計画の企画、立案、作成 □外注業者選定 □オーナーへの事業報告業務 　いずれもPM会社が行う
⑤ コンストラクション関連業務	□大規模修繕計画の企画、立案 □建物診断（屋上や外壁、機械設備の定期的な診断） □修繕・改修の企画、立案（適切なオフィス環境を維持するために不可欠な内装改修等の提案） □修繕工事の監理・監督、請負 　いずれもPM会社が建設会社等に依頼し、独自の判断も含めた意見を所有者に提示する

7　オフィスビルの総収益（収入）と総費用（支出）

オフィスビルの収支項目についてみてみよう。総収益、総費用、それぞれの項目別に考えてみる。

(1) 総収益（あるいは収入）

通常考えられる収益項目としては次のものが存在する。

---
① 　テナント賃貸料（テナント利用による賃料）
② 　共益費（賃貸料と別に共用部分の維持管理等に要する費用相当分）
③ 　駐車場・駐輪場使用料（駐車場・駐輪場代）
④ 　付加使用料（冷暖房使用料、時間外空調使用料、水道光熱費等）
⑤ 　その他（場所貸しの、たとえばアンテナ設置料や自動販売機設置料等）

---

①～⑤の収入のうち大半を占めるものはテナント賃貸料である。したがって、この賃貸料をいかに上げていけるかがビルの価値を決めるポイントであると考えられる。オフィスビルの賃貸料は、階層や位置により単価的な差はあるが、おおむね一定の賃料水準の枠内に収まるものであるはずである。ただ、ビルが経過年数を経ていくと、契約時期によって賃料水準にバラツキがみられることが多い。

昨今の例でみると、いわゆるリーマンショック前（平成20年夏前）に契約したテナントとそれ以後に契約したテナントでは単価に違いがあるケースが多い。また、建築後20年以上経つビルの場合、長期契約のテナントは変動要因が少ないのに対し、最近の契約は短期のものも多く、相場水準にきわめて近いものになっている。このように契約当時の経済環境の背景から、契約賃料単価水準が異なってしまうことがありうる。

したがって、テナント賃貸料を分析する場合は、現在の同種のビル新規契約の賃料相場（単価）を把握し、テナントの賃料単価との差異があれば、こ

■ 契約賃貸料と相場賃料に乖離がみられるケースの考え方

経済価値把握にあたって

直ちに相場水準に調整すべきとは考えない

↓

時間の経過とともに調整される可能性がある点に留意する
■ 過去からの高い賃料が継続している場合
　改定期に留意し、引下げの可能性を考える。なんらかの理由での退去後は賃料が大きく下がる可能性があるので十分に留意する
■ 過去からの低い賃料が継続している場合
　関係会社、親族間など特殊な関係がないか調査する

の理由を解明するということを行う。

　たとえばテナント明細を作成し、単価のバラツキと契約終了期間を見比べ、いつどのテナントについて賃料改定（減額あるいは増額）の可能性があるか見極めることになる。すなわち、テナントビルをみる際には、まず周辺のビルの賃貸料・入居率（空室率）の状況、また、近隣で大規模の新築ビルの建築計画あるいは完成があればこの動向をチェックしておくことが肝要となる。

　ここでの留意点は、現時点の相場より仮に高い賃料が獲得できていたとするならば、本来は喜ばしいことと考えるが、手放しで喜ぶべきことではなく、将来において賃料改定が行われるかどうかということを十分に吟味しなければならない。悩ましいのはいわゆるサブリース形態のビルである。これについては前述のとおり減額請求がありうることに注意が必要である。

　マスターリース契約が現状の賃料水準からみて妥当な水準であれば問題がないが、20年、あるいは30年といった長期のマスターリース契約の場合、その間に現状の賃料水準から乖離する時期も当然存在する。

　もちろん、市場賃料とマスターリース契約賃料の差異の大小にかかわらず締結された契約は遵守しなければならないものである。したがって、乖離があるからといって直ちに修正を行うべきものでもない。ただ、将来的にマスターリース期間が切れた場合にどのようになってしまうのか、周辺相場賃料

をベースに考えた場合どのくらいの収入（あるいは純収益）になるのかということを深く理解する必要がある。

(2) 総費用（あるいは支出）

ビル運営を行うことによって必要となる費用を例示すると、次のものがある。

> ① 維持管理費　（清掃費、電気点検、エレベーター保守費用等）
> ② 共益費　　　（水道光熱費等）
> ③ 修繕費　　　（通常の修繕費）
> ④ 公租公課　　（固定資産税、都市計画税）
> ⑤ 損害保険料　（火災保険料）
> ⑥ 地代　　　　（借地が存在する場合）

これらの費用のうち、公租公課は通常固定性が高いもので、損害保険料についても見直しによる変動は可能であるが通常大きな変化はない。一方で、維持管理費、修繕費、共益費については、コスト削減の可能性を含んでおり、ビル運営努力、またはPM業者の能力によっては変化が発生することがある。これらの経費削減のための交渉等は、相場水準をよく理解しているプロパティマネージャーの利用が望ましいであろう。

なお、敷地の一部または全体が借地となっている場合、地代が費用として計上されるが、かつてに比べると固定資産税評価額の動きがみられるようになり、これに比例した借地契約の場合は地代に上下変動が起きうる点に留意したい。また、借地期間が長期の契約の場合は、地代が低いケースもあり、過去からの契約や地代の動き、地主との関係も十分に把握する必要がある。

(3) 資本的支出

オフィスビルは通常60～70年程度の使用年限があり、長期運用により投

下資本を回収するものである。一方で、建物は償却資産であるとともに、一定期間で躯体や設備の更新・修繕・交換が不可欠となる。

たとえば建物本体であれば、屋根や外壁といった部分は定期的な防水工事が不可欠で、電力の受変電設備、給排水設備、空調設備、昇降設備については、定期的あるいは故障箇所の部品の交換にとどまらず、大規模な修繕・交換・更新が必要で、多額の支出が見込まれるものである。

このため、長期修繕計画を作成し、実際の状況とにらみあわせながら、その計画を実施することが必要となる。このような修繕は、建築後おおむね10年程度経過した頃から発生するものが多い。長期修繕費用は資本的支出として計上されるが、この計画および費用試算は今後のビル収益に大きく影響するものである。これらを把握するためには、随時建設会社や一級建築士事務所にエンジニアリングレポートの作成を依頼してチェックを行う必要がある。

Ⅲ　オフィスビルの評価方法・留意点

1　はじめに

オフィスビルの場合、自己使用目的の物件ももちろんあるが、投資用不動産が圧倒的に多い。既存の建物の取引の際には必ず土地・建物の投資適格性を調査する必要がある。

建物については、合法性（建築基準法をはじめとする法律に適合しているかどうか、既存不適格箇所が存在するかどうか）、構造、設備、その他の箇所に問題がないか、耐震性能が高いか低いか（一般にはPML値をもとに判定する）、緊急修繕の箇所の把握とそれに要する費用の査定、さらに取得後の長期にわたる修繕計画とその費用の査定を行うため、建設会社や一級建築士事務所等

に「エンジニアリングレポート」の作成を依頼して、これを取得することが証券化不動産においては必須となっており、一般の不動産取引や融資においても作成されることが多い。

　エンジニアリングレポートには、緊急修繕費用（直ちに修繕が必要な箇所とその費用の見積り）と今後にわたって必要となる長期修繕計画とその費用の年度ごとの金額が記載されている。緊急修繕・長期修繕にかかる費用は、収益還元法の適用の際に特に有益で、原価法の観察減価においても同様である。

2　評価における基本的な考え方

　オフィスビルは収益用不動産である。したがって、不動産鑑定手法では収益還元法（DCF法・直接法を併用）と原価法を採用する。

■オフィスビルの評価手法と重要度

手　　法	ポイント	重要度
収益還元法	①　DCF法 　毎期のキャッシュフローと転売価格、それぞれの現在価値の合計をもって収益価格とする手法で、収支動向や、長期修繕計画等の反映ができる ②　直接法 　単年度の純収益を還元利回りで還元する手法である。収入・費用等は本来経年で変化するものであるが、単年度利回りによる判断ができるため、比較的容易な側面がある 　一般的には①による価格を重視して「収益価格」を査定する	◎
原価法	土地価格と建物価格を積算する方法で、再調達原価から減価修正を行い、「積算価格」を求めるもの。理論的には対象不動産価格の上限値を示すものとされている	○
取引事例比較法	ビル一体の取引価格を比準する方法である。不動産鑑定において、要因比較がむずかしいことから一般的には利用されていないが、価格帯の把握等においては有効と考えられる	△

原則的に土地・建物一体での取引事例比較法は適用しない。ただ、最近はオフィスビルの取引事例が多いため、土地・建物一体での取引事例をもとに考えることも可能と思われるが、現実の鑑定評価書をみて、一体で取引事例比較法を適用しているものは少ない。とはいえ純然たる取引事例比較法適用ではないが、対象不動産周辺の売買事例、規模、築年数といった面で類似したビル取引総額との比較を検討することは一般化しており、ビルの取引事例総額は重要な参考となる。

3　具体的な評価の流れ

　オフィスビルの評価にあたっての作業の流れをまとめると、次のとおりとなる。

第1ステップ：資料収集・整理

　正確な資料収集が評価の精度を上げることにつながるため、慎重に収集を行うことが大事である。
　□物的資料
　　■登記簿全部事項証明書（現在事項証明書）
　　■地図、公図写し、地積測量図
　　■建物配置図（法務局備付け）、建築設計図書
　　■建築請負契約（契約時の材料単価が記載されているもの）
　　■建築確認通知書・検査済証の写し（変更・増築分を含む）
　　■エンジニアリングレポート（直近時点で作成されたもの）
　　■借地があれば借地契約書（当初からの地代の推移がわかるもの）
　　■共同ビル形態であれば共同ビル建設の覚書など
　　■ペデストリアンデッキや地下鉄・地下街への入口があればこの境界や管理に関する覚書など
　□収入に関する資料
　　■各テナントの賃貸借契約書（貸室、駐車場、店舗、倉庫等）

■ＰＭレポート（または、テナント明細、駐車場収入、その他収入がわかる資料）
　　　※資料ベースとは別に、各テナントの将来動向等をヒアリングすることも重要である。
　□支出に関する資料
　　　■土地家屋課税証明書（もしくは固定資産税・都市計画税納税通知書写し）
　　　■火災保険契約書の写し
　　　■ビルマネジメント契約書
　　　■プロパティマネジメント契約書
　　　■維持管理支出に関する資料
　　　■電気設備・エレベーター・空調・受水槽・警備関係の契約書

第２ステップ：対象不動産の実地調査

□物的状況の確認・維持管理の状況の確認
　　■屋上部分の状況（防水、コーキング）、外壁部分の状況の調査
　　■屋上部分および地下部分、各階に設置されている機械設備（空調設備・昇降機・受変電設備・受水槽・排水ピット・ポンプ・非常用設備）の調査
　　■テナントフロア部分の状況の調査：空室があればそのフロアで確認する（天井高・空調・電灯・配置・電源・窓の高さ・眺望）。
　　■共用部分の状況の調査
　　　（トイレ・洗面所・給湯室・リフレッシュコーナー・自動販売機設置状況）
　　■駐車場および設備の調査
　　　（台数・設備の状況・地上部分との出入りの状況）
□テナントの入居状況の確認
　　■テナント看板等との照合・関係会社テナントの入居の状況
　　■賃料の増減の可能性についてのヒアリング
□エンジニアリングレポート（ER）を活用したチェック

- ■緊急修繕箇所のチェック
  ER作成時に指摘された緊急修繕箇所の確認
- ■長期の修繕計画のチェック
  電気設備・給排水設備・空調設備の更新状況、計画等のヒアリングと確認
- ■合法性のチェック
  建築確認・検査済証のチェックと違法使用箇所(駐車場の倉庫利用等)確認
- ■耐震性のチェック
  建築時期からの耐震性能のチェック
- ■使用資材の調査
  躯体、内装の使用資材、施工の程度の調査

第3ステップ：物件周辺地域・競争力の調査

周辺地域の入居状況・賃料水準等を調査し、対象不動産との比較を行って適正と考えられる賃料水準を判定する
- □鉄道駅、商業施設などの配置、接近性の調査
- □競合ビルの状況調査(特にビルの新築状況の調査)
- □賃料水準・空室率の状況調査
- □周辺ビルの賃貸事例調査

※自社使用物件の場合は、仮に賃貸借に供した場合に稼働できると考えられる賃料水準を検討する。なお、一棟貸しのもので分割が困難な場合は、賃料水準に留意する。

第4ステップ：純収益(キャッシュフロー)、利回り分析→収益還元法の適用

- □収入分析
  - ■テナント賃貸料・共益費、その他収入、敷金・保証金等の推移を調査→将来予測に役立てる。

- □周辺の地域の分析・賃貸市場の分析
    - ■相場賃料（ビルデータ、賃貸事例等の検証）・空室率の調査の実施
- □支出分析
    - 現状の支出について、各項目の現状分析と将来動向の調査
    - 支出削減策などのPM会社との協議
- □利回り分析
    - ■取引利回りの調査
    - ■利回りに関する指標の収集
    - （たとえば日本不動産研究所の投資家調査の結果等）
- □DCF法の適用
- □直接法の適用

第5ステップ：取引事例・建物の再調達原価の査定→原価法の適用

- □取引事例の収集、分析
    - ■土地の取引事例の分析
    - ■ビル（建物およびその敷地）の取引事例を収集・分析
- □建築費用の分析
- □エンジニアリングレポートに記載されている再調達価格の精査
- □減価額の査定
- □原価法の適用

第6ステップ：試算価格の調整

求められた試算価格を調整する。

収益価格と積算価格に大きな乖離が生じた場合は、再検討が必要となる。

4 収益還元法の適用（直接法・DCF法の特徴）

賃貸借に供されている物件は賃貸借契約があり賃料収入・共益費収入が

把握できること、また毎期かかっている維持管理費や修繕費、固定資産税・都市計画税といった公租公課、火災保険料のデータが容易に入り、エンジニアリングレポートがあれば将来的な資本的支出の査定が行えることから、各年度におけるキャッシュフローの予測はある程度可能となる。

したがって、将来予測をもとにDCF法を適用して求めた価格は、この変動予測を含めて検討しているものであり信頼度は高いといえる。一方で、単年度の純収益を還元利回りで還元する直接法は、還元利回りの設定いかんで価格が変わることから、精度そのものはこの点ではDCF法に比べやや落ちる。また、現状の契約賃貸料と市場における賃貸料に大幅な差異があり、将来的な変更可能性が高く、検討の結果修正を行うほうが妥当と考えられる場合は、賃料補正を行うこともあるが、毎期予測に比べると収益のとらえ方が大雑把な側面があるといえる。

ただ、投資家は単年度利回りによりある程度の判断を行う傾向があり、市場での動きと合致している側面がある。また、DCF法は想定要素が多く、将来的な裏付けデータが少ない場合は精度が落ちてしまう。特に、将来におけるキャッシュフローの変動の操作、たとえば賃料が上昇する、あるいは業者に費用交渉を行いコストを減少させる予測を組み入れることにより、求められる価格に大きな違いが発生してしまうため、検証を行ったとしてもある程度の恣意性が入ってしまう側面がある。

このような要素が入りにくい直接法については、DCF法による価格の検証的な面があり、必ず2手法を適用し、比較したうえで収益価格を求めることが肝要といえる。

なお、投資利回り（直接法における還元利回りやDCF法における割引率）は、J-REIT等の実績をふまえるとともに、基準となるビルの利回り（たとえば東京都心一等地のクラスAビルの利回りを4.0％とするといった指標を定める）をまず設定し、これに対象不動産の特性を加味する方法、双方を用いて査定することができ、さらに投資家サイドの意見等をこまめに聞くことで精度が上がるものと考えられる。

5　原価法の適用

　原価法は、土地・建物それぞれの再調達原価を求め、ここから減価修正を行って減価額を控除して対象不動産の積算価格を求めるものである。平成26年3月時点においては地価水準が上昇基調にある地点が多く、さらに使用資材や人件費の上昇で、建物の建築費用が上昇している側面も指摘できる。また、東京オリンピック招致が成功し、2020年に開催されることになった。これを機に建設ブーム的なものが起きると、建設コストへの影響が出てくる点にも注意したい。

6　試算価格の調整にあたっての留意点

　オフィスビルの評価にあたっては通常、試算価格として積算価格と収益価格の2つの価格が求められることになる。収益物件であるという特色を重視し、収益価格を中心に価格決定するのが一般的となっている。

　では、積算価格と収益価格にはどの程度の差異が発生するものなのであろうか。たとえばゴルフ場や日本旅館の場合、造成・建設コストが高いのに対して、収益力が低いケースが多く、試算価格のうち積算価格＞収益価格となるケースが通常で、この開差が大きく発生することにも違和感はない。

　一方で、大都市に所在する新築かつ最有効使用状況にあるオフィスビルの場合、土地価格と建物価格を加算した積算価格が、2つの手法いずれかによって求められた収益価格と大きく異なるのは、どこか不自然な感がある。なぜなら現在においては、土地の有効活用は十分に考えられており、むしろオフィスビル用地はその時点において収益性に応じて逆算されて価格が形成され取引がなされているはずである。特に大都市の場合、積算価格のうちの土地価格のウェイトが高く、建物が低いというのが一般的となっており、大きな差異が発生することは考えにくい。

　過去にはオフィスビルの価格は「積算価格＞収益価格」という事態が長く続いてきた。それはバブル期において地価が高く、不動産取引が収益性を必

ずしも重視していなかったことに原因がある。平成15年頃に金融機関の不良債権処理が一段落すると、オフィスビル需要が急激に増加し、「積算価格＜収益価格」という事象が一般化した。これは妥当か、個人的見解ではある意味理論的に破綻している面があると考える。なぜなら、積算価格が収益価格を下回るのであれば、自分で更地を買ってオフィスビルを建てたほうが、完成品を買うより安上がりという図式となってしまうからである。

　一般に不動産の収益性が上昇し収益価格が上がった場合、当然、商業地の地価についてはこれに連動して上昇する傾向があり、同時に不動産価格自体が上がる傾向がある。これに対し、建物の建築費についてはこれとは異なり、材料費や人件費といったものの側面に左右される。平成26年3月現在ではこの上昇もみられるが、必ずしも不動産価格の上昇と同様の動きをみせない。不動産鑑定評価では、土地価格を取引事例比較法で求めることが多いが、土地価格については公示地価、基準地地価を規準（規範とし準ずる）としなければならないことになっている。不動産価格が上昇した際に、市場での土地取引価格の上昇は急速に進みながらも、これらの公的な地価指標が直ちに上昇しないことはよくある。ただ、一等地の優良物件の取得価格から逆算すると、公示地価や相続税路線価の2倍から数倍といった用地取得価格が散見され、実際にこれでビルを建てても取引が成立してきている。これは、土地バブルが発生しているというものではなく、その土地上で行われる不動産事業の収益性が高いことに起因するものであり、もちろん不動産市況に価格が左右される側面は常にあるものの、高い収益力が獲得できる個別性があると考えてよいだろう。一般に「積算価格＜収益価格」という関係になっているもののなかには、本来であれば公的評価ベースを基準とした土地の価格よりも高くみるべきで、これを是正すると「積算価格≒収益価格」となるものも見受けられた。ただ、一過性のバブルのようなかたちで不動産価格、特に市場における地価が上下変動する場合、公的地価を規準とする意義は大きい面もあるため一概にはいえない。

　積算価格と収益価格の乖離が発生する要因をいくつか例示すると、次のも

のがある。

(1) 積算価格＞収益価格の場合

イ　ビルとしての賃料単価が相場賃料より著しく低いケース

　相場賃料に比べて低い賃料しか獲得できないビルの場合、一般的な収益性を勘案して求めた土地価格に建物価格を合算した積算価格を下回る収益価格となる場合がある。たとえば関係会社間賃貸で賃料が極端に低く抑えられている場合などは、本源的な収益力をみていない面があるため、収益価格を修正する余地がある。一方で、第三者に対する契約賃貸料の場合、特に古くからの長期賃貸の場合、退去が容易ではなく、また賃料を相場水準に直ちに上げることができない可能性が高いため、安易に収益価格を相場賃料相当に修正して求めることが適切と言いがたい面がある。

ロ　本来オフィスビルとして建設すべきではなく、住居系用途等他用途の建物を建設すべきであったケース

　最有効使用に合致していないことによる要因であり、収益性が低い点はやむをえないため、低い収益価格を重視する。ただし、土地価格から建物取壊費用、現状のテナント退去費用を控除した額を下回る水準であると、経済合理性に反するため、土地価格を十分に吟味して検討する必要がある。

ハ　建物が個人の趣味に走り、収益性に見合わないコストがかけられてしまったケース

　これもロと同様の考え方となる。

(2) 積算価格＜収益価格の場合

イ　ビルの売買市況が活発化しており、投資利回りが急落しているケース

　投資利回りが下がるのは一定の市場の原理であり、時価として査定する場合は、収益価格を重視すべきと考えられる。ただし、過去の利回り推移からみて極端に低い場合は、将来的な利回り上昇の可能性（値下りリスク）を考慮する必要がある。

ロ　相場賃貸料水準よりも高い水準でのテナントが入居しているケース

　契約内容を再度確認し、容易に賃料が下がらない場合は収益価格をある程度重視してよいものと考えられる。一方で、賃料下落可能性がある、または高いと判定される場合は、相場賃料での検証、さらに再試算を行うことが求められる。

(3) そのほかに留意すべき点

　イ　店舗等他の用途が入っているビルの場合

　オフィスビルといっても、1棟全体が事務所仕様のものばかりではなく、物販店舗が入居する構造のものがあり、繁華性が高いエリアでは通常低層階が店舗になることが多い。東京などの大都市部の都心の場合店舗需要は旺盛であるが、地方都市の場合少し場所が異なると需要自体が小さくなってしまうことがありうる。

　このため、店舗部分がある場合は、将来的に店舗としてのテナントニーズがあるか、よく考える必要がある。

　ロ　一括賃貸での注意事項

　構造上一括賃貸が望ましいオフィスビルも存在する。一括賃貸の際の賃料は、各階それぞれ賃料単価を設定して求めている場合と、単純に1棟全体の賃料単価を設定する場合がある。

　一括賃貸の場合、個々テナントの賃料に比べて低くなることが一般的であるため、この点に留意した賃料設定を行う必要がある。

類型 その2

日本旅館の評価

I　はじめに

　日本旅館の不動産評価手法について、拙著『不動産の時価評価』（東洋経済新報社）に記したのはいまから13年前の平成13年3月である。この当時は、積算価格主義から収益価格主義への切替えを唱え、特に日本旅館の場合、オペレーターへの賃貸形式での運営は皆無であったことから、収益力を償却前営業利益（Gross Operating Profit）で判定し、これを基準として収益価格を求めることを記載した。

　その際に日本旅館の特徴として、家族あるいは同族経営が大半で、不動産はこれらが所有していること、家業的な側面が強く、なかなか資本主義社会における産業と相いれない側面があることを述べた。この当時に比べるとさまざまな業態からの参入、特にバジェット系と呼ばれる格安価格を売りとしたチェーン旅館企業が登場したことや、金融機関としては不良債権処理から企業再生、さらには温泉街再生といった幅広い側面での取組みが行われるようになってきており、当時に比べると経営手法なども多様化した。

　また、この10年強でインターネットサイトが普及、一般化し、ネットによる価格比較、点数制度といった新たな側面での顧客選別が進んだことから、旅館経営上対応すべきポイントも様変わりしている。ここでは、まず旅館と金融機関を取り巻く環境の変化を理解し、旅館の収益本質をみることとする。

Ⅱ 旅館と金融機関を取り巻く環境の変化

　日本旅館と金融機関を取り巻く環境は、平成8～10年からの約15年間で大きく様変わりしており、この変化は下表の3つの段階に分けて考えられる。

　第1段階の平成8～12年は、いわゆるバブル期に過剰投資を行った大型旅館の経営破綻が注目された。これは、不良債権処理の名のもとで進められたもので、施設の競売という伝統的な回収手法に加え、担保付ローンの売却という方法が取り入れられ、金融機関の不良債権処理、旅館の過剰債務整理が進展した。全国的にバブル旅館として名を馳せていた旅館が経営破綻し、別の観光産業企業のもとで新たな出発をするなどの動きがみられた。

　経営破綻した旅館の再生では、屋号はそのままで、営業スタイルの変更、たとえばバイキング形式の食事と豪華客室をセットにした商品提供を行うなど、富裕層顧客から日常よりやや贅沢な滞在を志向する顧客層に軸足を移し、大規模施設への集客力向上を目指した展開を行った。大手資本傘下となり、集客力も向上するなど成功した例もみられた。当時は、高額な建築費を

```
第1段階
　平成8～12年：過剰投資の大型旅館の経営破綻
　　　　　　　　→競売・ローン売却→別会社による再生
第2段階
　平成15～18年：産業再生機構・投資ファンド主導による再建
　　　　　　　　→いわゆる第二会社方式による再生、スポンサー型再生
　　　　　　　　　一部外資によるローン購入などが実施
第3段階
　平成23年以降：格安旅行代理店からの送客の増加・ネット社会の影響
　　　　　　　　施設の老朽化の進展・耐震改修の必要性
　　　　　　　　→ニューマネーによる再生の必要性
　　　　　　　　　チェーン化の進展、老朽化から脱却できない旅館の廃業
　　　　　　　　旅館・リゾートホテルを中心としたJ-REITの登場
```

借入金で負担しており、この返済が滞ったことで、築後まだそれほど時間が経っていない物件を、初期投資額の数分の1で取得できる、いわば格安な不動産取得というとらえ方が一般的な時期であった。

　建物が豪華な旅館に比べ、建物グレードが中級ないし一般クラスの大型旅館については、施設的な魅力が低いため、格安型旅館チェーンへの吸収、さらには他業種からの市場参入で、カラオケを中心とした目的の宿泊施設に転用するなど、集客の軸足を変化させることで、収益性の向上を目指した。

　この時期の前半は、どちらかというと国内資本による買収が中心で、外資の投資家は観光産業ではゴルフ場等の購入に注力しており、旅館の買収にはまだ手が回っていなかった。ただ、ゴルフ場の投資案件が目減りするのに伴い、外資の触手は次第に旅館業へ伸びるようになり、旅館業界で大きな再編が進むのではとの観測も流れた。

　たしかに、セカンダリーで取得した企業にとってみると、取得価格（新しい簿価）は、当初の建築費をもとにした簿価に比べ小さく、過剰債務が存在した時代に比べ経営は楽になったようにみられた。しかし、たとえば当初の半額から3分の1程度までの大幅な債務削減を行っても、その後も日本経済の長期不況は続き、旅館業界においては集客のため客単価の下落が進み、立ち行かなくなるケースも少なくなかった。

　当時、旅館の再建計画は外部のコンサルティング会社が作成するケースが多く、これが旅館経営にかかわる各計数に長けていたかどうかという問題に加え、この当時は担保付ローンの売却がメインで、いってみれば新たにローン取得した債権者は担保不動産売買という処分で流動化・資金回収を目指したため、旅館再生という概念が小さく、旧経営陣が残るケースは少なかったことも影響したと考えられる。新たに乗り込んできた経営陣が、地域性の理解が乏しく、なかには旅館経営そのものを熟知していない人が就任する等の要因もあり、運営がむずかしくなった面はある。

　こうしたなか、平成15年頃から第2段階を迎える。第2段階は旅館再生を基本としたもので、当時の産業再生機構（IRCJ）が主導で、主に地域金融機

関による債権整理と旅館再生が進んだ。

　特に、平成15年に地方銀行大手である足利銀行が一時国有化されたことが大きな契機となった。足利銀行は栃木県内を中心とした地盤で営業を行ってきた銀行であるが、公的管理下において、不良債権処理が待ったなしで行われたこともあり、栃木県内の温泉旅館の大量かつ同時での破綻処理を行った。たとえば鬼怒川温泉地区だけで多数の旅館が民事再生等の手法をとることで再生手続に入ったが、これにはIRCJも入り込んだかたちでの大規模な債権カットが実施されるとともに、旅館の改装、さらには国土交通省の街並みの整備まで入り大規模な再生作業が行われた。これによりおおいなる地域活性化が実現できた。

　同時にこの頃から投資ファンドが地域金融機関と提携をするかたちで事業再生を行う例が多くなり、不動産競売、破産、ローン売却、民事再生といった典型的な債権回収に加え、ファンドを活用したいわゆる第二会社方式（旧来の会社を特別清算ないしは破算により閉鎖し、新設した運営会社により営業開始）による債権放棄という方法が急増した。

　旅館の場合、株式会社といっても資本力的に強固な企業は非常に少なく、また資金力も限られており大半が借入金で施設投資をまかなってきた面がある。借入金が大幅に圧縮できても、新たな資金流入がないと、運転資金の確保さらには設備の改善資金の確保ができず再生を目指すことが困難になってしまうため、財務内容がきれいになった第二会社で別口で融資継続を行うパターンが増加した。この場合、旧来の経営者は全員ではないが、必要不可欠なメンバーを新会社に移すことで、比較的スムーズに事業継続ができることになった。

　一方で、途中から参入してきた外資資金については、平成20年後半期のいわゆるリーマンショック前後から撤退が相次ぎ、再び国内勢が中心となってきた。ゴルフ場はオペレーションが確立しやすく、早期に営業キャッシュフローの獲得・改善が可能であったのに対し、旅館業は独特のオペレーションが不可欠で、想定を超える客単価の減少がキャッシュフロー減少へと続いた

こともあって、この業態から外資が撤退する動きがみられた。

そして、平成23年3月11日には東日本大震災が発生する。この地震後に旅館経営においては大きな変化があり、第3段階に入ったと考える。まず、震災直後日本中でいわゆる自粛ムードが蔓延し、一時的に旅行を差し控える動きが目立った。これは被災地で交通手段が途絶えたエリアにとどまらず、全国ベースに広がったが、この際に規模の大きな旅館ほど、集客の切り札として比較的客単価が低いながらも大量送客が実現できる旅行代理店に依存せざるをえない状態となった。ここで客単価が大きく崩れだしたのである。

これに加えてネット社会の普及で、顧客の旅館の選別が、インターネットサイトの旅館のポイント（得点）に左右されるようになってきた。以前から口コミというものは旅館業界の経営に大きな影響を与えてきた面はあり、これがリピーター獲得を左右した面があったが、現状では一見の客までがネットで得点をみたうえで予約をするということが一般化してしまった。ネット評価による旅館の選別に加え、料金が一覧化されてしまうことで、価格競争の激化につながった。客単価の下落がいっそう進み、売上高確保がむずかしくなった。

こうなると、「もてなし」を武器にしてきた旅館にとっては厳しいものがある。ここまで生き残った旅館にとって、人員削減や原価抑制といった面には限界があるなかで、価格・サービス評価競争が過熱しすぎるともはや旧来の形態での経営は不可能な側面さえみられるようになった。

さらに東日本大震災後には建物の耐震性能確保が火急の課題となった。折しも国土交通省はホテル・旅館の耐震化を推進しており、旧耐震基準の5,000㎡以上の特定建築物への耐震診断の実施が義務づけられるようになった。そうでなくても、平成に入ってから25年以上経過した今日、旅館施設の老朽化が一段と進んでいることが指摘されてきている。バブル期から実に25〜30年経過し、それよりも古い昭和40〜50年代に多数の大型旅館が建設されたことを考慮すると、建物は40年以上超過したものが多くなってきている。

一般に、鉄筋コンクリート造の建物の躯体の経済的耐用年数は50年程度、物理的耐用年数が65〜70年程度といわれているが、これは管理がよい場合を指し、オフィスビルなどと異なり、温泉地や海岸沿い等に立地する日本旅館はコンクリートの中性化そのものが速い可能性が高い。バブル時点で建築したものでも、現時点で経済的耐用年数の60％を経過してしまったかたちといえる。

　躯体以上に設備面は厳しく、空調設備等は通常15年からもって20年前後で取換えが必要となり、比較的長くもつと考えられる電気設備や衛生設備でもさすがに25〜30年が限度と考えると、一定の設備更新・改修が必要となる。さらに内装・意匠の問題も存在する。これはこまめに修繕などを積み重ねてきていればまだよいが、やはり大規模な意匠改装あるいはこまめな積み重ねが行われてきた旅館とそうでない旅館では集客に大きな差が出るようになってしまった。

　ここまで、特段の債権放棄等もなく頑張ってきた旅館も、さすがにこれだけの悪環境が整うと事業継続そのものが立ち行かなくなる。有力旅館についても借入金が多い場合は第二会社方式による債権カットや、高経年でかつ改修による客単価の上昇が見込めない赤字旅館については廃業の選択を余儀なくされるものが出てきている。

　平成24年12月に民主党政権から自民党政権に転換し、いわゆるアベノミクス戦略で輸出産業や海外展開企業にとっては業績への追い風が吹くなかで、国内の旅館産業が好転する要因はまだみえにくい状況にある。

　こうしたなか、平成25年7月に5物件の旅館と1件のホテルを取得資産とする「星野リゾート・リート投資法人」が東京証券取引所不動産投資信託証券市場に上場した。これは、旧来経営の立ち行かなくなった旅館・ホテルのなかで比較的高級施設とみなされてきた物件を中心に組成されたもので、不動産としての取得価格合計は150億円となっている。うち首都圏に近い軽井沢と八ヶ岳の2物件で121億円と価格的なバラツキはあるが、広範囲の施設をポートフォリオに組んだ物件として注目されている。ただ、このような形

〔類型　その2〕日本旅館の評価

態の施設をもとにしたJ-REITが次々と現れる可能性はあるのだろうか。

このような環境下での日本旅館の評価について考えてみたい。

Ⅲ 日本旅館の特性

1 「宿泊＋食事サービス」
―サービス形態の特性と昨今の変化―

　全国各地に日本旅館があるが、その最大の特徴は宿泊と食事が一体化した施設であるということである。1泊2食形態が通常であり、夕食を提供するというサービス形態は世界的に類をみない施設となっている。料金体系は夕食・朝食が含まれたものであり、日本の顧客志向の中心に「旅館は食事付きである」ということが存在する。

　和食を中心として提供する旅館サービスも世界中に誇れる日本文化であるといって過言ではない面がある。和食以外の洋食・中華料理を提供するところも存在するが、いずれも地場食材を用いる等地域的な特色を打ち出すケースが多く、旅館文化は食文化と密接に関連しているものである。

　たしかに最近では「泊・食分離」を意識した集客形態も多数見受けられるようになり、特に都市近郊では需要が多いビジネス客に対応するケースが増えてきているものの、1棟全体で夕食の提供を行わない、あるいは館内レストランで別料金をとるところは非常にまれといえる。

　一方で、食事の提供形態については大きな変化がみられるようになってきている。日本旅館が不良債権処理の過程でオーナーチェンジが進み、個人経営企業からチェーン形態での運営を行う企業に移った際に、オペレーション形態の大きな変更が行われ、従来旅館が志向してきた手間をかけるという形

態から脱却し、マニュアル化・画一化が行われた。旅行者の低価格志向もあり、コスト削減による客単価下落への対応も考えなければならないため、食事の提供形態はその影響を最大に受けたといっても過言ではない。

　今日の旅館の食事提供スタイルをみると、規模や品等、顧客志向によりさまざまな形態があるが、夕食・和食ともにバイキングスタイルを提供する旅館が増加してきている。この増加傾向をみると、旅館の対顧客志向においてかつてのような「キメ細かなサービスを重視する時代」とはかなり異なってきた印象を受ける。かつては「部屋出し」といわれる各部屋への食事提供が最上のサービスと考えられてきたなかで、思い切った方向転換がなされたと考えられる。

　バイキングスタイル導入の効果は、旅館サイドからみると人件費削減が第一にある。食事の配膳係が少なくてすみ、盛り付けも個々人が取り分けるものであることから、簡易化できる面がある。さらに、チェーン化が進み、複数の旅館を経営する企業からみると、食材の大量仕入れによるコスト削減にも効果がある。他方、顧客サイドからみると、より低料金での宿泊ができるといった点やバラエティに富んだ食事を楽しめるといった魅力がある。バイキングスタイルとはいえ、かつてのような料理を並べただけというスタイルからオープンキッチン型・ライブキッチン型のビュッフェ形態をとることで、できたての温かい食材の提供ができるようになり、一定の顧客満足度を獲得しているケースも存在する。

　もっともバイキングスタイルによる合理化・顧客満足化が図れる旅館は一定の規模が必要で、かつ大人数が収容できるレストラン会場が存在することが不可欠であり、中規模旅館等では食材費や設備の関係から困難なケースが多い。したがって、旧来の部屋出し形態が中心となるが、客単価の下落もあって使用する食材などにはかつてに比べて大きな違いが生じているのが実情となっている。

　一方で、視点を変えると「インバウンド」と呼ばれる海外からの旅行客の取込みも重要な時代になってきた。旅館への集客の中心は団体客が来るアジ

ア圏が圧倒的に多いものと考えられるが、もちろん欧米やオーストラリアから、日本文化を求めて訪れる人も多く、かつてに比べるとインターネットサイトの普及で個人の旅行客の利用もみられるようになった。政情で集客数が大きく変動することもあるが、今後国内需要が伸び悩むなかでは、海外からの旅行客を増加させることは重要な経営課題である。個々人の外国人への対応は、都市ホテルに比べるとなかなかむずかしい面があるものの、団体については集中的に送客が行われる地域もあり、その国情、特に宗教的な慣習を含めた対応が必要となってくる。また、国によってはバイキングスタイルを好む傾向もある。

　チェーン化は、不良債権処理がスタートした平成10年頃は北海道系のホテルチェーンの進出が目立ったが、最近では新たなグループのチェーンが登場する等、形態の変化が大きくなっている。

2　事業者の変化

　もともと日本旅館は個人経営によるものが大半で、運営は家業形態が中心であった。代替わりという要因はあるものの、基本的な経営スタンスを大きく変えずに、顧客対応を重視し伝統を守るのが大事であると考えられてきた。これが金融機関の不良債権処理のなかで、オーナーチェンジが行われるようになり、だいぶ様相が変わってきた。資本力のある企業による旅館購入が多くなり、旅館のチェーン化が進んでいることである。この点は個人企業であるがゆえの特色づくりから、マニュアル型の企業への転換が進んだことを意味するといってよい。

　一方で、旧来の個人経営型のものも多数残っている。個人経営型のものは、依然として借入金が多く残っている企業が少なくなく、資本力など経営基盤的な側面はチェーン化した旅館・ホテルに比べると弱い。個人経営型のビジネスであるがゆえに、連帯債務保証の存在や、赤字が発生した場合、経営者個人による穴埋めも慢性化している。

　また、旅館不動産の所有と経営の分離が進んだという印象もまだ弱く、オ

ペレーションを専業に行う業者もビジネスホテルに比べると少ないものと考えられる。同じ宿泊業でありながらオペレーション会社が賃借する形態が多いビジネスホテルと大きく異なる点で、最近では景況に左右される宴会・コンベンション等も業務に含まれる都市ホテルも賃貸形態が増加し、不動産の流動化が行われているのとは対照的である。

　集客・運営の大半が経営者に一任されていることから、集客、料飲、宿泊、観光といった幅広い分野に知識と経験をもった経営者がいないと運営が不可能な業態といってよい。したがって、収益力は経営者の双肩にかかっているといっても過言ではない。いわゆるバジェット型などといわれる低価格志向の旅館においては、客室係をほとんど配置せず、食事提供も会場によるバイキング形式という形態をとることで、一定のマニュアル化が図られている面があるが、こうしたケースはまだ少ない面はある。

　地方圏において観光産業は雇用の中核であり、そのなかでも特に旅館は多くの従業員を雇うなど、社会的な意義をもつとともに、地域経済の中核施設になっているケースが多い。首都圏における景気の急回復がみられるなかで、地方経済は停滞したままの面があり、近年では旅館経営問題は、もはや温泉街、都市を交えたより大きなスケールで語られるまでに至っている。

　実際に旅館の売買を行う際の価格決定根拠は、M&Aであれ不動産購入という形態であれ、GOPまたはこれに類したEBITDAをもとに算出しているケースが多いとみられる。旅館は収益施設であり理論的には正しいものと思われるが、ここまで景況感が悪い時期が長く、また客単価のデフレスパイラルから抜け出せないでいる旅館の実情をみると、不動産評価額として算出する場合以上に厳しい水準で取引が実施されていることも考えられる。

3　収益用不動産としての特性

　日本旅館は、収益用不動産である。したがって、立地や施設のグレードなどといった諸条件からその生み出す収益が異なるものであるが、オフィスビルや賃貸マンション、あるいは同じ宿泊業でもビジネスホテルとは異なり、

料理提供を原則とした運営形態であることから、収益の源泉に宿泊に加え食事という要素が強い点が特徴といえる。

また、経営専業業者が少なく、関係会社間やオーナー一族間での賃貸はあるものの、ビジネスホテルのような純然たる賃貸物件としての収益認識よりは、運営による営業利益を基礎に考える必要がある。これは、営業利益について負担能力を加味して賃料形態に置き直すかたちで収益還元法を適用するにしても、賃貸事例も少なく実際のオペレーションによる収益の分析が不可欠といってよい。旅館業は複雑かつ休みがなかなか確保できにくい側面があり、依然として高度なオペレーション能力が求められるものと考えてよいだろう。

旅館については、過去および現状の経営状況の分析は、客単価や稼働率、その他一定の指標は整備されており容易であると考えられる。ただ過去のトラックレコードは重要であるが、個人的な経験則でみると、経営改善による営業収益獲得の可能性を秘めている側面があると考えられる。したがって、今後の改善策や最大の売上げ・利益確保のための方策を検討する必要があるものと考えられるが、これを打ち出すのは容易といえない面もある。

経営能力という意味では、個人経営型の旅館の場合、顔となる「女将」の存在が依然として非常に大きい。一部に例外もあるが、女将の裁量で旅館の運営の良否は決まるといって過言ではない。もちろん食事部門には調理スタ

■日本旅館の収益認識に関して

宿泊と食事が一体化したビジネススタイルである
→食事提供において一定の高度な能力が要求される
　　（**経営能力に左右される面あり**）

↓

賃貸形態による旅館は少ない（「所有」＝「経営」）
→賃貸形式が大半となりつつあるビジネスホテルとは異なる

↓

収益認識は賃料ベースではなく営業利益ベースのものとなる

ッフを統括する調理長が食材仕入れから調理・盛り付けまでを担当することになり、また客室係、パブリック部門の従業員とさまざまなスタッフが存在し、それぞれの部門に運営責任者は置かれている。

　ただ、実態をみると、女将が旅館の食事から宿泊までのサービスの統括を行っている形態のところが多い。これは個人経営型の旅館の場合、女将を中心とした家族経営業態が合っていたという側面がある。家族経営を中心とする形態であると、人的側面の限界から地域を超え多数の旅館を運営するということはむずかしく多店舗はできないが、地に足をつけた経営が可能というメリットもあり善し悪しがある。

　その意味では、新たなオペレーター形態ともいえるチェーン化した旅館は、管理体系は系統だっているものの、旧来の女将を中心とした日本旅館の路線とは一線を画したものになるものと考えられる。

　さて、収益力を基準に旅館の経済価値を判定していくと、いわゆる土地価格に建物価格を加える積算価格と、収益価格との乖離の大きさが目立つのが一般的である。これはもちろん建物における過剰投資が原因という側面はあるが、もうひとつの側面として、旅館を家業とした個人企業の立場からみると土地の新規取得を行わず建物のみの投資を行うだけですんだという点がある。

　もっともバブル期には用地取得を行ったところも多数あり、その意味では甘い収益計画を立てていた点は否定できない。ただ、用地取得がない場合は、投資は建物など土地以外の資産に対するものだけですむ。

　このため、土地の新規取得を前提としたものでは成り立たないものが多く、土地・建物の一体での収益力が低くても十分成り立つと考えられた側面はあった。これでは、土地・建物の積算価格では採算が合わないのも当然で、積算価格より大幅に低い金額でしか売買が成立しない問題点はここにあり、この点ではゴルフ場と類似していると考えられる。

　さて、やや見方を変えると、旅館は個人経営的な色彩が強いながらも、事業拡大を目指すとともに規模の拡張が図られた。バブル期の融資拡大期においてはこれを金融機関が後押しした。客室数が増加すると、集客（営業）能

力を求められることになるが、自社営業ではなかなかまかないきれないのが現実である。

　現在、優良な経営を行っているとされている旅館は自社営業で集客が可能なところが多い。特徴として、インターネットによる集客比率が高いところは、利益率が高い傾向がある。一方、大半の旅館は集客を代理店からの送客に依存し、さらに団体客獲得を志向してきた。ただし、全国ベースでの集客能力をもつ旅行代理店に顧客獲得を依存するという集客構造にも異変が起き、団体客が激減した。現在では少人数または4〜10人程度のグループ旅行（旅行者のダウンサイジング化による）が主体となっているが、施設的な面でこれに対応できていないと集客が厳しく営業利益が低くなってしまうのが一般的である。

　一定の規模がある旅館において、集客力向上のためにとられてきた施策について、実例では次のようなものがある。

---

① 宿泊のみの利用を一部客室で実施する。また、食事付きを前提としても、できるだけ提供形態等は選択制を採用している。
② 団体客向きの客室構成から個人客向きの客室構成への転換を順次行っている。これは客室定員を減らす一方で客単価向上を志向する。ただし改装工事にコストがかかる。
③ 日帰り客や外来客をターゲットとした施設の増設や転換を積極的に行っている。これは日帰り入浴パックの設定だけではなく、岩盤浴施設やエステ施設の導入等に至っている。改装にコストはかかるが比較的小さい。
④ イベント開催等による宴会場などの稼働率向上策の検討
⑤ 一人客の受入れを実施する。当初は、客室は添乗員等が利用していた洋室等を活用するなどが主だったが、最近では一般客室を活用するケースも多い。

ただ、最大の戦略に自社によるネット集客力を高めるという課題がある。ネット集客は、代理店経由に比べると手数料相当分利益率（一般的に数％）が節約できることから、多少の付加サービスをつけてもこの比率が高いほうが営業利益率向上につながる。

> 最大の収益力向上策
> 　自社販売部分の強化→今日ではインターネット販売比率を上げる。

この点で徹底しているのは、バジェット型といわれる比較的価格選好性が強い顧客向けのチェーンホテルで、集客の中心をインターネットとし、手数料などのコストを削減している。インターネットサイトで保有している全国の旅館をタイプ別に顧客が分析できるようにして、選択できるなど工夫をしたホームページを用意しているのが特徴である。

ただ、ネット社会の問題点としてあげられるのが評点主義である。旅行系のネットサイトは、各社とも口コミを掲示板として用意しているとともに、宿泊後のアンケートを集め、これに評点をつけるようにしている。大手旅行代理店もネットサイトの予約があるが、この評点がネット以外の通常の送客にも影響しており、ネットの得点を上げることが至上命題的な状況になっている。もちろん多くの情報により改善が進むことはよいことであるが、過剰かつ辛辣な意見の掲出などネット社会がもつ特有の問題点もあり、対応に気をつけたほうがよい面がある。

ネットサイトによる価格一覧性より、顧客が低価格選択を容易にできるようになり、これが一定以上のサービスを謳って集客を行い比較的高単価帯の旅館の単価引下げにつながった点も指摘できる。

4　施設面からみた特性

旅館の施設面からの特性を整理してみよう。施設の大小で付帯施設に変化はあるが、大規模ホテルの場合、喫茶ルーム・飲食店舗・カラオケスナッ

ク・売店といったものがパブリック施設に備えられており、一部は外部テナントへの賃貸形態をとっているものも存在する。この場合の賃貸料は定額型と売上歩合型（あるいは定額＋歩合併用）の2タイプが存在する。小規模旅館でも売店などの施設はあるのが一般的といえる。

　さまざまな付帯施設があるにもかかわらず、大半の旅館が宿泊客もしくは宴会客をメインに施設構成がなされており、都市ホテル的な機能をもつ旅館でも、外来の飲食や喫茶利用のみを受け入れる形態になっているところは少ない。また最近では日帰り入浴利用を受け入れている旅館でも、専用の休憩室等を備えたところは少ない。もともと外来客を幅広く受け入れる発想でつくられたものは少ないため、大型施設でありながら日中利用が少ないのが特徴といえる。

　客室形態は、和室が大半となっている。最近では、ベッドスタイルの客室をつくるところも出てきており、改装を機に和風を意識した比較的特徴のあるベッドを備えた客室もある。むしろ畳に座ることよりも、いすに腰掛けることのほうが楽だと考える高齢者も多く、付加価値がある客室として販売できるケースもある。

　日本旅館の多くは温泉旅館である。したがって旅館サービスの特徴としては食事とならび大浴場の存在がある。「日本旅館≒温泉旅館≒温泉」という観念は定着しており、この集客の中心ともいえる大浴場の良否は旅館の売上げや収益に大きく影響するものと考えられる。どの温泉旅館も大浴場、特に露天風呂については凝ったつくりのものを設置するよう心がけている。

　一方で、客室に浴室が付設されているものが多く、特に高級志向のホテルでは必須となっている。近年では付加価値のある客室として、露天風呂付客室へ改装するケースも多い。

　バブル期までは、大型投資を行い顧客囲い込みのために建物内にさまざまな施設を備えるほうがよい戦略といわれ、大型館＝地域一番館という図式が一般的であったが、これがかえって過大投資の元凶になり、多額の借入金を必要とした。大型館の登場により中小旅館が廃業に追いやられるケースがあ

り、またかつては温泉街を形成していた周辺の物販・飲食店舗も閉鎖され、温泉街自体が衰退してしまうケースも出てきた。当の大型旅館も経営破綻で閉鎖されてしまう事態に見舞われると温泉街自体の再生は相当困難なものとなる。

平成10年以降の旅館で大型旅館の新築はほとんどなく、中小規模のものが中心となっている。また改装についても大改装ではなく、小規模な改装を繰り返すパターンが中心となっており、施設の老朽化も進んでいるのが実情である。

過去からある大型旅館と最近建築される旅館の違いにはどのような点があるだろうか。また、大型旅館の改装はどのような点を中心に行われているのかみてみたい。

□旧来型の旅館の特徴
■容積率が高ければ高層建築物が一般的で、高級志向のものも高層型のものが多い。
　→客室数が多いため、客単価を下げた設定の旅館に転換しているケースが多い。
■パブリック施設が充実している（ただし宿泊・宴会客限定型）。
　→カラオケスナック等は、ボックス型のものに変更し、少人数利用ができるように改装している。飲食店等で利用者が少ない施設については閉鎖しているものも多い。なお、外部利用向けに転用したものは少ない。
■客室構成
　① 5人定員の団体志向型が多い（定員利用の場合1人当りの占有部分は小さい）。
　② 和室中心（一部に和洋室タイプもある）
　③ 浴室はユニットタイプが中心
　→露天風呂付客室も登場している。
　④ 特別室等の存在

〔類型 その2〕日本旅館の評価

→定員利用が減少しており、2人利用等での対応が増加している。
- ■大浴場

  大型志向が一般的

  →もともと露天風呂がない場合は増設する例が多く、また新たな時代ニーズにあわせた浴場増設を行っているものが多い。

□近年建築の旅館の特徴
- ■低層型のものが多く、客室数を少なくして過大投資を避けている。
- ■パブリック施設は、採算性の悪い軽食コーナー等を省略しており、外来を取り込めるレストラン等を併設する方向となっている。
- ■客室構成

  ① 個人志向型が一般的

  ② 和室中心に大きな変化はない（いす対応のものやベッド対応のものは増加）。

  ③ 2人客ターゲットのものが中心で、和風ベッドを備える等の工夫もみえる。

  →1人当りの専有面積は格段に広くなった。

  ④ 客室浴場がないものが出てきている。

  →大浴場に特色がある場合や家族風呂がある場合には、あえて客室風呂を用意しない。

  ⑤ 価格帯が高い設定のものは露天風呂付が増えている。

- ■大浴場

  ① かつては施設面での大規模志向が高かったが、現在は少なくなってきている。

  ② 露天風呂を併設する傾向が強かったが、かつて併設された露天風呂よりも格段に雰囲気がよい施設が増えてきている。

旅館は、以前から建物の増改築が頻繁に行われているものが多く、これが館内の構造を複雑にしている。増改築はリピーター確保のためといわれているが、これからは予算的な側面から改装が中心になるものと考えられる。特

に建築後30年を超えた旅館が多くなっている現状、目にみえる部分の投資が不可欠な状況となっている。一般的にはエントランス・フロント部分の改装によるリニューアルアピール、宴会場については宴会自体のダウンサイジングもあり、小規模から中規模のものに対応できる施設への転換のための改装が不可欠といえる。

一方で、客室については、客単価が大きく下がってきていることもあり、大きな改装予算がつきにくいのが実情で、ふすまや壁紙の交換と柱のサンドペーパー掛け、一部調度品の交換にとどまるケースが多い。テレビは地上デジタル放送への転換期に買い替えたものが多いため比較的新しいものが多いが、エアコンについては耐用年数を超過したものも多く、セントラル形式の施設の場合でも、コスト削減と交換の手間から家庭用エアコンに変更しているケースが増えている。

Ⅳ 日本旅館の分類とその特性、留意点

日本旅館の特性として、「泊・食一体型施設」であり、また温泉を中心とした大浴場の存在、収益構造の現状等を述べたが、旅館の収益性を分析するうえで、まずセグメント分けを行い、これに合致した営業戦略・客室改装戦略を立てていくことが不可欠となる。ここでは、日本旅館の分類とその特性を整理したい。

1 規模による分類

さまざまな分類形態があるが、大規模、中規模、小規模と分けるとおおむね次のとおりになる。

	客室数	特　性
大規模	おおむね 100室以上	・もともと団体志向型に設計されている ・パブリックスペース（宴会場、コンベンションホール、売店、カラオケスナック、飲食店舗）が充実している
中規模	おおむね 30〜99室	・構造的には団体志向型の設計が多い ・パブリックスペースもある程度確保されており、宴会場の規模が大きく充実しているケースが多い
小規模	おおむね 30室未満	・個人客志向のつくりとなっている ・パブリックスペースは高級旅館の場合付設しているが、一般クラスのものはあまり付設されていない

2　グレードによる分類

　地域の実情にあわせ、おおむね「高級」「中級」「普通」の3つに分類される。これに近年ではバジェット型といわれる低価格型旅館を新たな分類として加える必要がある。これは、破綻した旅館を購入して再生させたチェーン型旅館で、食事はバイキング形式とし、施設によるが年間均一料金での販売を行っている形態も多い。予約は代理店経由ではなく、インターネット経由を中心とし、主に個人客をターゲットとしたものである。

　不動産取得価格が新築に比べ低く、思い切った価格引下げが実現できているところが多く、価格面での訴求性は強い。営業政策上、全国、あるいは地域での料金均一を謳っているところも多く、実際の施設グレードと料金が必ずしも合致しないところも出てきている。

3　規模とグレードによる分類

　次に規模・グレードで分類したものを複合的にとらえてみる。

(1)　大規模旅館の特性

　大規模旅館には、高い集客力が求められる。自社集客力、代理店を通した

集客力の2つがあるが、収益性を考えると自社集客が最も効率がよい。近年ではインターネット販売が最大のツールとなっており、ネット比率が35％程度のところもみられる。ただ、ネットによる集客は安定性に限界もあり、特に団体の送客は代理店との関係の深さも重要になる。自社営業の場合、旅館外に営業所を設置する必要が出てくるなど営業所経費がかかることから、代理店に支払う手数料とにらみ合わせながら、集客設定をする必要がある。

インターネット以外にテレビ広告、新聞広告という方法がある。テレビ広告は15秒程度のものが一般的で、相当回数の放映がなされないと印象づけられない可能性が高いため、複数の大規模旅館を経営する企業でないとなかなか取り組みにくい。一方で新聞広告は高齢者を中心に効果が認められるが、ターゲット地域を絞ったかたちでの広告掲載が不可欠で（範囲が広いと掲載料も高い）、商品や価格訴求性が小さいと見落とされたり、かえってよくない印象を与える結果になりかねないので慎重に対応する必要がある。

グレードとあわせた場合の留意点は次のとおりとなる。

□大規模高級旅館の留意点

本来であれば、大規模と高級というのは相いれにくいものである。特に旅館は料理について規模が大きくなるほど配膳距離が長くなる等の問題も生ずる。集客がむずかしい場合は客単価を下げる必要があり、なかには食事形態をバイキング形式にしたものも存在する。なお、一般的には高級旅館としての規模は数十室までが限界と考えられ、規模とサービスが相いれない側面があるだけに、経営戦略的には厳しい面がある。

□大規模中級・普通旅館の留意点

全国ベースでみると、施設やサービス面での特色が打ち出せるかどうかが経営上のポイントとなる。ただ、施設面での老朽化が進んでいるところが多く、集客の中心を比較的低価格での商品提供を行うツアー会社等に依存しなければならない面が強く、コストカットとの戦いが中心となる。代理店依存度が高いところは、ネット集客に注力するなどして自社集客向上が不可欠といえる。

(2) 中規模旅館の特性

　中規模旅館は、団体客を志向しつつも、個人客をも取り込むことができるため、集客幅が広くかつては営業戦略面で最も優位な側面があるといわれてきた。最近では、複数層の顧客が交じるためターゲットを絞り込めず経営的にむずかしい側面が出てきている。もともと、集客の中心が代理店依存型となっているケースが多く、現在では代理店もネットサイト評点で送客を決めているところが多いため、この得点向上策をとることが不可欠となっている。

　また、最近では大規模旅館が価格引下げ攻勢を行っており、これに対処できなかったところは、売上高を大きく減らす結果となっている。何よりも集客のために旅館の「売り」的なものが必要で、これを中心とした運営が求められる。自社インターネットサイト等を活用してできるだけ代理店送客に依存しない経営が必要となる。

□中規模高級旅館の留意点

　かつては規模的にみて高いサービスを提供することで、高客単価が実現できると考えられてきた。一方で、かねて高いサービスを求める個人客と、団体客が混在し、高い顧客満足度が得られるか疑問が呈されてきた。

(3) 小規模旅館の特性

　一般的に家族経営で十分まかなえる規模の施設が多い。ただ、小規模かつ高級旅館については顧客の嗜好性が高く、設備、料飲にとどまらず、キメ細かいサービスが求められる点に十分注意したい。この嗜好性を十分にとらえた旅館は、過大投資を行っていない限りしっかりとしたユーザーがついており、景況感の影響を受けるものの、一定の稼働率と売上高の確保ができている。

　なお、小規模の中級、低価格帯旅館については、一定の顧客が確保できているところはよいが、多くの借入金が残っている場合などは、旅館業として継続することが困難と判断されるケースがある。この場合、経済価値判定の基礎は、旅館を運営することによる営業利益を基準とする価値よりは、住

宅、旅館の従業員寮などへ転用するケースも多いので注意したい。
□小規模高級旅館の留意点

小規模高級旅館は高度な経営力量が必要となるのはいうまでもない。食事や接客サービスについては以前にも増して厳しい目でみられるようになっており、ネットサイトへの掲出による影響度は高い。客単価は高いもののスケールメリットの追求ができないため、売上高総額は大規模旅館等に比べると小さい。このため、戦略を少しでも読み違え顧客が減少すると、施設維持のための売上高確保ができず、廃業に追い込まれることが多い。

V 日本旅館における温泉権 （担保不動産として考える場合の留意点）

　日本旅館の大半は温泉旅館である。ここでは温泉について、少し考えてみたい。

1 泉源

　温泉は、温泉法（2条）の定義では「地中からゆう出する温水、鉱水及び水蒸気その他のガス（炭化水素を主成分とする天然ガスを除く。）で、別表に掲げる温度又は物質を有するものをいう」と規定されている。

　日本は火山国であり、全国各地で温泉が湧出している。ただ、温泉は湧出が必要であり、科学的な製造ではないため、泉源がないと成立しない。このため泉源が重要となる。一般に温泉旅館は、自社でこの泉源を保有しているケースと温泉組合から供給してもらうケースの2パターン（あるいは自社で泉源を保有していても組合に供出してここから再配給されるケースもある）が存在する。

> ① 温度（温泉源から採取されるときの温度とする）摂氏25度以上
> ② 物質（別表に掲げるもの）

　温泉は湧出しているものとはいえ無限に湧出する保証はどこにもない。過剰な採取は泉源枯渇を早めることになるほか、大地震による地殻変動、大雨等でのがけ崩れ等で地下水脈に変動があると出なくなることもある。

　日本旅館における浴場施設は大きな営業ポイントになるものであり、多数の浴槽の設置は集客の大きな起爆剤となる。ただ、無尽蔵にお湯が出るわけではないので、提供サイドとしてはなんらかの加工が必要になる場合が存在する。これらの形態をまとめると次のとおりとなる。

方　式	特　徴
源泉かけ流し	豊富な湯量が確保できる旅館でのみ可能なものである 温泉愛好家等はこれにこだわる人が多いが、大規模施設では現実的に困難であるため、循環ろ過装置等が併用されている
循環方式	定量のお湯をろ過、再加熱して再利用する装置が循環ろ過装置である。大規模の浴槽ではこの装置が入っている レジオネラ菌の感染が問題となり、塩素消毒を施すことで減菌を行っているが、塩素臭がややきつく感じることもある

　温泉は摂氏25度以上ということになっているが、通常の入浴は40〜42度が適温となる。一方で泉源の湯温はこれとは異なるのが通常なので、なんらかの処理が必要となる。通常、泉源の横に浴槽があるわけではなく、温泉管を通ることによって、湯温は変化するため、適温とするためになんらかの加温や加水を行うことがある。

　高温の場合、配管距離や竹等を使って温度をうまくコントロールし、適温に加工するこだわりの旅館もあるが、少数派といってよい。また含有物質によっては刺激性が強く、加水を行わないと浴用として利用できないものもあ

る。

　なお、泉質以上に気をつけなければならないのは、加温を行うとボイラー経費（重油またはガス代）がかかり、加水を行うと水道代が余計にかかることになるため、経費が跳ね上がる。

2　温泉権の概念

　では、泉源からお湯を供給するためにどのような権利が必要となるのであろうか。一般に温泉権と呼ばれる、温泉を採取する権利について考えてみたい。

　これは法に規定されたものではなく、慣行的に認められたものであり、地域や温泉地によってその扱いは大きく異なる。複雑ではあるが、一般に認識されている権利関係はおおむね次のとおりとなる。

形　態	特　性
所有権	□源泉地を所有するケース。1坪程度を分筆し、「鉱泉地」として登記しているものが多い。気をつけたい点としては、登記地目上「鉱泉地」となっていても、実際に湯が出ているかどうかは確認する必要がある □すなわち、土地の所有権と湯口権は別個に取引されることが多いため、分筆して所有権部分があるからといって直ちに温泉の採取権があるかどうかは調査する必要がある □取引の際には、契約書上に温泉権を含む記載が必要となる
湯口権	□湧出するお湯を採取する権利を指す（源泉権とも呼ばれている）
引湯権	□温泉組合や公共団体等から温泉を引いてもらう権利をいう □地域によっては各旅館が所有する温泉をいったん採取し、ミックスして分配するものもある（ミックス泉と呼ばれている）

3　温泉権の確保

(1)　取引形態

　では温泉権の取引はどのようになされるのであろうか。まず注意したいのは、温泉権自体は必ずしも土地の所有権に随伴しない点である。すなわち土

地の所有権移転に必ずしも温泉権も付随することを意味しないということである。別途なんらかの手続が必要である場合があることを認識してほしい。

温泉組合等がもつ引湯権の場合、譲渡制限がついているケースが多く、実質、現状の組合員以外の新規参入を認めないようなものも存在する。

(2) 権利の主張

温泉権は所有権に必ずしも随伴しないため、物権的な効果はない。したがって、第三者対抗要件はなく、権利主張をいかに行うかがポイントとなる。地域によって異なるが、組合などの台帳への登録（温泉台帳等と呼ばれている）、公正証書の作成といったものがひとつの方法である。ただし、確実ではなく地域によってその慣行が大きく異なる点に留意したい。

(3) 権利形態の確認

所有権と異なり、権利保有形態の確認は慎重に行う必要がある。通常は以下の方法が考えられる。

---
① 所有者（あるいは温泉事業者）に対する聴聞
② 温泉組合や行政機関（市町村役場など）への確認（温泉台帳）
③ 他の旅館へのヒアリング

有名温泉地では温泉台帳の整備が比較的なされており、確認が容易なケースもあるが、これは全国的に整備されているものではない。

Ⅵ　評価手法の研究

1　日本旅館の購入者層

　さまざまな類型の不動産があるが、物件の流動性という観点からみると、日本旅館は最も流動性が低い（買い手がつきにくい）もののひとつであると考えられる。なぜなら前述のとおり、日本旅館はもともと個人経営から出発したものが多く、他地域からの参入をなかなか受け入れない地域性や温泉街の風土、さらに食事サービスが一体化した宿泊施設であるがゆえのオペレーションのむずかしさといった点が買い手がつきにくい理由であったと考えられる。かつては、同業者による購入が一般的で、地域一番館的な旅館の経営者が同一温泉内や近隣温泉地の旅館の売り物を購入するというケースが多かったが、これはノウハウの特殊性や事業の閉鎖性が大きく影響しているものと考えられる。

　ただ、最近時、以下のような傾向もみられるようになっている。

　□日本旅館は転用がむずかしい

　　日本旅館≒温泉旅館と考えると、老人ホームなどへの転用を考える人もいるかもしれないが、数度にわたる増築が行われ、またバリアフリー概念がまったくない館内および客室構造をみると、このような施設への転用は現実には困難である。施設が大きい場合、建物解体を行うとこのコストが高く、土地価格を上回ってしまうことも考えられる。仮に更地化が実現できた場合でも、日本旅館の立地は山間部もしくは温泉街が中心で、マンションや医療施設へ転用がしにくい側面があり、取壊し前提での購入も少ないのが実情ではなかろうか。

□施設の老朽化＝長期利用が困難

　日本旅館で、バブル崩壊後に建設されたものは中小規模のものが中心で、初期投資額が小さいこともあって、運営上比較的良好なケースが多く、売り物にあがるケースは比較的少ない。一方で、大型施設の売り物は多いが、いずれもバブル期以前に建設されたもので、50年近く経過したものも多い。

　市街地のオフィスビルやマンションの場合は長期修繕計画のもと、屋上防水・外壁改修、内部設備としては空調・電気・衛生設備の更新修繕を適宜行っているが、日本旅館においてこれを適切に行っているところは非常に少ない。また、温泉地や海岸沿い等の立地では耐用年数が短くなることも考えられる。施設の老朽化が進んだことで、購入後に新たな建物改修投資が必要になる可能性があるため、購入に踏み切れないケースが多い。

□客単価の下落による営業利益の縮小

　経営が行き詰まった場合の転用方法がないこと、さらに施設老朽化により建物維持のために新たな資金が必要となる可能性があるなかで、旅館の営業環境はあまりよくなく、いわゆるリーマンショック直前の平成18年から20年にかけて客単価の上昇の兆しがみられたものの、その後下落が進んでいる。大規模旅館の場合、客単価の低い旅行客で客室を埋めると、稼働率が高くても営業利益が小さくなってしまう傾向にあり、投資家が志向する投資利回りが確保できない可能性がある。

　このような現状で、実際にどのような人たちが旅館を購入しているのであろうか。かつては有名旅館を、外資系のファンドがローン買取りなどをもとに取得し、従来の経営者や大手の事業者が協調して運営するケースもみられたが、必ずしもうまくいかなかった。かつてに比べるとその投資層は着実に広がったものの、ビジネスホテル等の宿泊施設に比べると外部委託の範囲に限界はある。

　少ない実例ではあるが他の用途転用を前提とする業者も存在し、この場合

の購入者としてはマンション業者、老人ホーム関連の業者が主流となると考えられる。また、転用できる他の用途という意味では他の旅館の駐車場や従業員寮もあるが、これは主として地域の有力旅館による購入が中心となる。しかし、現状の旅館の取壊しや改築等の作業に多額の資金が別途必要となるため、件数的に目立った数には至っていない。

2 評価手法

　評価手法は、収益還元法と原価法を採用するが、価格決定は収益価格が中心となる。一般に、日本旅館は設備投資の額の大きさに比べると、収益力が低い。したがって、原価法によって求めた積算価格に比べると、収益価格はきわめて低い（半分から10分の1程度の場合もある）。

　収益価格の基礎となる収益は、旅館の賃貸形式が少ないこともあり、償却前営業利益（GOP）を主体に考えるのが一般的である。J-REITに上場できる水準の旅館であれば賃料設定を行い、これを基準とすることもできるが、この基礎には営業利益がある。したがって、この分析が不可欠となる。

　一般に企業の営業利益は、現在または過去のトラックレコードをもとに行う。しかし、日本旅館の場合、これでよいのだろうか。実は旅館事業そのものを見直すと、さまざまな改善点が多いのに気づく。特に個人経営型の旅館の場合はこの傾向が強く、営業戦略や集客ツールの変更による売上高の向上と手数料の減額、コストカットは最近どこでも行われているが、バランスのよい人員配置と費用支出が行われているかどうか微妙な側面もある。このため、一般の事業会社分析以上に丁寧な分析を行う必要があるとともに、営業利益の査定は、改善可能性を適切に見立てて行う必要がある。

　個人的印象かもしれないが、昨今の旅館取引をみるとかなり低い水準での売買も目立つように思える。もちろん買い手が少なく、賃貸マンションやオフィスビルといった投資用不動産として典型的なものに比べると営業環境そのものも読みにくく、また構造的に改善の兆しもみえないなかでの売買であるから、低い価格での売買は仕方がない側面もある。しっかりとした経営者

が、適切な経営ビジョンと収益計画・目標にのっとって事業を行っている旅館については、十分検討・検証を行って査定を行うことが求められるだろう。

したがって、評価を行うにあたっては、実地調査において施設の状況を詳しく調査するとともに、歴史的背景、集客体制（団体中心か個人中心か）、売上構成（宿泊・宴会・付帯の割合とその額）、単価の流れ、稼働率の見込みをヒアリングして、強み・弱みを適切に判定するとともに、競合施設の状況等も整理する必要がある。

3　収益還元法による評価

日本旅館の収益還元法による評価は、もちろん賃貸借契約が締結されている場合は、この賃料を基準として考えるべきものと思われる。もっとも、賃貸借契約に同族企業間やオーナー旅館間といった特殊要因が存在する場合は、賃料負担能力から比較して適正かどうか考える必要がある。

このため、収益性の分析・判定の基礎に、金利支払前、減価償却前の営業利益である「GOP」を中心とするのが一般的と考える。さて、ここで問題として、現状のオペレーションでGOPがマイナスになっている場合にどのように考えるかがある。GOPが赤字の場合、単純に旅館の価値がマイナスというのであれば簡単であるが、経営戦略やオペレーターチェンジによる収益改善の可能性等をも検討し、通常可能と考えられるGOP、改善を前提としたGOPを査定して、収益還元を行う方法がよくとられている。ただ、最近の旅館再生の実例をみると、GOPが赤字の場合は再生困難とみなされるケースがあり、スクラップ価格を算定すると、この場合の取引はきわめて低く（いわゆる備忘価格並みに）なってしまうことがあるので留意する。なお、建物の長期修繕計画に基づいた大規模修繕費用も考慮する必要がある。通常考えられるGOPからさらに資本的支出を控除する必要がある。ただし、収益性そのものが低いことを十分にふまえ、過大な額にしないことも肝要といえる。

通常の収益還元法と同様、直接法とDCF法の2つが考えられる。

GOP（大規模修繕費用をも考慮）による収益還元
イ　直接法（単年度収益）の還元で評価を行う手法

```
├─ 現時点でのGOP（資本的支出控除）÷還元利回り
├─ 標準的と考えられるGOP（資本的支出控除）÷還元利回り
└─ 改善を行ったと考えられるGOP（資本的支出控除）÷還元利回り
```

　直接法は、一定年度のGOPを求め、還元利回りで還元するという、比較的簡易な手法である。

　現時点でのGOPが妥当なもので、これを基準に還元するのであれば非常に容易なのであるが、現状のオペレーションより改善の余地が存在する、あるいは赤字ではあるが改善の可能性がみられる場合は、この分析を行い適切に判定する。これらの改善等については、もちろん市場調査と経営者へのヒアリングをもとに、過去の財務諸表の分析を行って、判定することが第一義であるが、これだけでも高度な業務になるため、外部の会計機関やコンサルティング会社に依頼し、この報告書を精査することが通常行われている。

　(A)　還元利回りの設定

　日本旅館の場合、通常の賃貸事務所ビルや賃貸マンションに比べると収益予測が立てにくく、包含するリスクが高いと考えられる。再生市場では特に予測不能なファクターが多数残っており、必然的に高水準にならざるをえない。通常10％を超える利回り設定がなされており、もちろんこれは一般経済市場や不動産市況によって変動はありうるが、旅館の経営環境はこれよりも当面厳しい印象があり、オフィスビルや賃貸マンションのように大きく下がる可能性はないと思われる。

高い利回りを要求する背景には、それだけ収益が不確実であり、回収を急ぐことでカバーしたいという考えが根底にある。特に事業再生のステージに乗った場合の投資家のスタンスは厳しく、高い要求水準となる。

(B) 標準あるいは改善を前提とするGOPの査定の必要性

本来、GOPは現実のオペレーションで生み出されるものであり、実績値を基準とするのが本筋と思われる。ただ、旅館については、個人経営施設が多く、経営者そのものの資質に大きな差がある。本来オペレーション次第でGOPに変化が生ずる可能性があるものであり、有能な経営者が合理的な方法を用いて経営改善を行った場合を想定することが必要となる。

また、現状のGOPがマイナスというケースも多々あるが、この場合、マイナスだからといって不動産価格がマイナスと短絡的に考えられるわけではない。このため、最有効使用との関係で転用をも視野に入れた検討を行い、標準的なオペレーターあるいは改善を前提としたGOPを査定し、これをもとに収益還元するという方法をとるケースが多くなっている。

(C) 改善を前提とするGOPの査定方法

標準的能力をもつオペレーター、あるいは改善を前提とするGOPをどのように求めるべきであろうか。この査定においては、次のような調査が不可欠である。

□現状のオペレーターに対する実績、改善可能性のヒアリングによる査定
　売上高、仕入原価、経費等について現状と問題点、今後の見込み等を参考に査定する。最も現実的な方法と考えられる。

□周辺および全国的な指標を参考とする査定
　一般社団法人日本旅館協会が発表する「国際観光旅館営業状況等統計調査」等の指標をもとに標準的な数値を求め、実績との乖離をオペレーターに対してヒアリングする。

□旅館・会計コンサルタントによる試算
　外部コンサルタントによる試算を再検証して査定に用いる。ただし、この数値については鵜呑みにせず、必ず検証を行うことが必要といえる。

このために周辺における競合施設の動向等を分析する。

(D) **損益計算書をみるポイント**

それでは、現状のオペレーションをどのように分析するか考えてみよう。GOP査定における損益計算書をみるポイントは次のとおりである。

□売上高の検証

旅館の場合、一定の売上高があれば、現金収入があり直ちに営業上問題になることは少ないと思われる。極端な話、借入金を返済しなければ、取引上最小限の資材が入れば運営は可能という旅館は多く、その意味では一定の売上高確保が不可欠となる。売上高の検証を行う際には、客単価と稼働率についての把握が必要となる。

さらに周辺の旅館の相場等もふまえ検討すると理解しやすい。実際に旅館経営に携わっている人の意見では、収益性も重要であるが、やはり現時点の売上高を重視するという声も多い。築年数や設備にもよるが、売上高程度での購入であればなんとか経営は成り立つという考え方もあるようで、指標のひとつとして考えてよい。

■客室売上高

通常平日・休前日で客単価・稼働率が異なるため、これを分けて設定し簡易的に売上高を検証する。収容100人を例示すると次のとおりとなる。

平日　：245日　単価12,000円　稼働率30%
休前日：120日　単価15,000円　稼働率50%
客室売上げ
　＝（245日×12,000円×30% + 120日×15,000円×50%）×100人

■その他の売上高

宴会売上付帯のレストラン、ラウンジ、売店についても予測客単価と客数を分析する必要がある。パブリック部門が充実した都市近郊の旅館等の場合、宴会や婚礼（最近は減少気味）の売上げが高いケースもあり、宴会件数と客単価、婚礼単価や年間組数等の調査が必要とな

る。

□売上原価の検証

　旅館の売上原価には、主に料理材料費、飲料仕入れ、売店仕入れの３項目があるが、圧倒的に料理材料費（食材原価）の占める割合が高く、特に高級志向の旅館ほどその傾向は強い。原価率はもちろん下げると下げるだけ利益確保が可能であるが、グレードや顧客の志向、特に小規模で料理に注力した特色をもつ旅館の場合は、引下げそのものに限界があるともいえる。

□販売管理費の検証

　販売管理費の主な項目には、人件費（給料、賞与、役員報酬、福利厚生費）、送客手数料（旅行代理店に対する手数料）、広告宣伝費、その他の経費がある。

　各項目の割合はおおむね次のとおりである。

・人件費

　25〜30％の水準が標準的

　30％を超える場合は、従業員の年齢構成、給与体系等を含めた検証の必要がある。

・送客手数料（支払手数料）

　旅行代理店経由の顧客売上げに対しては、送客手数料が支払われる。この割合は15％前後が多い。直接販売：間接販売の比率と手数料率を再検証し、各旅館の規模、グレードをふまえたうえで検証を行う。逆に自社インターネットによる集客比率が高いとこの部分は小さくなる。したがって営業利益ベースの向上につながるため、多くの日本旅館での課題ともいえる。

・広告宣伝費

　通常は１％程度であるが、新聞広告などの媒体を中心に顧客誘致を行っている旅館の場合５〜７％程度になるものもある。

・その他経費

　営業経費や建物の維持管理費・修繕費、水道光熱費、保険料、税金といった費用がその他にある。

□GOPの検証

　旅館の経営コンサルタント等に聞くと、かつてはGOP目標を10〜12％程度に掲げていたというが、現状では5〜7％前後がやっとといったところである。各数値を再確認し、どの程度のGOPであれば獲得可能かを再検証する。

ロ　DCF法

この手法は旅館を投資物件と考え、複数期間（5〜10年というのが一般的）保有ののち転売するというものである。毎期のキャッシュフローと最終売却価格を現在価値に割り引いたものの合計をもって旅館の価格と考える。この手法は賃貸物件などの評価で用いられており、旅館でもGOPの構成要素をもとに適用が可能である。

ハ　エンジニアリングレポート

現状一定金額を超えるオフィスビルや賃貸マンションの場合、評価にあたって外部機関にエンジニアリングレポートを作成してもらい、大規模修繕費等を考慮して資本的支出を求めるのが一般化している。旅館でも同様のことが行われるべきであると考えられる。ただ、オフィスビルと同水準で施設整備を行うと、相当優良な旅館でない限り営業利益の大半を使ってしまうほどの水準となる。このため、現実にそこまでの調査が行えることは少ない。仮にエンジニアリングレポートを作成する場合は、旅館の経営事情をよく把握した会社に依頼することが望ましいであろう。ここで査定した長期修繕計画をもとにした資本的支出はGOPから差し引く必要がある。

4　積算価格の査定・収益価格との乖離

　日本旅館の評価においても、土地価格と建物価格を合計する（再調達原価から減価修正を行う）積算価格を査定する。ただ、通常、積算価格と収益価

格の間には大きな乖離が生ずる。これは、日本旅館の収益性が低くなっている点に要因があると考えられる。もちろん積算価格がいかに高くとも、投資家が収益価格ベースでの購入を図るのが一般的になっていることをふまえると、収益価格を基準として考えるべきと思われる。

　一方で、積算価格において参考となるべきポイントをあげると次のものがある。

　　□仮に将来的な経営改善をふまえても収益力が著しく小さく、非常に低い収益価格が求められた場合
　→積算価格のうち更地価格から建物取壊費用相当額を控除した額を下回るのは合理的とはいえない。温泉地を含め、山間部の旅館単独立地を除くと、実は駐車場需要等があり更地に対する需要はある程度存在する。このため、土地需要は十分に調査する必要があるが、更地価格としての経済価値は重要な参考となる。

　　□転用（たとえば老人健康施設など）を前提とした場合
　→現状の収益価格を基準として購入者が経済価値をとらえる可能性は低いため、積算価格を大きくディスカウントして考える可能性がある。

5　具体的な評価の流れ

具体的な流れは次のとおりとなる。

第1ステップ：個別物件のセグメント分け

　□規模・グレードなどによるセグメント分け
　　■規模によるセグメントと品等によるセグメントの双方での分類
　　■旅館は小規模・中規模・大規模といった規模と、グレードに応じたセグメント分けを行い、今後の戦略、さらには売上高・営業利益の分析を行うことが必要となる。
　　■対象旅館のセグメント分けの例：大規模高級旅館、小規模高級旅館

□対象旅館の特色付けの調査

施設重視、料理重視、団体中心の宴会重視、低価格顧客重視といったものの調査を行う。この特色付け次第で今後の営業方針の検証を行うことになる。

第2ステップ：立地、地域内（あるいは温泉街）の調査

対象不動産の存在する立地環境を調査する。また属する温泉街の特色、競合旅館などを調査し、経営環境面について調べ、どのような戦略が有効かを判断する。

□立地的な側面の分析
　■主な集客が行われる都市との接近性
　■交通手段（高速道路、新幹線、特急停車駅、空港などとの距離の関係）

□地域内（温泉街）の調査

街の構造（道路や店舗、鉄道駅等からの徒歩環境）や顧客層、客単価、稼働の状況、旅館組合の素質等について調査する。

□競合旅館の調査

競合施設の数、規模、施設の状況や、顧客サービスの特徴についての調査を行う。

価格帯別のリスト等を作成し、経営形態、インターネットサイトの評点なども比較すると競合の度合い等がわかる。

第3ステップ：対象旅館の経営状況・施設状況・コンセプトの調査

施設および経営の現状の把握を行うとともに対象旅館の将来可能性を考慮する。実地調査とオペレーターへのヒアリングが不可欠となる。

□対象旅館の経営状況の分析
　■集客状況（代理店比率、ネット比率、主な営業エリア、今後開拓できる
　　　　　　エリアについてヒアリングを行う）
　■コスト体制の確認

これらを把握したうえで、現時点で十分努力しておりこれ以上の努力は困難か、経営改善の余地があるかを検討する。
□施設の状況の調査
　■躯体・設備の状況の調査
　　屋根・外壁等の状況、空調、電気給排水設備の状況の調査
　　更新の必要の把握を行うためERの作成もひとつの方法（ただし過大な金額は不要）
　　オフィスビルのような大規模修繕投資を行える旅館は存在しないので、ギリギリの線での更新がどの程度か把握する。特に空調など故障＝営業休止となるものについては慎重に判断し、必要に応じて更新・修繕を促す。

第4ステップ：営業利益GOP分析、収益価格の査定

　最後に、これまでに分析した事項を考慮のうえ、過去の財務諸表と将来計画をふまえて、中期的なGOPを査定して収益価格を求める。

> 財務諸表と中期計画分析および精査を行い、GOPを査定し収益価格を求める（大規模修繕費用を考慮する）
> ① 現状のGOPによるもの
> ② 将来予測や改善を加味したGOPによるもの

　　　　　　　　　↑
積算価格とのバランスチェック

> 積算価格を求め、収益価格と比較して最終的な評価額を求める

　注意を要するポイント

□会社の経理機能が弱く、財務諸表の整備状況がやや悪い場合があるが、適正なものを作成するように促す。
□経営状況が悪い日本旅館では、税金、社会保険料、水道光熱費等の滞

納がある。このようなケースの場合、営業面に影響を与えるばかりか、再生を行う際の妨げになることが多いので十分に注意する。
□不透明な計上科目が見受けられる場合がある。この際は内容を確認する必要がある。

| 第5ステップ：価格決定 |

　基本的には収益価格を基準として決定する。なお、転用可能性、更地としての市場性、更地価格との関連、更地価格 − 取壊費用との関連を十分ふまえる必要がある。

類型 その3

ビジネスホテルの評価

I　はじめに

　次にビジネスホテルの評価について考えてみたい。ビジネスホテルは主に都市部にあり、シングルルームとツインルームを主体とした客室をもつのが特徴で、都市ホテルと異なる点としては宴会場などのパブリック設備が少ない点にある。バブル経済崩壊前からビジネスホテルというとチェーン形式のものも存在したが、当時は個人経営型のものも多く、都市ホテルとは一線を画すかたちで存在した。立地的には鉄道駅前が多く、地方都市では官庁街やビジネス街周辺部に存在した。

　こうした形態が変わりだすのが、バブル崩壊期前後からである。経費削減が叫ばれ、出張旅費の節約も課題に入ってきた。こうしたなか、宿泊特化を全面的に打ち出し価格帯を抑えたホテルが増加し、顧客の支持を得た。以前はビジネスマンばかりの利用が目立ったが、現在では幅広い用途での利用がみられる。コスト削減のために人員を極力減らし精算を機械により行う形態のホテルも登場するなかで、各社それぞれの特色を打ち出して新規出店を行った結果、多数のチェーンホテルの全国展開が進んだ。

　ビジネスホテルは、かつて不動産を所有して経営する形態が多かったが、大手のオペレーターでは、これに加え賃貸による事業形態が定着しており、賃貸物件化が一般的となった。所有と経営の分離が資金負担を軽くし、より新規出店の増加を加速した。必ずしもビジネスホテルばかりを入れたものではないが、平成18年にはジャパン・ホテル・リート投資法人が上場するなど、ビジネスホテル自体の流動化は早くから実施されてきた。

　ここでは、最近のビジネスホテルの状況と評価について考えたい。

Ⅱ　基本的な考え方

　ビジネスホテルは、収益物件である。日本旅館や都市ホテル等と異なり、小口化による流動化、土地有効活用の一環で投資対象としてのビジネスホテルが多く、古くから所有と経営の分離が進んできたことから、賃貸形態のものが多い。したがって、収益の認識は賃貸料を基準とするものが多い。後述するとおり、この賃貸料については長期一括型も多く、またメンテナンス費用（長期修繕費用を含む）をビジネスホテル運営会社が支払うケースが多く、特に運営会社の設計・意匠に従って建設することが前提の場合、その傾向が強い。

　一方で、ビジネスホテル業の企業が直接所有する形態のビジネスホテルの場合、ホテル運営を基礎とした償却前営業利益GOP（長期修繕費用を考慮）を基準として考える方法がある。また、1部屋当りの賃貸料を営業状況や周辺のワンルームマンション等の住居系用途の不動産の賃貸料から求め、これを基準として1棟全体の賃貸料を査定する方法も考えられる。いずれにしてもホテルの収益を賃貸料に転換して把握がしやすいものと考えられる。

1　立地の特性

　ビジネスホテルは、かつては他の都市からの出張者を中心に利用があり、どちらかというと鉄道駅前、または中心市街地（主に官公庁街やオフィス街）に立地するのが一般的であった。観光客や家族旅行者は日本旅館や都市ホテルを志向する傾向が強かった時代があった。ただ、旅行の個人化等もあり、観光客のビジネスホテル利用が増加したほか、親類縁者訪問時の利用、残業や宴会等で帰宅ができなくなった際の利用、さらには海外からの利用など幅広い用途で使用されるようになり、次第に空港周辺、観光地周辺、工場等の

立地する駅前やロードサイド、さらには郊外住宅地の駅前にまでその立地範囲が広がってきている。

　立地は、大都市の中心市街地のほうが利用者の絶対数が大きいため、好立地であることは間違いないが、ただ、近年では多数のホテルが競合関係にある場合に、価格競争に陥るケースもあり、一概にいえない側面もある。また、郊外や工場等の立地する駅前のホテルの場合、競合がないなかで一定の需要が見込め安定的な稼働率が確保されているケース、企業への一括販売等が行われ、安定した収入があるケースもあり、個別に売上げや収益性等をみていく必要がある。

2　施設的特性

(1)　基本的な構造

　規模による大小はあるが、宿泊に特化した施設であることが特徴で、1階部分にフロント施設とロビー、さらに自動販売機コーナー、ビジネスコーナー（主にPC電源があるデスクとFAX、フリーアクセスインターネットPC）が設置されているほか、コインランドリー施設等が置かれている。簡易的な朝食を無料で提供する形態をとるビジネスホテルが多く、簡易的なパントリーが設置されていることがある。

　2階以上については客室が主体で、自動販売機コーナーとコインランドリー施設が置かれている程度のものがほとんどで、バックヤードとして、リネン庫が設置されている。

　チェーンホテルの場合、ほぼ同様の施設形態になっていることが多く、室内のデスク・鏡・電化製品・ベッドといった調度品やリネン類も同一のものを使用し、このような資材調達を一括かつ大量に行うことで、低価格化を実現し、初期投資を抑えるように設定されている。

　高齢者、障害者等の移動等の円滑化の促進に関する法律（バリアフリー新法）について、特別特定建築物（床面積2,000㎡以上が該当）には適合義務があり、50室に1室バリアフリー客室（車いす利用の宿泊客向けの対応がなされ

た客室）の設置が義務づけられている。

　なお、チェーン形態のホテルでも、自社使用の設計・意匠ではないケースが存在する。主に、第三者のホテルを買収したケースで、都市ホテルに近い形態のものをビジネスホテルとして運営しているものも存在する。この場合には、飲食店舗や売店といったパブリック施設を残しているケースがある。

(2)　大浴場施設・朝食サービス等各種サービスの存在

　標準的なビジネスホテルの場合、シングルルームの専有面積が12～13㎡前後と一般的なワンルームマンションより狭いケースが多く、特にバス・トイレについてはユニットバス形式で、最もコンパクトなものを使用しているものが大半である。最近の特徴としては、ビジネスホテルの売りのひとつとして「大浴場」を設置しているものがあり、なかには敷地内あるいは周辺で掘さくした天然温泉を活用しているホテルもみられる。

　また、最近時ではホテルオペレーターの特徴として、朝食を無料サービスする形態のホテルも多く、ビジネス・観光需要を取り込む努力を行っている。またロビー内および客室内における無線LANによる無料WiFiを設置しているところが標準化しており、携帯電話の充電コンセントを客室に用意する等、キメ細かいサービスを行うところが多い。

(3)　ワンランク上のビジネスホテルの登場

　バブル崩壊後の経費削減志向とマッチして、急速な拡大が進んだビジネスホテルではあるが、近年ではアメニティ等が充実しているところを志向する向きも出てきており、シングルルームで専有面積18～21㎡前後の客室を中心とし、低層階にレストランを入居させる形式のビジネスホテルが登場した。カジュアル感はありながら、客室レベルは都市ホテル同様のサービスを提供するところが多く、価格帯も都市ホテルよりは抑えられており、また朝食レストランも一般的なビジネスホテルよりも充実した内容のものが多く出てきている。都市の駅前や中心市街地の比較的利便性の高い立地にあり、あ

る程度のグレードを確保していることから、ビジネスや観光ニーズをうまくとらえたところが多い。

(4) 地方都市や郊外立地のビジネスホテルにおける駐車場

　ビジネスホテルの利用形態はさまざまであるが、昨今は自動車利用の顧客が増加しており、駐車場を併設するかたちのほうが集客上優位なケースが多い。特に駐車場無料を謳える場合はこの効果は高い。駐車場が併設されていない場合、または台数が少なく提携・契約駐車場を利用する場合は、その料金や対象ホテルとの距離をよく計算しておく必要がある。

(5) 賃貸契約における費用負担区分

　賃貸方式となっている場合は、費用負担区分を確認しておく必要がある。ビジネスホテルの場合、設備部分（空調装置やエレベーター・エスカレーターを含む）や客室内の浴室といった部分もオーナー所有が一般的であるが、保守・修繕を賃借人側がすべて支払うフル装備・フルメンテナンス方式もあるので、賃貸借契約書をよく確認する必要がある。

Ⅲ　不動産評価の考え方

1　ビジネスホテルの良否

　ビジネスホテルはもちろん収益施設であることから、営業利益の多寡が評価額に影響する。ただ、都市ホテルや日本旅館と異なり宴会場等の集客設備がなく、また客室もシングル・ダブル・ツインが中心で、トリプル客室等は通常少ないことから、1部屋当りの定員設定が5人程度の日本旅館等と比べ

ると、宿泊人員は客室稼働率とほぼ連動しており、高い収益獲得は高い客室稼働率にほぼ比例すると考えてよい。

> □ビジネスホテルの良否
> 　収益＝客室稼働率→高い客室稼働率確保がポイント

　集客性が高い立地の場合、必ず競合施設が出てくる覚悟が必要と考えられる。したがって、競合施設が登場した場合でも十分な需要確保ができるかが、ホテル経営を考えるうえでポイントのひとつになる。一方で、不動産としての収益でみると、賃貸型で、長期の賃貸借契約が締結されている場合、賃料支払は確定的であり、これを基準に収益性をとらえる必要がある。なお、低稼働率（低収益性）のホテルにおいて、好条件の不動産契約が締結されている場合の考え方については後段に述べたい。

2　立地等による将来的な集客・稼働率への影響

　ビジネスホテルにはさまざまな立地があり、立地による集客や稼働率へ影響する面がある。分類的には不完全かもしれないが、留意すべき点をまとめると次のとおりとなる。

	留意点
大都市中心部	通常安定的な需要があり、競合物件があっても十分吸収できるケースが多い。施設の良否、経過年数に応じて価格をうまく設定できれば高い稼働率が可能と考えられる
大都市郊外部	需要の中心がビジネス中心か十分見極めたうえで、顧客ニーズをとらえた施設であり続けるかどうかよく検討する マーケット規模を超えた客室数を設定すると稼働率が低くなる可能性があるので十分注意する
地方都市中心部	都市規模にもよるが、一定の需要があり、競合物件があってもこれに吸収できるケースが多い。一方で、新規のホテルが完成するとこちらに移るケースも多く、過当競争になる可能性に十分に留意する必要がある。価格引下げのみで対応でき

	るくらいの市場規模があるかどうか十分に検討する必要がある。立地としては中心市街地型と鉄道駅前型に大きく分けられるが、安定的な需要は新幹線が停車する鉄道駅前型のほうが強いケースが多い
地方都市郊外部	需要の中心が、工場等の企業となり、この動向に大きく左右される可能性がある。主要顧客先の閉鎖等による変動リスクを十分にとらえる必要がある
空港近接	空港利用者が多く、また空港と都市に一定の距離がある場合には、需要確保ができる可能性が高い。また国際線就航空港の場合、客室乗務員などの利用が見込めるため、提携航空会社の存在等に留意する。インバウンド利用者の動向も十分に注意する
インター近接	ルートセールスマンや観光客の利用が中心になると考えられる。顧客の中心軸がずれると稼働率に大きな影響を与えてしまうことがあるので十分な留意が必要である

3　具体的な評価の流れ

第1ステップ：資料収集・整理

□物的資料の収集
　登記簿謄本、図面（地図、公図、建物配置図、建築設計図書）、建築請負契約、エンジニアリングレポート（大規模修繕計画に関する資料）
　敷地上に借地があれば借地契約書
□収入・支出に関する資料
　賃貸形式の場合、賃貸借契約書、建設当初からの覚書などがあればこれも用意する。
　直営形式の場合は不可欠であるが、ホテルの財務諸表、稼働率、タイプ別の稼働率、客単価表などをできる限り用意する。
□支出に関する資料
　土地家屋課税証明書、火災保険契約書

上記のほか維持管理等支出に関する資料を収集する。
　□建設協力金等の存在の調査
　□ホテルマーケティングレポート
　　ビジネスホテル市場、競合施設等を調査したレポート

| 第2ステップ：対象不動産調査・周辺競合施設の調査 |

　□物的状況、維持管理の状況
　□パブリック部分の調査（フロント・ロビー・付帯施設）
　□客室の調査（ベッドルーム部分、浴室部分）
　□バリアフリールームの調査
　□駐車場の付帯状況、提携・契約駐車場の調査
　□周辺競合施設の調査
　　■立地
　　■設備面での優劣
　　■宿泊料金の動向
　　■将来建設の可能性の有無

| 第3ステップ：キャッシュフロー、利回り分析 |

(1) 賃貸形式の場合
　イ　収益分析
　□売上高、営業利益を基準として負担能力からみた妥当性を検討する。
　□ワンルームマンション等の相場賃料が判明する場合は、これを参考とする。
　ロ　支出分析
　　現状の支出をベースに分析する。
(2) 自社運営物件（直営方式）の場合の収益分析
　イ　償却前営業利益を基準とする方法

ホテルから上がる収益分析を行い、営業利益（GOP）を求める。なお、複数のホテルを運営する場合は、本部経費を考慮したかどうか注意する。この場合、この営業利益を還元して収益価格を査定する。
　ロ　賃貸料を査定して総収益を認識する
　　□賃貸料の査定
　　　■賃料負担能力からみた賃料を査定する。
　　　　〔負担能力〕
　　　　　ホテル売上高×25〜30％前後までが現実的な水準
　　　■周辺でワンルームマンション等の相場賃料も参考とする。
　　□支出の査定
　　　公租公課や火災保険料等については現実の支出を基準とし、その他の項目については一部査定、修正作業を行う。
(3)　利回り分析
　　現実のホテルの取引利回りや利回りに関する指標（たとえば日本不動産研究所の投資家調査の結果等）を集めて検討する。
　　テナント企業（ホテルオペレーター）の運営実績や、企業としての信用力を十分にふまえる必要がある。

第4ステップ：収益還元法の適用

□DCF法の適用
□直接法の適用
※賃貸借契約を締結している物件については、現実の契約を基礎とするが、将来的に賃料の変動が見込まれる場合は、その可能性を賃料修正または利回りなどで調整し、リスクウェイトを判定する必要がある。

第5ステップ：原価法の適用

□土地価格の査定
□建物価格の査定

□減価修正額の査定

第6ステップ：試算価格の調整

積算価格と収益価格に乖離がある場合は調整する。
調整における留意点は第5項（3）を参照。

第7ステップ：評価額の決定

4　オペレーターサイドへのヒアリングの重要性

　ホテルは、宿泊施設として運営して収益をあげるものである。仮に賃貸物件として安定した収益があがっていたとしても、賃料支払の基礎となるホテルの売上高等については把握しておく必要がある。このため、ホテルのオペレーターサイドにおいて、できればヒアリングを実施すべきであると考える。また、ヒアリングは実地調査を行った際に、ホテルの支配人等運営責任者に行うのが適切であると考える。

　主なヒアリング項目をあげると次のとおりである。

□稼働率の推移と今後の見通し
□主な顧客層の状況と今後の見通し（ビジネスなのか観光なのか、利用が多い企業はどこであるのか、曜日による利用者層の変化が存在するかどうか）
□室料水準の推移と今後の見通し
□競合と考えられる施設の動向と今後の見通し
□設備面での問題点の有無と改善が求められる点の指摘
□客室面での問題点の有無と改善が求められる点の指摘
□今後の営業戦略上のポイント

5　評価における留意点

(1)　ホテルの収益性と賃貸借契約の関連

　ビジネスホテルは、一括賃貸型による賃貸借契約が締結されるケースが多い。この背景には、チェーン展開を行うホテル事業者としてみれば、保有リスクを避け資金調達負担を軽減できること、オーナーサイドからみると安定した収益性の確保ができるということがある。特に個人が所有する土地の有効活用を考えた場合、土地の売却を行わずに安定収益確保ができるだけでなく、建物建設による借入金の税効果も考えられる。この点では双方の利害が一致した面がある。

　一方で、賃貸借契約はホテル事業開始前に締結されるケースが多く、この賃貸料水準がホテル運営により得られる収益からみて、結果的に高水準あるいは低水準になることは致し方ない側面がある。仮にホテルオペレーターが単館のみを運営する場合は、賃料の多寡とホテルの営業収益の多寡の乖離には、注意が必要である。他方、多数のホテルオペレーションを行っている企業からみると、全国随所にビジネスホテルを展開するとこのような乖離が起きうることは想定の範囲内であり、なかにはバランスが崩れてしまうものも存在するのは致し方ないと考えるかもしれない。

　次に、対象不動産の評価を行う場合において考えてみたい。この場合に、はたして賃貸借契約とホテルの営業利益のどちらをみるべきであろうか。この点は賃貸借契約の拘束性と賃借人の信用力を十分にふまえたうえで検討すべきであろう。また、ホテルの営業利益についても、過去および将来的な動向をふまえ、どの程度まで実現可能かをふまえる必要がある。

(2)　利回りの設定

　ビジネスホテルは、立地がよいと一定の集客が可能であり、比較的売上高が読みやすい側面がある。もちろん景況感による客単価の変動はあるが、都市ホテルや日本旅館に比べると安定性は高い。したがって、利回り設定は比

較的容易であると考えられる。現実の取引や調査レポート等をみると、賃貸形式の賃料を基準とした場合の利回りはおおむね次の水準ではないかと考えられる。

地　　域	利回り水準
首都圏都心部	5.0～6.0%
首都圏郊外部	6.0～6.5%
地方大都市都心部	6.5～7.0%

　都心部の一等物件を除くと、住居用不動産やオフィス事務所ビルといったものの水準より0.5～1％程度高めの水準になっており、それだけリスクを含めた検討がなされていると考えてよい。ただ、あくまでも筆者の個人的な意見ではあるが、長期のシングルテナントという面でのリスクはあるが、信用力が高いオペレーターであれば、これよりも低い水準も考えうる側面があると思料される。

(3) 積算価格と収益価格のバランス

　さて、実際に評価手法を適用して求めた積算価格と収益価格であるが、このバランスによる調整をどのように考えたらよいだろうか。
　□積算価格＞収益価格
　　この場合は、特に問題とせず収益価格を重視すべきであると考えられる。特に現状の賃貸借契約を基準とすると、この拘束性は強いものと判断すべきであり、収益価格を支持すべきと考える。
　□積算価格＜収益価格
　　営業収益を基準としてこの水準になる場合は、将来的に営業収益確保が可能かどうかにポイントがかかる面があるが、再検証を行ったうえで収益価格を支持してよいものと考えられる。一方で契約賃貸料を基準としてこの水準になる場合、特に収益価格が積算価格を30％以上上回る場合については次の点を再検討する必要があるものと思われる。

■契約賃貸料が負担能力からみて妥当な水準と考えられる場合
　本源的な不動産の収益力が高いものであり、収益価格を支持する方向で考えてよいものと思われる。
■契約賃貸料が負担能力からみて高すぎると考えられる場合
　契約の背景を十分に検討し、場合によっては収益価格を負担可能水準を基準とした水準を下限として引き下げることを検討する。テナント信用力とのバランスで判断する必要がある。
　投資家としては、テナント信用力の良否で判断すべき側面があるが、金融機関が担保不動産としてみる場合は、修正を行うほうが合理的と考えられる。

類型 その4

商業ビル（ショッピングセンター）の評価

I　はじめに

　一口に商業ビル（ショッピングセンター）といってもさまざまな形態がある。まず都心部に立地するもの、郊外に立地するもの、大規模なマルチテナントビル（複数のテナントが入居しているもの）、一括賃貸形式のもの、核店舗を中心とし複数のテナントが混在するものとその形態はさまざまである。そして特徴のひとつとして、オフィスビルや住宅と異なり、変動賃料制が導入されているケースが多いという点がある。たとえばオフィスビルやマンションの賃料が、入居する会社の業績や住人の個人収入に応じて変動するというのはありえないことであるが、テナントビルの場合、売上歩合型をとっているところ（あるいは固定部分に売上歩合を併用するところ）があり、入居テナントの売上げが賃料収入に反映されるものが多い。

　収益性にテナント収益に呼応して変動要因がみられるのが商業ビルの特徴であるが、この評価について考えてみたい。

II　立地環境・規模の変化

　商業ビルの立地は、主に地方都市では郊外化の進展が多くみられた。幹線道路あるいはその背後の生活道路に集中的に立地し、地方都市は都心部の空洞化が進み、中心市街地の凋落傾向が問題になった。ただ、郊外化は移動距離を伴うものであり、近年では高齢社会の進展でコンパクトシティの実現のために中心市街地活性化に行政が本腰を入れるところが出てきている。公共

交通機関の整備とあわせた施策が行われたり、商店街全体でマネジメントを行い空き店舗対策を行うなど、徐々にではあるが対策の効果が出てきているところもみられるようになった。

平成18年にいわゆる「まちづくり三法」（都市計画法、中心市街地活性化法、大規模小売店舗立地法）の改正を行い、大規模な商業施設については都市計画法に規定する用途地域のなかで、第2種住居地域、準住居地域、工業地域の3つの用途地域について、制限をかけることとなった。

地方都市においてはマイカーが交通手段の中心であり、幹線道路のバイパス化に伴い、自動車での交通手段がスムーズな郊外に人や店が集積するのは自然の成り行きともいえる。ただ、かつて大規模な工場があった土地や、農地を転用して郊外部に大規模ショッピングセンターが多数つくられてきた背景には、道路交通の優位さに加え、出店に対する規制がそれほど厳しくなかったこと、さらには地価水準が低いという要素もあった。

一方で、平成15年前後から地方都市を含め住宅の都心回帰の傾向が徐々に進んだ。かつては考えにくかったが、高齢者ほど都心部に生活する志向が高まっており、マンション建設が目立つようになってきた。都心部は徒歩圏内で病院等への公共施設に行けることも魅力であり、図書館や美術館といった文化施設も充実しているなど、より魅力的な面が強い。これにあわせるかたちで中心市街地への商業施設の復活がみられるようになってきた。事例的にはまだ少ないが、中心市街地の再開発ビル建設も進んできている。適度な再開発の実施は街並みをよくし、また郊外店舗とは異なった店舗構成を行うことで、需要を掘り起こすことができる都市も出てきている。

一方で、郊外型の商業施設であるが、これは巨大化が進展している面が強い。イオン系のイオンモール、イトーヨーカドー系のアリオといった大規模の施設はこの典型例で、スーパーマーケットを核店舗とし、多数の商業店舗、フードコート、レストラン街を入れた複合商業ビルの建設が進んでいる。

ロードサイド型の商業施設ばかりではなく、最近では鉄道駅に付設、あるいは近接する商業ビルの開発も増加している。核店舗に大型電機量販店、カ

テゴリーキラー等を入居させ、有力なアパレル・雑貨テナントを入居させる等、開発企業のマーケティング力も高まってきた印象を受ける。また、JR等の鉄道会社の大都市のターミナル駅の駅ビルは大型化が進み、百貨店、大規模商業店舗が多数入居し、旧来の中心市街地を凌駕する勢いすらある。これに加え、いわゆる「駅ナカ」と呼ばれる改札内店舗の充実も見逃せない。「駅が栄えて街寂れる」とまではいわないが、日本は諸外国の都市に比べ鉄道利用数が圧倒的に多く、これに大規模駐車場を併設した商業ビルを建設すると、小規模店舗が集積する商店街程度では太刀打ちができない威力を発揮するようになっている。

　商業ビルは新規の大型施設ほど強いのが特徴で、旧来の商業ビルの集客を維持するためには、数次にわたるテナントの入替えを伴うリニューアルが不可欠となっている。駅ナカのような集客が容易かつ強じんな施設を除くと、事業体、施設規模が大きいほうが一般的に優位で、中規模施設ほど特色のあるテナントミックスが求められる等、高度なプロパティマネジメントが要求される面が強い。

Ⅲ　経済価値をとらえるにあたり

　商業ビルやショッピングセンターは、当然にして収益物件である。収益の認識は原則賃貸料を基準としたものとなり、一部の賃料形態では売上高による比例も行われることから、契約賃貸料のみならず、テナントが獲得する売上高についても注視する必要がある。

　なお、自社による店舗運営でのショッピングセンターの場合、賃貸借契約が締結されないことから、賃料査定を行ったうえで経済価値を反映する。この場合の賃料査定は類似の商業施設の賃貸事例をもとに求め、売上および営

業利益を基準とした検証を行うことが重要となる。商業立地の変化が激しく、また流通業者を取り巻く環境は景況感に左右される以上に、事業者の競争も激しいことから、急速に売上高が減少し減損など会計的な側面から検討を行う必要も出てくる。このため、所有と経営の分離は相当以前から行われており、賃貸物件に転じているものや、J-REITや私募の投資ファンドに組み込まれることも多いため、評価機会が多数あり、利回り水準もある程度確立されている。

1　立地の特性とリスクのとらえ方

一般に商業テナントビルは、オフィスビルや住居系のものと異なり、商業環境の変化が激しいこともあり、好立地条件が変わることが多い。もちろん銀座や表参道といった日本を代表する超一等地や鉄道ターミナル駅に近接す

■地域区分と立地の変革の可能性（普遍性）・特性

地域区分	普遍性	特　性
大都市中心部	高い	大都市の都心一等地については、空きテナントが出ることは少ない
ターミナル駅周辺	比較的高い	鉄道利用者と人の流れによるが、空きテナントが出ることは少ない
大都市郊外部 （ニュータウンなど）	普通程度	駅近接など人通りが多いところは空きテナントが出ることは少ないが、少し離れると注意が必要である
地方都市中心部	比較的高い 〜低い	発展的な都市の都心一等地については、空きテナントが出ることは少ない。ただ、人通りが少ないところなどは注意が必要である 衰退傾向にある中心市街地は、空きテナントが多く、またなかなかテナントを見つけるのが困難な場合もある
路線商業地 超郊外型商業施設	普通程度	集客性のある核店舗がある場合は空きテナントが発生する可能性は低い テナントリーシング力による差が大きく出るものと考えられる

る商業地域については、人通りの多さは普遍的なものであり、商業環境が急激に変化することは少なく、安定性はきわめて高いといえる。

一方で、地方都市の中心市街地、首都圏を含めた郊外ニュータウン、さらには路線商業地といった地域においては、大規模施設の完成により人の流れが変わることは常にあり、立地の特性・競合性を十分にふまえ、リスクをとらえる必要がある。

2　テナント開拓能力によるリスクの考え方

オフィスビルやマンションといった類型の場合、一定のニーズがある都市や地域であれば、駅からの近接性や建物施設の良否により差異はあるが、一定のリーシング活動により入居企業、居住者を集めることは可能であると考えられる。商業テナントビルの場合も、もちろん立地と施設が優良であれば、テナントリーシングは比較的容易な側面はあるが、たとえばマルチテナントの商業ビルの場合、立地における顧客ニーズとテーマ性や価格帯、ブランド力といった側面が合致することで、売上高を上昇させることが必須であり、また賃貸料のうち、売上歩合制の店舗が多いこともあって高いテナントリーシング力が求められる。有力テナントの誘致、継続使用はなかなかむずかしく、また仮に固定制の家賃をとっている店舗であっても集客いかんでは、他のテナントの売上高にも影響を与えるため、常にテナントの入替えを意識しながら運営していくことが不可欠となる。

したがって、テナント開拓能力の高低で獲得できる収益（特に歩合型の賃貸料）や空室等のロスに大きな違いが出る。

3　シングルテナントかマルチテナントかによる違い

商業ビルのテナント形態には大きく分けて、シングルテナントとマルチテナントがある。シングルテナントとはひとつの建物にひとつのテナントが入ることを指し、通常は百貨店や大規模スーパーマーケットがこの部類に該当する。核テナントの比率が高いテナントビルも、これと同様と考えてよい。

一般に大手の有力企業が中心であり、有力企業は比較的高水準の賃料を安定的に支払ってもらえるという考え方が背景にあり、かつては有力企業によるシングルテナントを高く評価する時代があった。しかし流通業については栄枯盛衰が激しく、有力企業の撤退（店舗閉館）も相次いだことから、リスクへの認識を改める必要が出てきた。また、消費不況の長期化から売上高の減少も相まって、テナントが退去することをおそれ、有力企業側が提示した家賃引下げ交渉に応ずることもみられるようになってきた。

一方、マルチテナントの場合はどうであろう。もちろん１テナントの空室が発生しても、規模が小さいほどこの補充は容易であるが、櫛の歯状に抜け出すことで、他のテナントの退去が早まることもある。類似の新築ビルが完成し、こちらの集客力のほうが高いと移転することも多々みられる。このため、マルチテナントビルの場合、テナントミックスと呼ばれるテナント誘致力の高い企業による商業ビル運営、または強固なプロパティマネジメント力を有するPM業者の介在が不可欠となる。

4　駐車場の整備状況で集客力に違い

商業ビルの場合、オフィスビル以上に自動車での来館が多く、これは鉄道交通網やバス路線網が整備された都市においても同様といえる。このため敷地または周辺における駐車場確保は不可欠とされている。地方都市や郊外型の大規模商業施設についてはこの整備が必然的なものであり、これがないと集客そのものがむずかしいと考えてよい。

地方の中心市街地に所在する百貨店等をみると、集客に見合った十分な収容台数を有する駐車場があるかどうかでその価値が変わってくる。歴史的に古い百貨店の場合、同一建物内の駐車場収容台数が小さいことから、周辺に自社または関係会社による駐車場、あるいは一般駐車場の提携契約を締結した駐車場を用意することもある。ロードサイド商業地でも、更地を借り上げて専用駐車場とするなど駐車場整備は不可欠といえる。

5 商圏調査・競合施設の配置状況の調査・コンセプト調査

　通常一定規模の商業テナントビルを建設する場合、このビルのコンセプト（たとえば核店舗はどのような業態とするか、テナントをフロアごとにどのように配置するか等）を設定するために、商圏設定を行い、主な顧客層の調査（家族構成・収入・想定される勤務地）を行い、顧客層のニーズに合致しているか調査を行うのが一般的である。専門の調査会社やプロパティマネジメント業者に依頼し、商圏調査や競合施設の調査を行った報告書を作成してもらうことが多いため、これを収集して対象不動産の長所・短所、将来において改善すべき点を研究する必要がある。

　実際に運営を行ってみて、来店者数の大小（商業テナントビルの場合、センサー方式のカウンターを設置して管理している）、想定売上高との比較検証を行うことが重要で、通常月ごとに管理を行っている。

　またビルにもよるが、マルチテナント形式のビルの場合、クリスマスや夏・冬のバーゲンセール等の時期にイベントを開催して集客を行うことが多い。このイベント開催経費がオーナー負担かテナント負担か、通常は両者の折半が多いが、どの程度の額で効果が出ているかも調査する。

　コンセプトのミスマッチがあり、将来的なリニューアルや店舗入替えを行う際には、過去からのMD調査と現実を十分に検証し、対象不動産にあった提案であるか考える必要がある。

Ⅳ　賃貸料の種類と設定方式

　次に、商業ビルにおける賃料形態についてみてみたい。固定家賃方式が最大勢力と思われるが、やはり売上併用・または完全歩合型の賃貸料設定がな

されているビルもあり、同一ビルでも複数の契約形態があるなど、複雑な形態が存在する。

まず賃貸料の種類からみてみよう。

1 賃貸料の種類

商業ビルの賃料設定には、おおむね次のものがある。

タイプ	形　態	特　徴
固定家賃方式	月額が一定額のもの	小規模のテナントには多く、SC等は売上げの変動要素がありテナントサイドが興味を示しにくいという意見もある。ただ昨今の長期にわたる消費不況の影響もあって、固定家賃制をとるビルが多くなってきている
固定家賃＋売上歩合方式	固定家賃に加え、売上げに対して一定の部分に歩合を掛けて徴収する設定	ビルオーナーからみると固定部分があり安定的な側面がある
完全歩合方式	売上高に一定の歩合を掛けて賃料とする設定	売上高が高い場合はよいが、売上高が低い場合はビルオーナーにとっては厳しい側面がある 通常、有力テナントが設定するケースが多い
最低保証付逓減歩合方式	基準売上高を設定し、この部分までを固定賃料とし、売上高が高くなるほど歩合率が逓減する設定	固定家賃＋売上歩合方式に類似しているが、営業努力相当の逓減があるため、柔軟性が高く、貸主、借主両サイドにとって合理的ともいえる

商業テナントビルの場合、最低保証付逓減歩合方式も多くみられるようになっているが、安定性の獲得から逆に固定賃料制度を導入するケースもみられる。売上高（または来客数）が小さい店舗は、契約更改時に入替えを行うことが多くなってきた。最近の有力テナントは、さまざまなテナントビルから出店要請が多いこともあり、ビルオーナー側が、最低保証水準を低く設定し入居を促すものも多い。

2　賃貸料の設定と一時金の状況

　賃貸借契約が締結されているものについては、この契約をベースに考えることになる。ただし、商業ビルの場合、歩合賃料部分が多いのが一般的であることから、固定賃料部分と変動賃料部分を分けて考える必要がある。

　一方で、自社使用部分の店舗ビルの場合、賃料の査定が必要となる。オフィスビルやマンションと同様に、賃貸事例が多く賃料相場が形成されている。このため賃貸料水準の把握は、類似物件の賃料等を参考にすることが通常である。また、マルチテナントビルでは、各テナントの賃料床単価について類似のテナントの賃貸事例から判定できることがある。一方で、シングルテナント、あるいは核テナントのように1棟の占有比率が高いものの賃料水準は、公開性が低いこともあり、周辺の賃貸事例を参考として床単価をにらみながら査定するとして、テナントの賃料負担能力をも売上高や粗利益額から判定する必要がある。

(1)　賃貸事例からの査定

　類似性の高いテナント、たとえば物販店舗であれば同種の、飲食店舗であれば同種のものを収集して判定する。いわゆるソシアルビルの賃料は飲食店舗でも高い水準に設定されていることがあるので、これを物販店舗等の参考とするのは現実的ではない。店舗ビルではあるが、英会話学校等のスクール利用の場合、オフィス賃料が参考になるケースもある。

(2)　テナントの負担能力から求めたもの

　賃料設定は、周辺の賃料相場のみならず、入居するテナントの負担能力に大きく左右される側面がある。そもそも、物販と飲食では売上高からみた負担能力には大きな違いがあるといわれている。

　負担能力を判定する場合、商品の仕入れ相当となる売上原価を控除した粗利益をベースに考えることが多い。さまざまな指標などをみると粗利回りに

対して20〜30％程度の水準が、賃料負担能力の限界と考える向きが多く、これがひとつの指標のようにもみえる。かつては粗利3分の1という原則もあった。

(3) 一時金の状況

商業テナントビルの場合、敷金や保証金といった一時金の額（賃料に対する月数）が住居用不動産やオフィスビルに比べるときわめて大きい。住居用不動産は地域や家賃設定による差異はあるが通常2〜3カ月程度（地方により差違はあるが）、オフィスビルの場合は6〜12カ月程度のものが多いのに対し、商業テナントビルの場合、12〜24カ月程度の敷金ないしは保証金を徴収することが通常となっている。これでも、かつてよりは少なくなった印象もある。

敷金は本来賃料の未払いや賃貸物の損傷を担保する性格があるのに対し、保証金は賃貸人に対する一時金の一種と考えられており、建設協力金等と同様のものと考えられている。なお、敷金のなかでも一般的な慣行で授受される範囲を超える部分については保証金に含まれるものと解釈されることがある。

3　工事負担区分の違い

商業ビルにおいて注意すべきことは、テナント側が内装工事を行うことが多いのが特徴で、いわゆるスケルトン（基本構造）貸しが大半である。大型のショッピングセンターにおける、エスカレーターや空調設備といったものもテナント負担になっていることがある。したがって、財産帰属については、賃貸借契約書に付記される工事区分表（A工事・B工事として分かれている）をよくみて、どちらの負担による施工か、将来的な改修工事の負担はオーナー側、テナント側のいずれに存在するのかを慎重に調査する必要がある。

4　テナントミックス・プロパティマネジメントの重要性

　かつては、中心市街地に大型商業ビルをもっている者は、高水準の賃料を安定的に獲得できると考えていた。昭和50年代までは地方都市等でも商業集積は中心市街地であり、このエリアへテナントとして出店することは夢やあこがれもあり、賃料決定権限もオーナーサイドが有しているといえた。

　もちろん現状でも大都市の中心市街地は、容易にテナントを見つけることができるかもしれない。しかし地方都市における商業ビルは、郊外化の影響を直接受け、空きテナントが目立つものが増えている。特に百貨店や大型スーパーを核店舗として開発した再開発ビルについては、核店舗の撤退で厳しい状況にさらされているものもある。

　時の経過とともに、商業施設立地に変化がみられるのは通常であるが、新しいテナントビルであるからといって安心できるかどうかは注意が必要で、テナントミックスに失敗し、想定賃貸料を下回ったビルも時々見受ける。テナントビルは最初の印象が大事であり、この時のインパクトが弱いと後のリニューアル時においてもよいテナントを誘致しにくい面が存在する。

　このため、テナントミックスと呼ばれる「テナント誘致業務」は重要で、また売上高や集客数を管理し、実績が劣るところについては退去、入替えを行うことが非常に重要となる。テナントビルへの融資を行う金融マンは常日頃から多数のテナントビルをみて、どのようなテナントが入居しているか、集客力の高い有力なテナントはどのブランドか、ビルにおけるテナントミックスの状況を把握し、担当している各テナントビルの立地、商圏の特性（想定される顧客層のイメージ、客単価など）を掴み、これと実際のテナントミックスに相違があるかないか、ある場合は実際の売上高や賃貸力獲得に問題が生じないか、また周辺において新たな競合施設が建設されないかといったさまざまな点を検証しておく必要がある。

5　商業テナントビルと建設コスト

　さて、商業テナントビルをみるうえで重要なポイントのひとつに建設コストがある。かつては一定のコストをかけ、それなりに豪華なイメージをつくりあげることで集客をする傾向が強かった商業テナントビルであるが、現在はどうであろう。高額なブランド商品を販売する店舗が入居するビルの場合、高単価の建設コストをかけるに見合う賃料単価がとれるケースが多いが、通常の物販ビルの場合、建設コスト単価を下げ、投資回収期間を短くし、リニューアル工事期間を短く設定、あるいは建物の建替えまでの使用年限を短く設定するのが現在の傾向である。

　都心立地型のものは地下利用は効果的であるが、郊外型の物件については地下部分の築造は地上部分の数倍のコストがかかるため、できるだけ小さくする必要がある。地下店舗街のさらに下に地下駐車場を設置する等を行うのは非常にコスト高なビルになってしまうため、郊外部ではこのような形態のビルは避けるべきである。また、開放感を高めるため天井を高くとるのが一般化しているが、躯体・壁・天井部分の使用資材についてはコストの低いものを用いるようになってきている。駅近接型のビルでも同様の仕様が多いことをみると、商業環境の変化の可能性を十分にらみ、建物のような償却資産投資はできる限り節約するのが一般化しているといえる。

V　不動産評価の考え方

1　商業ビルの分類

　商業ビルの分類は、所有・利用形態からみると、おおむね次の3つがある。

> ① 自社による運営がなされている商業ビル
> ② シングルテナントビルとして第三者へ賃貸されている
> ③ マルチテナントビルとして第三者へ賃貸されている

　賃貸借契約が締結され、賃貸料収入として認識されるのは②または③であるが、シングルテナントのなかで関係会社間において賃貸しているケースも多々ある。この場合は関係会社間で若干の利益調整を行っている可能性があり、本来の不動産の経済価値を基礎とした賃貸料水準と乖離している場合もある。こうしたケースでは賃貸料をそのまま収益として利用することはむずかしいため、周辺における賃貸事例や売上高や粗利益などを調査し、これらからみて妥当性があるかどうか検証することが求められる。

　また、第三者間の賃貸借契約であったとしても、シングルテナントビルとして運営されている場合、現状の賃貸料がテナントの賃料負担能力を超えたものであれば、将来における賃料改定、退去の可能性もある。したがって、できる限りテナントの売上高や粗利益率を把握するように努め、賃料負担能力からみた検証をかけることが有効と考えられる。

　自社による運営がなされているビル（百貨店やスーパーとして利用されているビル）は、第三者の賃貸を想定し、周辺の賃貸事例等をもとに賃料を査定する方法と、対象不動産の店舗収益を基準に考える方法がある。一般には、賃料を店舗の粗利益を基準として査定するケースが多い。なぜなら類似の一棟貸しの賃貸事例を見つけることは情報開示の観点から容易ではない側面があるからである。この場合の店舗の利益は売上高から売上原価を控除した粗利益または償却前営業利益を使うのが一般的となっている。なお、複数の店舗を運営している大型流通業者の場合、各店舗から本部経費を捻出するのが通常であり、営業利益を求める場合にはこの額を念頭に置いておく必要がある。

2　具体的な評価の流れ

第1ステップ：資料収集・整理

□物的資料
　■登記簿謄本、図面（地図、公図、建物配置図、建築設計図書）
　■建築請負契約（工事負担区分をチェックする）
　■エンジニアリングレポート（長期修繕計画）
　■借地があれば借地契約書を調べる
　　（駐車場を借りている場合はこの内容）
□収入に関する資料
　■賃貸物件の場合、賃貸借契約書・テナント明細
　■テナントの収支に関する資料
　　（自社使用の場合は店舗の財務諸表）
　■売上変動賃料がある場合はこの推移がわかる一覧表
□支出に関する資料
　■土地家屋課税証明書、火災保険契約書
　■その他維持管理等支出に関する資料を収集する
□競合店舗・MD・商圏に関する資料
　■商圏調査レポート
　■対象不動産建築にあたってのコンセプト資料
　■テナントミックスを決定するにあたっての検討資料

第2ステップ：物件調査・周辺地域（商圏）の調査

□物的状況、維持管理の状況
□マルチテナントの場合は入居状況
□店内の配置の特性、客動線、売場やテナントへの集客状況、商品の状況について調査する。

□駐車場の配置状況とその台数については注意する。
　　□商圏調査
　　　■都市の状況
　　　■交通機関の状況（乗降客数や乗客構成）
　　　■商業施設の配置状況（特に回遊性について）・競合店舗の状況
　　　■企業や学校の配置状況
　　　■将来的なリニューアルや万一閉鎖する場合の転用可能性

第3ステップ：キャッシュフロー、利回り分析

□収入に関する分析
(1) 賃貸物件の場合
　　■現状の賃料と相場賃料の比較を行う。
　　■各テナントの負担能力からみた妥当性を検討する。
　　■獲得賃料が小さい場合には、入替えによる増額が可能かを検討する。一方獲得賃料が大きい場合には将来下落するリスクを勘案する。
(2) 自社により運営されている物件の場合
　　■賃貸料を査定する。
　　　・周辺の賃貸事例から推定する。
　　　・店舗からあがる収益分析を行い、負担能力をもとに求める。
　　　　→本部経費を考慮したか注意する。
　　　　負担能力からみた賃料水準（たとえば売上高×粗利率×25〜30％というかたち）を設定する。
□支出に関する分析
　　現状の支出をベースに考える。
□利回り分析
　　売買事例をもとに、取引利回りから求める方法
　　利回りに関する指標を集める。
　　■考慮すべき事項

・マルチテナントであるかシングルテナントであるか？
・テナント企業の信用力を十分にふまえているか？

第4ステップ：評価手法の適用

□収益還元法の適用（DCF法・直接法）
□原価法
　※定期借地権設定土地上の商業施設の場合、契約期間と契約形態に応じて考える（借地契約満了時はゼロになることもある）。

第5ステップ：試算価格の調整

求められた試算価格を調整する。
特に収益価格と積算価格に大きな乖離が生じた場合は、再検討してその理由と背景を探る。

3　留 意 点

(1)　テナント契約と営業による収支の把握

　資料収集の際、テナントとの賃貸借契約は必ず収集し、この内容をよく読むことが必要となる。テナントビルの場合、契約内容の個性が強いため、思わぬ落とし穴が存在することがありうるので注意したい。
　また、できればテナントの収支状況がわかるものを集めるよう心がけたい。これを用いることで賃料の妥当性を検証することができる。ただ、開示上これは容易でない場合も想定されるため、入手できない場合は、売上高と粗利率がわかるもの程度の提出を求める、あるいは業者の年鑑や、上場企業の場合は有価証券報告書の記載事項等にヒントが見出せる場合もある。

(2)　負担能力からみた賃料の検証の必要性

　地方都市の百貨店や郊外ショッピングセンターでシングルテナントとなっているものについては、撤退後のリスクを十分にふまえるため、現状の賃料

とテナントの収支を十分に検証する必要がある。また、賃料水準が負担能力からみて高いときは、実勢をふまえ補正を行うなどの措置が必要となる。

(3) 駐車場の整備状況の確認

建物の構造や維持管理状況、店舗内の配置を調査するとともに、駐車場の整備状況を十分チェックする必要がある。競合施設の調査においても同様である。

(4) 利回りの設定

商業ビル・ショッピングセンターの利回り設定は非常にむずかしい。最近では、J-REITの登場で取引利回りを把握することができるようになったが、件数的に収集できるものは限られている。平成26年3月現在、おおむね次の水準ではないだろうか。

地　　域	利回り水準
首都圏都心部	4.0～4.5%
首都圏郊外部	6.0～6.5%
地方大都市都心部	6.0～7.0%
地方大都市郊外部	7.0～8.0%

オフィスビルやマンションに比べると、景況感の変化によるテナントの収支のボラティリティが高く、賃料変動リスクが高いものと考えられ、これらの利回り水準より高め（おおむね0.5～1％程度高め）の水準になっている。かつては、移転・閉鎖する店舗が多く、このリスクは高いものと考えられていたが、昨今の状況では、流通業者の出店がかつてに比べ慎重になっているため、テナント信用力によってはこの開差が縮小しているものと考えられる。

類型 その5

物流施設の評価

I　はじめに

　近年、投資対象としての人気が高まっているもののひとつに物流施設がある。物流施設とは、いわゆる倉庫が代表例であるが、輸送における保管と入出荷に伴う作業を行うための施設全般をいう。

　かつて企業は、生産から販売に係る過程における物流部門を自社内に抱えており、あるいは輸送のみを外部委託するとしても倉庫等の施設は自前で用意し商品管理を行うのが一般的であった。最近では3PL（サードパーティ・ロジスティクス）と呼ばれる方法がとられ、輸送・管理・保管業務を専門業者に完全委託し、これによる手間やコストの削減が急速に進んでいるが、物流業者が大きくなることで施設そのものの大型化が進んできており、施設自体も物流業者の保有から賃貸に転換する傾向がみられる。

　この点が注目され、優良物流業者に対する長期賃貸借契約を結ぶ形態の物流施設の場合、安定した収益獲得ができることから、投資家の資金が流入するようになった。もともと、このような物件は、都心部には存在せず、高速道路沿いや空港、港湾近隣という立地にあり、一般のオフィスビルや住宅とはやや異なる性格があったが、近年ではジャストインタイム方式による商品供給が不可欠で、さらに店舗販売からインターネットショッピング形態への転換もあり、物流施設は日常生活と関係が深まり、特殊性そのものが薄れつつある。

　ただ、物流施設そのものは住宅やオフィスと異なり、一般人が普段出入りするものではなく、理解しにくい側面もある。ここではこのような物流施設についてその概念と特性を分析し、評価についての考え方をまとめてみたい。

Ⅱ 物流施設の特徴

1 輸送形態における3PL形態

　物流施設というとまず倉庫を思い浮かべるかと思われる。もちろん保管という側面では倉庫であることは確かであるが、現状では製品保管のほか、在庫管理等も緻密に行っているところが増えている。

　かつて倉庫は、通常メーカーもしくはこの関係会社等が保有し、ここから商品を供給サイドへ提供するためにトラックを使い出荷するという形態が一般であった。大規模なメーカーの場合はトラック業者を関連企業として保有するケースも多く、これを出発点として幅広い物流事業を行う企業も存在する。

　一方で、近年はこの企画から保管・輸送に至るまでの業務全般を委託する3PL形態が増加している。メーカーと物流業者等の3PL業者との間は委託などの契約によりつながり、物流業者は製品の輸送・保管・管理・配達といった物流業務を包括的に請け負う形態である。このため、メーカーサイドは倉庫をもつ必要がなくなることによる投資コストの削減、さらには輸送・保管の企画や運営の人材と手間、場合によっては輸送するドライバー、システム開発コストというものの負担から離れることができるうえ、ジャストインタイム方式という定時輸送への対応も必要がなくなるなど、商品供給全般の煩雑さから解放されることになる。

2 物流施設における所有と経営の分離、投資家の動向

　3PL事業者は、運送業者と倉庫業者が多く、システム作成等はここから専門のシステム会社に外注しているケースも多いが、倉庫等の施設はこれらが

保有している、あるいは不動産会社（J-REIT、投資ファンド等を含む）から賃借しているケースが多い。

　効率化を考えると施設の大型化は避けられず、1施設当りの投資額が100億円前後になることもあり、多額の資金調達が必要となる。これに対し運送業者や倉庫業者がこの負担をとるにはリスクが大きい面があり、所有と経営の分離が急速に進んだ。この分野には日本系企業より外資系企業のほうが早くから着目しており、平成15年前後にこの流れが急速に進んだ。大型倉庫建築のための用地取得が交通面で優位な箇所で多くみられ、首都圏では湾岸部（主に横浜～川崎～東京～千葉を結ぶ湾岸線沿線）や外かん道路、将来的に圏央道の通るエリアで急速に進み、物流用地の地価が上昇した。

　これに水を差したのが平成20年後半期に起きたいわゆるリーマンショックである。外資系金融機関・企業の日本からの撤退が相次ぎ、物流施設についての売り物も出るなど、不確定な側面が出てきた。ただ、都心部の外資系企業の入居が目立つオフィスビルと異なり、物流施設は国内の消費者向けの施設であり、金融不況がそのまま物流施設需要の後退とはならなかった。賃貸借契約が長期のものが中心で賃料が下落しないこと、また大規模施設についてはそもそも物件数、適当な立地箇所が少ないという点もあり、比較的早い時期から投資需要そのものが回復した。ネット販売の増加に加え、皮肉にも消費不況による一時的なストック保管の必要性が後押しした面もあった。

　投資家は国内・海外を問わず多く、物流施設自体、長期契約が一般的で賃料の安定確保の可能性が高いこともあり、投資利回りは低下基調となった。昨今の不動産市況の回復もあって、物流施設自体の人気は非常に高い。ただ、多数の大規模施設が完成・稼働を進めていることもあり、過剰感を指摘する声も出てきている。需給バランスを、十分に見極める必要はある。

3　立地的な特性

　立地的な特性としては、物流ルートに近くまた拠点性があるところに多いという点があげられる。一般には高速道路のインターチェンジ（特にジャン

クションに近いインターチェンジが多方面への輸送に適している）や港湾、空港に近接していることがポイントといえる。まず、メーカーの工場から実際に消費者に至るまでに想定される、現実の物流ルートをみてみよう。

(1) 工場から消費者への流れ

　工場で製造された製品は、メーカーの自社倉庫または3PL業者の大型物流施設にいったん入り、商品管理がなされる。ここから配送業者による輸送ルートを通り、店舗という商業施設を経由して消費者に入るのが一般的であった。最近ではインターネットショッピングの急速な普及で直接消費者に入るケースも増えている（注文・発注・代金回収という点で、ネットサイト事業者が介在する）。

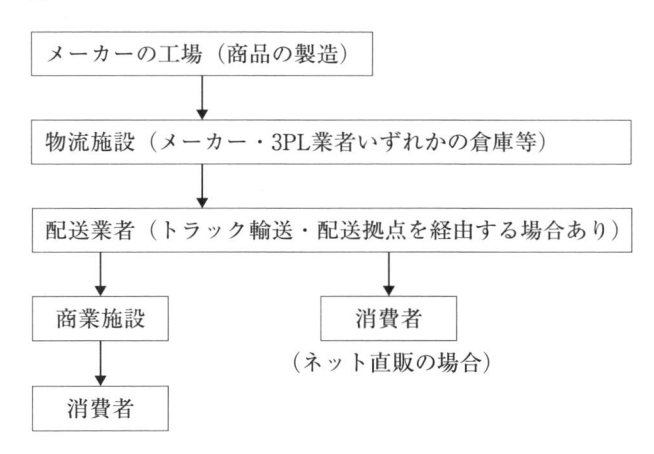

```
メーカーの工場（商品の製造）
        ↓
物流施設（メーカー・3PL業者いずれかの倉庫等）
        ↓
配送業者（トラック輸送・配送拠点を経由する場合あり）
   ↓              ↓
商業施設        消費者
   ↓         （ネット直販の場合）
消費者
```

　この流れのなかでみると物流施設の立地に適しているものは3つのパターンとなる。

---

① 　メーカーの製造拠点に近いエリア
② 　配送に適しているエリア（高速道路のインターチェンジ・空港・港湾等）
③ 　消費者が多く居住し、地域の配送拠点が集積するエリア

一方で、消費者の要求がどんどん厳しくなってきており、ほしい時にすぐ手に入ることを要求するようになってきた。「リードタイムの短縮」という言葉はもともと開発・製造工程期間の短縮を意味していたが、最近では物流時間の短縮をも意味するようになってきており、消費者にいち早く届けるには交通の便のよい場所に物流センターを置くことが求められている。

　輸送の中心が日本の場合、トラック、特に中型トラックが中心になると思われるが、商品を最も速く、かつ正確なスケジュールで届けるためには、配送に便利な高速道路のインターチェンジ近辺が最も適していることになる。首都圏では東京都心部を中心に郊外部に住宅が配置されており、東西北方向に動きやすい場所が望ましい。湾岸部の道路は整備されているが、内陸部を結ぶ道路である「外かん道路」沿道や、最近急速に整備が進められてきている「圏央道」の沿道のインターチェンジ付近は、今後において物流施設適地といえ、大規模な土地はあまり出ないこともあって需要が集中し、一時は高騰に近いくらいの値上りもみられた。

(2) 物流効率化法との関係

　高速道路のインターチェンジや港湾地区に近接するエリアは物流拠点整備の適地であり、ここに大型施設を整備することで拠点集約を行うことが望まれている。この物流効率化は自動車通行量をも抑え、トラックから発生されるCO_2量を軽減できる環境的な効果も高く、国はこれに対応し「流通業務の総合化及び効率化の促進に関する法律（物流総合効率化法）」を制定し、税優遇策等の対応を行っている。

　このなかで、市街化調整区域における開発許可制度の緩和があり、指定区域（たとえばインターチェンジを基準とした5kmの範囲内）と指定路線・区間を設定し、これに該当する部分においては、業種面での枠もあるが、調整区域内でも物流施設の建設ができる可能性が高い。

(3) 日本国内における物流拠点立地

物流拠点はもちろん全国各地に整備されるものである。一般には製造業の工場が集積するエリア、空港・港湾に近いエリア、消費者が多い大都市周辺のエリア、この3地点に近接した地域に物流施設の需要があることがわかる。

主な特徴は次のとおりである。

□消費者は人口的な点から圧倒的に首都圏、関西圏、中京圏で集中している。
□国内に入る貨物輸送は首都圏では東京港、横浜港、川崎港、千葉港と成田空港が多く、また関西圏では神戸港・大阪港、中京圏では名古屋港が多い。このほか地理的にアジアに近い北部九州の博多港も多い。
□製造拠点は全国的にバラついている側面はあるが東海地方は比較的集積している。

これらの特性をふまえ、国内で高い需要が認められるのは次の地域となる。

---

① 東京湾岸部(主に成田空港〜千葉〜東京〜川崎・横浜)エリア
　日本最大の港湾、空港、消費地を控えている。
② 東京内陸部環状道路沿道(外かん道路、圏央道整備中)エリア
　大消費地をバックとし、関東エリアいずれにも移動が可能である。
③ 東海地方エリア
　製造工場に近く拠点性がきわめて高い。
④ 関西湾岸部(神戸〜大阪)エリア
　輸出入が多い港がありかつ関西という大消費地を控えている。
⑤ 北部九州エリア
　博多港があるほか、九州地区全体という消費地を控えている。自動車交通的には東西南北の高速が集積する佐賀県の鳥栖ジャンクション周辺は九州最大の物流基地となっている。

工場については全国的に分散している面はあるが、首都圏に近いエリアでは埼玉北部・群馬・栃木といった北関東地域が多く、このエリアの高速道路、特に圏央道沿道については物流需要が高いものと考えられる。
　最近ではネット販売に対応する物流基地、さらにコンビニエンスストアへの商品供給のための物流基地が不可欠であり、いずれも強い需要に支えられている。もちろんこのようなエリア以外にも物流施設の需要はあるが、需要力はこれらのエリアに比べると弱いものと考えられる。

(4) 適地の少なさ

　このように考えてみると、実は物流施設としてのよい立地（適地）といえるエリアは狭く、少ないと考えられる。
　通常、物流施設向け用地の単価は純然たる製造施設のための工場用地に比べると高めに設定されている。ただ、中心部の商業地や住宅用地に比べると一般的に単価は低く、大規模な用地取得が可能といえ、よい立地のものをうまく購入すれば安定的なリターンも期待できる。
　したがって、立地がよければ投資物件として魅力的な側面も垣間見られる。

4　物流施設の分類

　物流施設の分類は必ずしも明確ではないが、ユーザーあるいは入出庫される品目などを勘案するとおおむね次の3つに分けられる。

分　類	主な機能
製造者対応型	・製品の保管、出荷を行うための物流センター ・製品の輸出、原料の輸入のための物流センター
物流業者対応型	・宅配業者や路線業者向けのハブ、配送センター ・航空貨物向けのエクスプレスセンター
小売業者対応型	・店舗向けの物流センター ・定温・低湿管理機能をもつ物流センター

5　倉庫業と物流施設の関連

(1)　倉庫業と現在の施設との関係

　倉庫を分類すると営業倉庫、自社倉庫、農業倉庫、上屋・保管庫といったものに分けることができる。

　このうち、営業倉庫については倉庫業者が利用するもので、倉庫業者に対しては倉庫業法が適用される。なお、その2条には倉庫に関する定義があり、「物品の滅失若しくは損傷を防止するための工作物又は物品の滅失若しくは損傷を防止するための工作を施した土地若しくは水面であって、物品の保管の用に供するものをいう」と規定されている。また倉庫業については、「寄託を受けた物品の倉庫における保管を行う営業をいう」と定義づけられており、業者は国土交通大臣への登録が必要となる。

　寄託は顧客からモノを預かり保管することを指すが、寄託制度が倉庫業への他の業界からの参入を阻んでいたといわれる。すなわち倉庫の床を賃貸するという概念ではなく、あくまでも倉庫業者に預けるという考え方である。事業として行われる倉庫業の収支は単体の倉庫での把握よりも倉庫会社全体における把握のほうに重きが置かれているものと考えられる。

　一方で今日における物流施設は、倉庫業者による寄託のみを前提としたものではなく、物流業者や商社等に対して賃貸借契約を前提に貸し出されるものも含んでおり、これが一般的になっている。したがって不動産としての収益認識は、賃貸料がベースになるのはいうまでもない。この考え方を持ち込んだのはアメリカの物流施設運営事業会社で、大都市圏を中心に複数の大規模な物流施設をもっている。外資系の資本であったことから、平成20年後半期に起きたいわゆるリーマンショック後の金融不況で、それまで急ピッチで進めてきた施設整備を一時期縮小したが、物流施設需要の勢いは衰えなかったため、比較的早い時期から投資を再開している。

　かつてはBTS（ビルド・トゥ・スーツ）と呼ばれるテナントの要望にあわせいわばオーダーメイド型の施設が多かったが、最近ではマルチテナント

型のものも増えている。

(2) 最近時における物流施設の賃借人

　では、この物流施設の借り手にはどのような事業者がいるのであろうか。施設の規模にもよるが、通常、大手の運送業者や商社、そしてグローバル規模で事業展開する製造業者が中心となる。3PLの進展で、ロジスティック計画を策定し、実際のオペレーション・輸送を手掛ける企業が増えてきており、賃借人は多い。

　通常物流施設の賃借人となるケースは、3PLを手がける路線トラック業者、宅配業者、スーパーマーケット等の流通小売業者、さらには製造メーカーなどさまざまである。もちろん賃借人の企業の規模も多様であり、テナントによって企業の信用力等に差異がある。テナントの信用力が不動産の経済価値に与える部分は大きいものと考えられる。

　特に国内の物流施設をみると、マルチテナント型のものが最近は増えてきているものの、通常1施設につき1テナント（事業者）といった形態が多いのが特徴で、1社が独占的に使用できる点では合理性があるものの、このテナントが抜けた場合直ちに次のテナントの買い手がつくのかという問題があり、シングルテナントであるがゆえのリスクを十分にとらえる必要がある。

　リスク軽減の意味を含めると、テナントの信用力調査のほかに、やはり優良立地であること、物流施設として汎用性が高いと思われるものが投資対象としては無難であるといえる。

(3) 賃料水準の把握

　物流施設の賃料や敷金・保証金の水準（坪単価）は、不動産データサービス会社に問い合わせると、おおむね確認できる。また賃貸事例も比較的多いため相場水準が形成されており、この把握はオフィスやマンションほどではないが、容易になっているものと思われる。

　注意すべき点として、パレットやコンベア等の作業機械が付設し、これを

不動産オーナー所有の形態の場合は、一般の賃料より高くなる。多層階形式のものについては1階部分のほうが高いが、スロープ・ランプウェイがある場合は上層階との差異は小さい。

6　物流施設のつくり

(1)　トラックバース

　物流施設はトラックで荷物の出し入れを行うものであるが、通常の場合1階部分にトラックが到着するバースがあり、ここで荷さばきがされて保管庫に移されるつくりになっている。最近では施設の超大型化が進んでおり、多層建てのものが増えている。なかには自動車通路を設置し、2階以上にもバースを設置するものも多くなってきている。

(2)　主な箇所の特徴

イ　入出荷部分

　トラックが着くバース部分には庇が掛けられており雨天対応がなされていることが多い。規模が大きい施設は順番待ちをするトラックも多くなるため、屋外部分にヤードを用意しここで待機することになる。

　バースに到着したトラックで荷物の揚げ降ろしをすることになるが、バースとトラックとの段差を解消するためにドックレベラーといわれる装置が備え付けられているところが多い。

ロ　床荷重

　床荷重の設定は、設計時に想定される取扱い製品による。荷重が高いほど当然にして建築コストに反映されるが、一般のオフィスビルの床荷重が400kg／㎡前後であるのに対し、1t／㎡を超える設計になっているものもある。床はコンクリート床でこれに塗装を施したものが一般的となっている。商品にもよるが防塵処理を行っているものが多い。

ハ　天井高

　天井高は一般に4～5m前後のものが多く、なかには6mを超えるものも

ある。ただ、取り扱う商品に応じた高さに設定されるものと思われる。

　商品の移動にはフォークリフトを利用するところもあるが、天井高が高いほど保管量は多くできる半面、出し入れが容易でなくなる面がある。自動倉庫と呼ばれる機械装置を附置している場合はこれにあわせた設計がなされることが多い。

　　ニ　柱の間隔

　当然にして広いもののほうが、妨げるものがなくてよい。ただ、柱の間隔は建物強度に影響を与え、床荷重にも影響する側面がある。このため多層倉庫の場合は12〜15m程度が限界ではないかと考えられる。

　　ホ　エレベーター・垂直輸送機

　多層階の場合は、フォークリフトがそのまま入れるエレベーターや自動搬送システムに組み込まれた垂直輸送機等がある。

　　ヘ　温度・湿度管理

　取り扱う品物により温度管理や湿度管理が必要な場合は、これに対応した設備が設置されている。特殊機能が装備されるとその分建築コストが高くなり、高賃料単価が求められる。

Ⅲ　不動産評価の考え方

　一般的な評価に出てくる物流施設は賃貸型のものが多いと考えられる。ここでは賃貸型を中心とし、自社利用の倉庫についても少し検討を加えることとする。

1　基本的な考え方

　物流施設は賃貸用不動産が多く、評価手法は原価法・収益還元法（直接

法・DCF法）を採用する。投資用不動産としての適格性が高い物件については、収益性を重視してその経済価値をとらえるべきである。この点は賃貸オフィスビルやマンションの評価となんら変わるところはない。もちろんテナントの信用力等留意すべきであり、特にシングルテナント形態の場合は注意が必要である。

　一方で、自社利用の倉庫の場合は、収益還元法の適用が第三者への賃貸想定となるが、この倉庫が十分な賃貸需要があるかどうか、また倉庫の特殊性をも考慮する必要がある。

2　具体的な評価の流れ

第1ステップ：資料収集・整理

□物的資料
　■登記簿謄本、図面（地図、公図、建物配置図、建築設計図書、建築請負契約）、借地の場合はこの契約書
　　※敷地が港湾地区の公有地に所在する物件の場合、使用許可によるものが多いので注意したい。
　■大規模修繕計画（エンジニアリングレポート）
　■物流施設設計にあたっての計画書等
　■大規模物件の場合、開発許可取得の状況の調査
　　（特に市街化調整区域の場合建替えができるかを調べる）
□収入に関する資料
　■賃貸物件の場合、賃貸借契約書
　　契約内容をよく確認する。相場賃料を賃貸データなどをもとに調べこの差異を調べる。
　■自社使用物件の場合
　　周辺における賃貸事例・相場賃料データをもとに査定する。

□支出に関する資料
- ■土地家屋課税証明書、火災保険契約書
- ■その他維持管理に要する支出(保守点検料)に関する資料を収集

> ※プロパティマネージャーが介在している場合はその報告書が収支把握において重要な参考資料となる。

第2ステップ:物件調査・物件周辺の調査

□物的状況の調査
□維持管理の状況
□入居の状況
　※賃貸物件の場合、テナントがかわっても入居者が見つけやすいかをよく検討する。
□周辺地域の調査
- ■立地の特性・優位性
- ■周辺における競合物件の状況、対象不動産の競争力の把握

第3ステップ:キャッシュフロー、利回り分析

□収入分析
- ■賃貸物件の場合→市場賃料との差異の分析
　　　　　　　　　契約内容の精査
　　　　　　　　　テナントの信用力を十分に調査する。
- ■自社使用物件の場合→賃貸に適しているかどうか?
　　　　　　　　　　　設定した賃貸料が正しいかどうか?

□支出分析
現状の支出をベースに把握する。
PMレポートがあればこれを参考とする。

□利回り分析
　取引利回りや利回りに関する指標（たとえば日本不動産研究所の投資家調査の結果等）を集めて検討する。
　立地による差異が大きいため、投資家の動向と地域性のとらえ方を十分にふまえる。

第4ステップ：評価手法の適用

□収益還元法（DCF法・直接法）
□原価法
　施設のグレード、設備の状況により建物の価格に影響が出るため十分注意する。

第5ステップ：試算価格の調整→価格の決定

　求められた試算価格を調整する。特に収益価格と積算価格に大きな乖離が生じた場合は、再検討してその理由と背景を探る。

3　留意点

(1)　シングルテナントである場合の留意点

　物流施設はシングルテナント型の形態が多いため、テナントリスクについては常に考えておく必要がある。特殊な仕様の施設の場合は特にこの点に注意したい。近年では、投資需要の増大から利回りが低下傾向にあり、収益価格＞積算価格となるケースも多く出てきている。この場合、現状のテナント契約書を熟読し、賃料改定の可能性をよく検討することが肝要となる。周辺賃料との乖離がある場合は十分に留意する。

(2)　自社利用の施設の場合

　自社利用の施設は、通常第三者への賃貸を前提につくられていない。また立地も必ずしも物流適地にあるとは限らず、倉庫需要が小さいエリアに所在

するケースもみられる。このような場合、賃貸借そのものがむずかしいと購入者を探すこと自体がむずかしくなるものと思われる。流動性の観点からもう一度見直しを行うことが望ましい。

(3) 利回りの設定

物流施設は、3大都市圏においては現状非常に需要が強い状況にある。現実の取引利回りなどをみると平成26年3月現在、おおむね次の水準になっているのではないだろうか。

地　域	利回り水準
首都圏	5.5〜6.5%
関西圏	6.0〜7.0%
東海圏	6.0〜7.0%

一般にオフィスビルや住居系の不動産に比べるとその水準は若干高い。ただ、投資商品としては収益の安定性が高いという評価や、投資機会が大幅に増加したこともあり、この差は縮小している印象を受ける。

(4) 建物の再調達原価の査定・長期修繕計画の策定・資本的支出の査定における留意点

物流施設は、高い床荷重を実現するために構造物に相当の費用がかかっていることや、保温・保湿、クリーン機能等がある場合は、この空調等の設備に多額な費用がかかっていることが考えられる。このため、当初の建築請負契約の費用明細や、エンジニアリングレポートに記載される再調達価格なども確認し、できる限り正確な再調達原価を把握する必要がある。

類型 その6

高齢者住宅
（有料老人ホーム・サ高住）の評価

I　はじめに

　わが国では高齢社会が到来し、65歳を超える高齢者の人口は平成25年9月現在推計で約3,186万人に達し、日本人の4人に1人は高齢者というのが実態となっている。かつては高齢者向け住宅というと特別養護老人ホームや老人保健施設といったものが中心で、営利法人の参入機会は少なく、運営主体はもっぱら医療法人、社会福祉法人であった。

　しかし、平成12年の介護保険制度の導入によりこのような状況は大きく変わり、介護費用を保険でまかなえることになったため、有料老人ホーム事業や介護事業への営利法人の新規参入が急速に進み、現在では有料老人ホームが随所で建設・運営されるようになった。

　介護保険制度開始当初は、有料老人ホームは新築より企業が保有していた独身寮などを転用するケースが多く、運営業者はこの取得からスタートしたところも多かった。一般企業がバブル期に取得した保有不動産を整理するにあたり、独身寮などが市場に大量に出回ったこともあり、比較的状態のよいものを安価に仕入れられる環境にあったことから、有料老人ホームのオペレーターにとって優位な条件で不動産取得ができる状況でもあった。しかしこのような物件が次第に底をつき、また老人ホームに要請される建物の基準（共用部分、廊下の幅や居室面積、設備面）が厳しくなり、転用ではまかないきれなくなると、新築物件が志向されるようになった。

　一方で、投資用不動産としての有料老人ホームへの注目が集まり、リーマンショック直前の平成18〜19年頃までには土地の有効活用の一例として認識され、物流施設やビジネスホテルと並ぶ投資用不動産の新たな類型として注目を浴びるようになった。リーマンショック後も高齢化の進展と老人ホーム需要の変化は特段ないことから、景況感の悪化による投資利回り等の変化

はみられたものの、基本的な投資意欲が落ち込むことはなかった。

　有料老人ホームのオペレーターも、医療法人や社会福祉法人といった医療周辺業界中心から、現在では鉄道やバス会社といった運輸業、電力、ガス、不動産、製造業、外食産業と幅広い業界からの参入もあり、多彩な状況になった。介護事業や老人ホーム事業を専業にしているところに加え、異なる本業ながら信用力が高い企業の参入により競合が激化している側面はあるが、高齢化のさらなる進展により有料老人ホームに対する入居ニーズは今後も高まり、建設はしばらく続くことが予想される。

　有料老人ホームは厚生労働省の所管のもとで介護保険法に基づき運営されているが、一方で、国土交通省所管の高齢者向けの賃貸住宅が存在し、「高齢者住まい法」に基づき整備が進んできた。平成23年に「高齢者住まい法」が改正された際に、旧国土交通省所管の高齢者向け住宅が「サービス付き高齢者向け住宅（サ高住）」に一本化され、国土交通省と厚生労働省の共同所管となり、今後10年間で60万戸程度の整備が目標として掲げられた。土地の有効活用に「サ高住」という言葉が出てきたのは比較的最近であるが、今後急速に増加することが推定される。

　有料老人ホームや「サ高住」は事業者の性格にもよるが、土地・建物を自己所有する形態と、賃貸による運営を行う事業者があり、特に有料老人ホームは、事業拡大期が不動産の証券化が熟成した時期と合致したこともあり、所有と経営の分離が比較的早くから進んできた。三井不動産株式会社による「ホスピタリティ・レジデンスファンド」をはじめ、私募やJ-REIT組込資産としての有望性も高く、今後証券化の分野においても、このような施設をみる機会の増加が想定される。金融機関の融資担当者は、事業者に加え不動産所有者（投資家）との付き合いが想定され、建築資金の担保や証券化における評価が必要になる。

　通常、何らかの仕組みを伴う場合は、長期の一括賃貸を前提としたものが中心で、基本的には賃借人（オペレーター）の企業（事業）リスクをどうみるかという側面にかかっている。ただ、賃貸料の妥当性を吟味するうえで、

ある程度の事業分析が不可欠といえる。一方で、自己保有を前提とした企業の場合、個々の施設の事業収益を前提として収益性を把握すべきものとなるが、老人ホーム事業が包含するリスクの分析や会計上の入居一時金処理の方法と現実の居住年数等とのギャップの存在があり、想定の営業収益の獲得が可能かどうかは微妙な側面がある。特に、通常の収益物件と異なり、入居者の権利形態が複数存在すること、収益項目に入居一時金の償却額という項目が存在するなど、複雑な側面もある。

また、通常のマンションなどに比べ、高齢者向けの施設という意味では、今後建築基準法をはじめ諸規制の改正も多く行われることも想定され、このような法規制への対応の必要があるものと考えられる。

ここでは有料老人ホームと「サ高住」の評価について考えてみたい。

Ⅱ　高齢者住宅の形態と有料老人ホーム・「サ高住」の位置づけ

1　高齢者住宅の分類とその形態

高齢者居住施設といったものにはさまざまなものがある。介護保険3施設と呼ばれる介護療養型医療施設（介護療養病床）、介護老人保健施設（老健）、介護老人福祉施設（特養）のうち、前2施設は医療法人に、特養は社会福祉法人に開設が限定されているが、これとは異なり、有料老人ホーム、認知症グループホーム、最近目にすることが多くなってきたサービス付き高齢者向け住宅（「サ高住」）は株式会社による開設が認められている。これら主なものを分類すると次頁の表のとおりとなる。

かつて老人ホームは介護が必要な人が入居する印象が強かったが、現在では有料老人ホームやサ高住においては自立生活者の入居を前提としたものも

■介護保険3施設

名　称	特　徴	開設主体
介護療養型医療施設「介護療養病床」	病院または診療所の病床で、介護を必要とするものが長期にわたる療養を行うもの（2018年3月廃止予定）	医療法人
介護老人保健施設「老健」	医療機関での治療後、在宅復帰に向け数カ月間程度にわたりリハビリを行う通所施設。現状は長期入所もみられる	医療法人
介護老人福祉施設「特養」	常時介護が必要な高齢者が長期間入所し、介護・機能訓練および日常生活の支援を受けるもの	社会福祉法人

■株式会社による参入が認められる施設

名　称	特　徴
有料老人ホーム	食事、介護、洗濯・掃除などの家事、健康管理のいずれかを行う施設
サービス付き高齢者向け住宅「サ高住」	設備・仕様が高齢者向けに配慮され、少なくとも安否確認や生活相談サービスが提供される賃貸住宅
認知症グループホーム	認知症の高齢者向けの入所施設で、認知症の進行を緩和させるために少人数を単位とした共同生活を行うもの　1ユニット9人までとし、原則2ユニットまでとする

多く、幅広い層を受け入れるようになっている。このほかに軽費老人ホーム、養護老人ホームと呼ばれるものも存在するが、いずれも社会福祉法人により開設されるものである。

2　有料老人ホーム・サービス付き高齢者向け住宅の定義とその分類

(1)　有料老人ホームの定義と分類

　　イ　定義と基準

　　老人福祉法29条によると、有料老人ホームは老人を入居させ、①入浴、排

せつまたは食事の介護　②食事の提供　③その他日常生活上必要な便宜であって厚生労働省で定めるもの、のいずれかのサービスを提供する施設と定義づけられている。この定義には介護保険３施設や認知症グループホーム、養護老人ホーム、軽費老人ホームは該当しない。

　有料老人ホームの具体的な設置や運営に関する基準としては、厚生労働省の「有料老人ホーム設置運営標準指導指針」があり、これに加え都道府県による設置運営指導指針があり、これらが認定のベースになると考えられる。国の指針より都道府県の指針の方が細かく規定されている。

　　ロ　類　　型

　設置運営標準指導指針、入居時の身体状況、権利形態によりそれぞれ区分が異なっている。

(A) 設置運営標準指導指針による区分

　特定施設の指定を受けているかどうかによる差異がある。

介護付有料老人ホーム（一般型）	介護保険法の特定施設入居者生活介護（特定施設）の指定を受けた有料老人ホームで、介護保険サービスの提供が可能なものを指す 介護専用型と自立者を含む混合型がある
健康型有料老人ホーム	特定施設の指定を受けていないもので、介護が必要となった場合は、退去が必要となる
住宅型有料老人ホーム	特定施設の指定を受けていないもので、健康型以外のものを指し、介護が必要となった場合には訪問介護等の外部の介護保険サービスを利用する（実際はホーム運営業者が訪問介護事業所を設置して介護を提供するケースもある）

(B) 身体状態による分類

　大きく要介護者向けと自立者向けに分けられるが、制度的なはっきりとした区分はない。自立者向けであっても介護居室を併設しているケースが多く、介護の必要が出た場合に、自立者向けの居室から移動できる形態をとっているところも多い。介護の必要度合いに応じた対応をとってもらえ、一見よい形態にもみえるが、混在が入居環境に与える影響も大きくむずかしい側

面があることに留意したい。

(C) 権利形態による分類

入居者の権利形態は3つに分類される。利用権方式が一般的となっている。

形　態	特　性
利用権方式	最も多い方式と思われる、居室居住と共用施設や介護のサービスを利用する権利を有する形態である。居住部分とサービス部分の契約が一体化したもの。この権利は譲渡や売却、相続はできない
建物賃貸借方式	住宅賃貸の権利とサービス契約が別々になっているものである。借家権が発生し、入居者から借家権の相続ができる
終身建物賃貸借方式	高齢者の居住の安定確保に関する法律の規定に基づく終身建物賃貸借事業の認可を受けたものが行うことができる方式で、入居者の死亡をもって契約が終了する

ハ　有料老人ホーム設置運営指導指針による指導

基本的事項、設置主体、立地条件、規模および構造設備、職員の配置、施設の管理・運営、サービス、事業収支計画、利用料、契約内容、情報開示といった項目につき記載されている。主なポイントは次のとおりである。

(A) 設置主体

地方公共団体や社会福祉法人に限定されるものではなく、株式会社等による参入を認めている。ただし、社会的信用が得られる経営主体であることが求められる。

(B) 立地条件

位置的な側面と、借地や借家である場合の条件が記載されている。入居契約が終身形態の場合、当初契約の契約期間は借地で原則30年以上、借家で原則20年以上とされ、自動更新条項が入っている必要がある。

(C) 規模・構造設備

居室や付帯設備、廊下の有効幅等に関する情報が明示されている。提供す

るサービス内容に応じた施設と面積、構造等が定められており、個室を原則とし入居者1人当り13㎡以上を確保する必要がある。

　　(D)　職員配置

　呼称にかかわらず、施設長、事務員、生活相談員、介護職員、看護職員(看護師または准看護師)、機能訓練指導員、栄養士、調理員を配置することが記載されている。また都道府県によっては介護職員について介護福祉士や訪問介護員といった資格を要請している場合もある。

　　(E)　施設の管理・運営

　管理規程の制定とともに、記録の整備、緊急時の対応、医療機関との連携に関する記載がある。

　　(F)　サービス

　食事、健康管理、介護サービス、機能訓練等に関する記載がある。

　　(G)　事業収支計画

　資金確保や収支計画、損益計画が記載されている。

　　(H)　利用料

　家賃に相当する額や介護費用、食費や管理費、一時金に関する指針が記載されている。

　　(I)　契約内容

　手続や、契約内容の明示、重要事項の説明等についての記載がある。

　　(J)　情報開示

　運営に関する情報や、類型に関する情報を明示することが要請されている。

(2)　サービス付き高齢者向け住宅の定義と分類

　イ　定　義

　安否確認と生活相談をサービスとして提供する高齢者向けの住宅で、都道府県または政令指定都市からサービス付き高齢者向け住宅として登録を受けたものをいう。介護保険3施設や有料老人ホームはもともと老人福祉法・介

護保険法に基づき設置されたものである。一方で「高齢者の居住の安定確保に関する法律（高齢者住まい法）」に基づき整備が進められた、高齢者円滑入居賃貸住宅（高円賃）、高齢者専用賃貸住宅（高専賃）、高齢者向け優良賃貸住宅（高優賃）は、平成23年に高齢者住まい法が改正され、現在のサービス付き高齢者向け住宅（サ高住）に統一された。

ロ　所管と特定施設の関係

サ高住としての登録は平成23年10月から開始されており、独居老人等の増加が見込まれることから、国では今後10年間で60万戸程度の整備を目標としている。

有料老人ホームと同様に特定施設の指定を受け、職員による介護保険サービス提供も可能であるが、指定を受けず外部の介護保険サービスを利用する形態のものが多い。現在は国土交通省と厚生労働省の共同所管となっている。

ハ　類　　型

権利形態としては有料老人ホームと同様で、建物賃貸借方式、終身建物賃貸借方式、利用権方式がある。ただ、自治体によっては、賃貸借方式および終身賃貸借方式のみに限定しているところも存在する。

ニ　設備要件

サ高住としての登録を受けるにあたっては、以下の設備要件を満たす必要がある。

(A)　居室の床面積

原則25㎡以上とする。ただし居間や食堂、台所その他が共同して利用するに十分なものが設置されている場合は18㎡以上とされている。

(B)　居室内の設備

原則、居室内に台所、トイレ、収納、洗面、浴室を設置する。ただし、共用部分に十分な設備が確保されている場合にはこの限りではないとされている。

ホ　整備のための支援措置

　10年以上の登録を条件とし建築費や改修費に対する国からの補助金が存在するほか、税制優遇、住宅金融支援機構による融資要件などの緩和措置がある。

3　入居時に支払う一時金の存在

　有料老人ホーム、「サ高住」いずれにおいても、月々の支払を年金収入程度の水準に抑制するため、入居時に一時金を徴収する制度が一般化している。いわゆる低価格帯の施設ではこの制度がないものもあるが、入居一時金は、入居者との合意期間のなかで償却が行われることになっており、不動産に帰属する収益の多くを占めるかたちとなる。

　なお、一時金の呼称は下表のとおりとされている。

　いずれの名称においても、期間の経過で保証金の返還義務が逓減し、入居金償却売上が計上されることになる。ただ、現実の入金と会計上の売上計上タイミングに差異が生ずることになり、この収益計上が老人施設の評価をむずかしくしている面がある。

　入居一時金は老人福祉法による保全措置が求められており、かつて権利金としての認識も一部でとられていたが、平成24年4月施行の改正老人福祉法では有料老人ホームおよびグループホームの入居一時金として受領できるのは、「家賃、敷金及び介護等その他の日常生活上必要な便宜の供与の対価として受領する費用」に限定された。

　高齢者向け施設・住宅は、多くは入居者にとっての終の棲家的な存在となり、入居期間でみると、要介護施設で5～8年、自立者向け施設でみると15～20年程度が想定されるが、当然にして差異がある。入退去が多い施設ほ

■一時金の呼称

| 有料老人ホーム | 入居一時金 |
| サ高住 | 長期前受家賃 |

ど一時金収入が高くなる傾向があるものの、入退去率は施設によってバラツキがあり、収益予測をむずかしくする側面がある。

したがって、入居者の年齢等が収益に与える影響は大きく、一方で想定しにくいものがあると考えられる。

4　有料老人ホーム・サ高住の動向

　有料老人ホームは、介護保険制度導入前はどちらかというと高額所得者を対象とした施設という印象が強く、一般層の介護は家庭で行う傾向が強かったが、平成12年の介護保険制度の導入により、介護費用相当の負担が軽くなったこと、また施設の入居一時金が下がったことも追い風となり急速に利用が進んだ。大手による寡占が進みつつある印象があるが、新規参入業者も依然として多いのが特徴で、小規模事業者も多数存在する。

　顧客サイドの要求はさまざまで、住宅設備部分の高級化や医療サービス等の充実を図り、一時金や賃料を高めに設定したものも多く、一方で低価格化も進展しており、高級クラス、準高級クラス、低価格クラスの3つに分けられていくものと予想される。

　一方で、サ高住については登録がスタートしてまだ時間が経過していない面はあるが、今後急速に増加することが予想される。特に有料老人ホームと異なり、安否確認と生活相談の具備が義務づけられている以外は自由度が高く、独居老人が比較的生活スタイルを崩すことなく居住できるというイメージが広がると、入居層自体の広がりが出る可能性もある。

Ⅲ　有料老人ホームの特性と収入構造

1　分類からみた特性

　厚生労働省が定める有料老人ホーム設置運営標準指導指針では、介護付（一般型）・健康型・住宅型の３種類があり、また入居時の身体状況で要介護者向け、自立者向けに分けられることは前述のとおりである。運営上では介護保険の指定を受けることが有利であるため、最近開設されるものの大半は介護付に分類されるものとなっている。

　これらの区分を参考とし、実際に存在する有料老人ホームをみると、おおむね次の５つに分けて考えるほうが合理的に思われる。

---

① 自立型
　健康型ホームが該当し、主に自立生活が可能な人の入居を想定したもの。
② 一般介護型
　生活上介護が必要な人の入居を想定したもの。
③ 特別介護型
　②に比べ、より多くの介護が必要な人の入居を想定したもの。
④ 半介護、半自立型
　完全な自立はむずかしいが、完全介護が必要な段階にまで至っていない人の入居を想定したもの。
⑤ 複合型（あるいは総合型）
　自立型と一般介護型が一体化したもの。

当然にして、それぞれの入居者の型にあったハードを整備することが求められるのはいうまでもない。ただ、複合型は、介護段階に応じたサービスを受けながら暮らせるという特性をもっていると考えられるものの、相応の規模がないと入居者のコミュニティが崩れてしまう可能性があり、運営上むずかしい側面があるといわれている。

2　グレードからみた特性と求められるべき内容

入居一時金の価格や設備のグレード等からみて、有料老人ホームは、おおむね高級志向、準高級志向、低価格志向の3つに分けられる。一口に老人ホームといっても、入居する人の健康状態や過去の生活体系とその水準、生活基盤としていた地域といった要素はさまざまである。有料老人ホームの商圏は、一般的には入居前の居所から通常3〜5km圏内とされており、都市の規模やもともとの居住エリアがホームのグレードを特性づける点があるといっても過言ではない。

高級志向	自宅生活で家族から受ける介護と変わりない水準の生活を求めるものと考えられる。したがって設備、人材に対して非常に高いものが要請される。また当然にして、立地面も地域のブランド性が問われる。健常な状態で入居する人が多い場合、交通機関や利便施設への接近性も強く求められる
準高級志向	高級志向まではないが、グレードの高い個室とサービス水準は求められる。また、想定される所得層は一般に都市部で厚いことが予想されるため、都市生活が継続して行われる立地や環境が求められることはいうまでもない
低価格志向	かつては特別養護老人ホームの待機者が入居するケースが多かったこともあり、サービス水準もあまり高くない印象が強かったが、最近では競合が激しくなってきており変化がみられる。もともと高地価水準のエリアでは成立しにくい面はあるが、かつてに比べると、家族などの来訪者の利便性を考え、都市部においては駅への接近性が重要になりつつある

3 有料老人ホームという業態特性と留意点

有料老人ホームという業態の特性を分析し、包含されるリスクなどを考えてみたい。そもそも有料老人ホームは住居とサービスが一体化したものであり、特にサービス提供の側面が大きい。さらに入居者の属性、コミュニティも大きな影響をもっている。

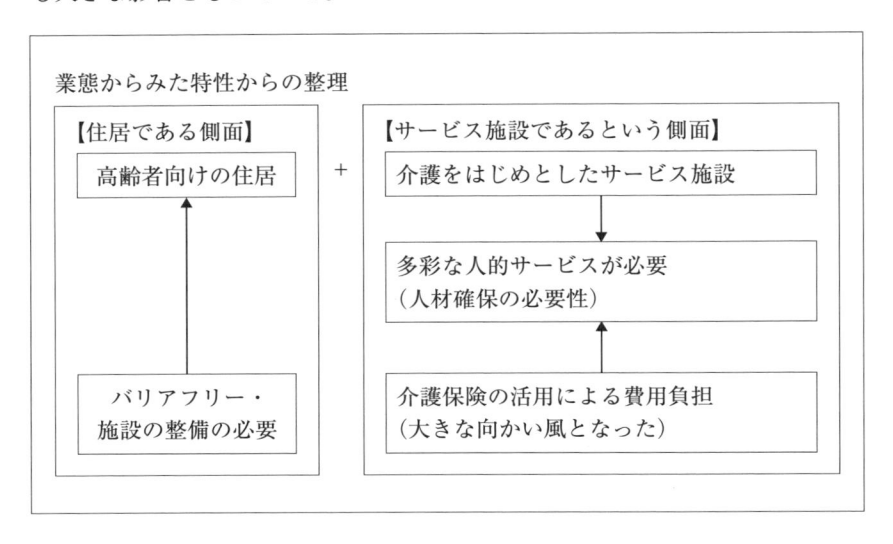

業態からみた特性からの整理

【住居である側面】
- 高齢者向けの住居
- バリアフリー・施設の整備の必要

＋

【サービス施設であるという側面】
- 介護をはじめとしたサービス施設
- 多彩な人的サービスが必要（人材確保の必要性）
- 介護保険の活用による費用負担（大きな向かい風となった）

(1) 高齢者向けの住居であるという点

一般向けの住居と異なり、介護に対応した設備を付属させなければならないことや高いバリアフリー度が要請されるといった特性をもっている。したがって、施設としての特殊性があるといえる。

(2) サービス提供施設であるという点

有料老人ホームは住居を中心とした施設ではあるが、これに加え介護を中心としたさまざまなサービスも提供する施設である。したがって、オペレーターに求められる能力は不動産事業遂行に介護事業遂行が加わったものであ

るといってよい。そのためには、もちろん施設の質（建物の良否）のみに頼るのではなく、高いサービスを行う人材の確保が必要で、この人材をうまく活かせるマネジメント能力も求められる。

　その意味では装置産業ではあるが労働集約型産業であり、また技術革新で人手を少なくすることができる余地がないという特性をもっている。高いサービスを提供するには施設にかけるコストだけではなく、人材にかけるコストが必要となる。介護保険の活用はこのコストに対応するものであるが、慢性的な人材不足が生じている業態であり、人材の確保ができるかどうかも大きなポイントといえる。

4　有料老人ホームの不動産からみた特性と収支の留意点

(1)　不動産の権利関係からみた特性

　大きく分けるとオペレーターが施設を所有している所有型と、オペレーターが賃借人である賃貸型に分けられる。

　不動産に対する収益の認識は、所有型が運営による収益がベースになるものであるのに対し、賃貸型の場合は賃貸借契約に基づく賃料がベースになるという違いがある。もっとも、老人ホームはオペレーター1社が物件全体を賃借するいわばシングルテナントがほとんどであることから、賃料収入の源泉はやはりオペレーターが生み出す収益にほかならない。したがって、賃貸型であっても賃貸料の負担能力について、事業収益から検証を行うことが求められる。なお、都心やこれに近接した利便性の高いエリアに立地するところでは、有料老人ホームと、マンション一般住宅の複合型のもの（もっとも出入口は別に設置され通常はお互いが会うことは少ない）も出てきている。

(2)　収入構造

　有料老人ホームの収入は会計上、入居一時金の償却額、月額管理料（施設料・管理費・食費）、介護保険収入、その他収入の4つからなる。これらの収入は入居率に左右される面は当然あるが、これに加え、入居者の年齢性別、

■有料老人ホームの収入

入居一時金の償却額	入居時に発生する一時金を契約上定められた償却期間にわたり償却するものである。現実の収入は入居者の期間等により変動するため、期間損益ベースでの把握を行うようにする
月額利用料収入	通常以下のものが考えられる ■施設利用料 ■管理料 ■食費 ■水道光熱費 重要事項説明書や募集パンフレット等に記載されているが、プランによる変動がある
介護保険収入	地域により介護保険収入基準が異なるので留意する 入居者の要介護度や属性により変化するので十分注意する
その他収入	買い物代行サービスや病院への送迎同行などのサービスに対する収入である

身体状況といった属性にも大きく左右されることを頭に入れておく必要がある。

(3) 費用構造

一方で、有料老人ホームの運営に要する費用としては次のものがある。

人件費	施設管理者・生活相談員・介護・機能訓練員等の人件費 実際の人員配置は重要事項説明書に記載されている
広告費	入居者募集の広告費
リース料	機器・寝具のリース料
給食材料費	入居者の食材費
基金拠出金	一時金の保全に要する基金制度や保証制度に要する費用
清掃管理費	共用部の清掃費用
水道光熱費	施設運営に要する現実の水道光熱費

(4) GOP（償却前営業利益）と賃料負担能力（可能相当額）の関係

　上記(2)で求めた収入から(3)で求めた費用を控除したもの（減価償却費、地代家賃、土地・建物・償却資産の固定資産税等を除く）が、有料老人ホーム単独のGOPとなるが、ここからさらに事業者の本部費用を引いたものが、賃料負担能力の限界（可能相当額）となる。

(5) 賃貸料と負担能力の関係の検証

　有料老人ホームの場合、一括賃貸型による物件が多いが、この賃料負担能力を超過した賃料設定の場合、利益確保ができないこととなる。したがって、負担能力までの修正が必要となる。

Ⅳ　評価作業とその留意点

1　基本的な考え方

　有料老人ホームの評価は、原価法と収益還元法を適用して積算価格と収益価格を求めこれを調整することになる。

　自社運営型と一括賃貸型のものが存在するが、一括賃貸型については賃貸借契約に基づく賃料を基礎として収益を求めるのに対し、自社運営型の場合は施設の収益力を基準とし、その負担能力から賃料査定を行うケースが一般的となっている。このため、収益還元法の適用にあたっては、対象不動産の運営収益がわかる資料、将来的な予測について事業計画等を取り寄せて分析する必要がある。また、周辺における競合老人ホームの状況を含めた市場分析を行うことが求められるため、運営者によるヒアリングを十分に実施する必要がある。

原価法を適用するにあたり、建物が転用物件の場合には、法規制との関連の問題がないか、あるいは現状の設計トレンドに比べてバリアフリー度や廊下の幅、パブリックスペースの充実度が劣らないかといった点を十分に調査したうえで、改装や改造に必要と考えられるコストを分析して減価修正等に反映させる必要があると考えられる。

2　評価作業の流れ

　有料老人ホームの評価を行う際の流れをまとめると次のとおりとなる。ここでは終身利用権方式（一時金型）の場合について取り上げた。

第1ステップ：資料収集・整理

　□物的資料
　　登記簿謄本、図面（地図、公図、建物配置図、建築設計図書、建築請負契約）、借地があれば借地契約書、エンジニアリングレポート等。
　　賃貸物件の場合、建物・設備区分を明確にする。
　□権利関係の特定
　　入居者との権利関係を十分に整理する。
　□収入・運営に関する資料
　　■所有物件の場合
　　　対象の老人ホームの財務諸表、入居パンフレット、契約書の雛型、収支予測等
　　■賃貸物件の場合
　　　賃貸借契約書、重要事項説明書を入手する
　　　※賃借人の財務諸表、入居パンフレット、契約書の雛型、収支予測等を入手できるように努める
　　■一般的な不動産に関する資料
　　　土地家屋課税証明書、火災保険契約書、その他維持管理等支出に関する資料を収集する

第2ステップ：実地調査・運営者へのヒアリングの実施

　□建物調査
　　エンジニアリングレポートを参考としながら建物調査を行う。できれば、有料老人ホーム建物の設計・設備に詳しい建築士等と同行し、調査を行うと問題点の整理がしやすい面がある。
　　法規制やバリアフリーの観点等からよい点、問題点指摘を行うとともに、将来的な改修・修繕の必要性を十分にふまえ、追加投資が必要であればその額も査定する。
　□ホーム長や現場担当者とのヒアリング
　　■立地、施設、サービスといった点で強みと弱み
　　■入居者の動向（平均入居者数、平均年齢、稼働率）
　　■運営上の問題点

第3ステップ：コンセプト分析と市場動向の調査

　□コンセプト分析
　　建物のグレードや状況、立地等を考慮して、本件のコンセプトを調査する。たとえば高額所得者向け、一般向けなのか、料金体系と相場が一致しているか等を分析する。
　□市場調査
　　周辺における競合施設の状況と入居保証金や管理費の額を調査し比較する。
　□問題点の整理
　　コンセプトに合致しない、あるいは入居保証金等の額が市場とミスマッチである、競合物件の発生で将来そのようなことが起きうるといった側面を整理する。

> 第4ステップ：収支分析

有料老人ホームの収入は通常、次の4つからなる。

> ① 入居金償却収入
> ② 月額利用料等収入（施設利用料、管理費、食事、水道光熱費）
> ③ 介護保険収入
> ④ その他の収入

このうち①は入居者の入居年数で大きく変動するものであるから、平均入居年等を参考にその継続性や妥当性を検証する必要がある。

> 第5ステップ：賃料の妥当性の判定・賃料査定→収益還元法の適用

老人ホーム運営によるGOPを査定し、これをもとに賃料負担能力を判定する。賃貸型の場合は契約賃貸料がこの範囲内に収まっているか確認するとともに、自社運営型のものについては賃料負担能力の水準に基づき賃料査定を行う。

妥当と判定された契約賃料、または査定賃貸料をもとに収益還元法を適用し収益価格を求める。

> 第6ステップ：積算価格の査定

土地価格＋建物価格をもとに積算価格を査定する。

> 第7ステップ：試算価格の調整

積算価格に比べて、収益価格が異常に高くなる、あるいは低くなる場合は、この理由について再検討する。

□一時金償却収入の認識時期と現実のズレ

　有料老人ホームの収入認識で、たとえば今年度の一時金の償却が来年

度以降も続くかという大きな問題がある。仮に短い期間での入退居者が多ければそれだけ一時金の償却額が多くなることになるが、その逆の場合は少なくなる。したがって、一般の家賃に比べると不確実性が高い。このため、一時金の償却額が現状高い、あるいは低いと考えられる場合は、何らかの調整が必要と考えられる。

□不確定要素の存在

　一般の賃貸ビル事業等に比べると、有料老人ホームの場合、収支構成要素の不確定性が高い点がある。たとえば、人件費についても、慢性的な人材不足の状況もあり、将来的には重くなることが予想される。

3　投資利回りの設定

　有料老人ホームは、運営におけるさまざまなリスクが存在するため、通常はオフィスビルや賃貸マンションといった類型の利回りよりも、高い水準の利回りが要請されるものと考えられる。ただ、最近の動向をみると、収益力が安定化してきており、大手の信用力がある事業者への賃貸物件を中心として利回りが下がる傾向もみられる。ただ、事業者リスクも十分にふまえる必要があると考えられるため、担保評価の際はこの点も十分認識すべきであろう。

類型 その7

工場の評価

Ⅰ　はじめに

　日本各地に工場は存在し、さまざまな製品を生産している。昨今は円高や製造コストの影響等もあり生産拠点の海外移転が進み、工場立地自体に大きな変化がみられるものの、依然として国内に工場は多く、さまざまな分野での製造工程が存在する。たとえば食品工場などは消費地から近いことが求められ比較的都市の近郊に、一方で騒音などを発生させる金属加工工場等は郊外部で、住宅地等から離れた立地が中心となっている。

　工場の構成要素をみると、土地・建物のほかに工作物、機械器具、構築物から構成されている。財団組成すると組成物件を含めて不動産と解され登記も可能となるが、組成しない場合は土地、建物のみが不動産に該当し、工作物等その他は不動産とならない。

　工場は、生産により収益をあげるものであり、経済価値を把握するときは収益性をベースに行うべきと考えられる。この点ではオフィスビルやビジネスホテルと同様の側面がある。一方で、構成要素のうち機械設備関係があってはじめて工場として機能することになるので、寄与度に応じて、収益を分配しなければならない。もちろん賃貸形式をとっている工場もあるが、その数は少なく、賃料水準を形成するまでには至っていない。

　ただ、過去における工場の経済価値把握はどちらかというと、費用性（積算価格）をベースに価値把握がなされてきた。すなわち、土地・建物（財団組成している場合は工作物、機械器具の価格）の合計額、あるいは合計額を基準としてこれに何らかの調整（市場性減価、または所要の調整とも呼ばれている）を行った額をもって工場の経済価値ととらえるケースが一般的であった。

　収益還元法の適用は、対象工場の収益分析が不可欠となるがこれが容易ではないこと、工場の収支は原材料の価格や為替相場といったさまざまな要因

を含んでおり、これらを予測することは、不動産の評価の範疇を超えてしまい困難ともいえる。

　企業会計上でも製造メーカーは多数の工場をもっており、会計上、単独工場ベースでの収支データの開示が少なかったという事情もあった。特に本部経費の分配について考慮する必要もある。もちろん、最近では減損会計への対応を行うために、グルーピングのなかでそれぞれの工場の収支の分析も行われることが増えてきている。このなかで本部経費配分が一定の合理的な理由をもってなされるようになっており、収益還元法適用の可能性は広がってきているものと考えられる。ただ、すべての工場が黒字で収益があがっているというわけではないこと、製造工程は不動産以外の生産施設の良否で効率性に違いが出るため、現状の製造工程による事業収支で不動産の採算性を判定するのはむずかしいという点も指摘できる。

　大半の工場は財団組成がなされていないなかで、メーカーサイドからは工場の収益性そのものを議論するよりも、製造事業全体でのとらえ方が中心にあり、また歴史が長い企業の場合、土地の取得簿価が極端に低く、不動産としての投資採算性を論ずる必要そのものが少なかったという面もあった。

　また工場の設備が古くなると、別の場所への移転という考え方も出てくる。移転後の跡地利用をどう考えるべきだろうか。昨今は地方都市等を中心に商業施設の郊外立地がみられるようになり、近隣で立地当初に比べ市街化が進展してきた、あるいは市街地に隣接するエリアにあるものについては、土地の最有効使用が「工場の敷地」ではなく、マンション、土地の分割による戸建住宅といった「住宅の敷地」や、ショッピングセンターといった「商業施設の敷地」に変化しているものもあり、工場として事業継続を前提とすることが、経済合理性にマッチしないケースが多くなった。転用前提で建物等の撤去、土壌汚染等の閉鎖費用を負担し、更地化することを前提とした経済価値が、工場の使用継続を前提としたキャッシュフローを大幅に上回るということもしばしば起きるようになった。

　工場の事業、商品のみならず、不動産としての環境面が、産業情勢、規

制、周辺における土地の利用状況の変化に影響を受けることがあり、将来にわたって工場として利用することが合理的と言いがたいものが多数存在するようになると、工場そのものの不動産としての価値を収益性に求めるべきでない事例が増加した。

　このような環境のもとで、工場の評価をどのようにすべきかについて、特に工場としての継続使用と転用の可能性をにらみながら経済価値の本質を考えていきたい。

II　工場立地と転用の可能性

　工場の経済価値をとらえる前に、敷地となる工場の立地についてみることとする。

1　工場立地と用途

　工場用地は、大別すると臨海型と内陸型に分けられる。また内陸型は空港に近接する臨空型、インターチェンジに近接するインター近接型といった立地に細分される。臨海型、内陸型それぞれで考えられる用途は下表のとおりとなる。

　立地業種は臨海型、内陸型ともにさまざまであるが、臨海型は主に船で大

■工場立地と立地工場（業種）

臨海型	内陸型（空港近接・インター近接含む）
重化学工場 原料加工工場 金属加工工場	金属加工工場 化学工場 軽工場

量の原料物資を輸送することになるため、重量に比して価格が比較的低い製品を製造する工場立地が中心となるのに対し、内陸型は陸上輸送を前提とするため、高い輸送コストに堪えられる製品が主になる傾向がある。一概にはいえないが、内陸型に比べると臨海型の工場は大規模なものが多く、公法上の規制でも工業専用地域に指定されているケースが多い。

　工場を操業すると当然にして、騒音・振動や煙・臭気といった何らかは必ず発生する。公害発生を規制する法律は多数あり、これらの適合基準を満たすことで相当の緩和はなされるが、たとえば機械、金属加工を行う工場は騒音が発生するため、臨海部や住宅地地域から比較的離れた位置への立地など配慮が必要となる。

　ただ、長い年月とともに周辺の利用用途の転用があり、工場立地として今後も継続できるかは微妙な面があるエリアも多く見受ける。用途地域における規制について、工業専用地域は今後も工場としての利用が中心となるが、工業地域や準工業地域については工業という名称はついているものの、住宅地やロードサイド商業地に変貌しているところも多い。住宅等が混在するような事態に、古くから工場として操業してきた企業にとってみると、騒音問題などを提起されるようになるなど、非常にナーバスな問題にもなっている。

2　工場の転用とその可能性

　工場の敷地は通常大きいが、どのようなものであればマンションや戸建住宅、店舗等の敷地として転用可能なのだろうか。可能性についての判定には、次の2つのポイントが存在するものと思われる。

---

① 　公法上の規制
② 　用途転換の経済合理性

　まず、工場用地と公法上の規制について検討してみる。都市計画区域内に

■工場跡地の評価の考え方

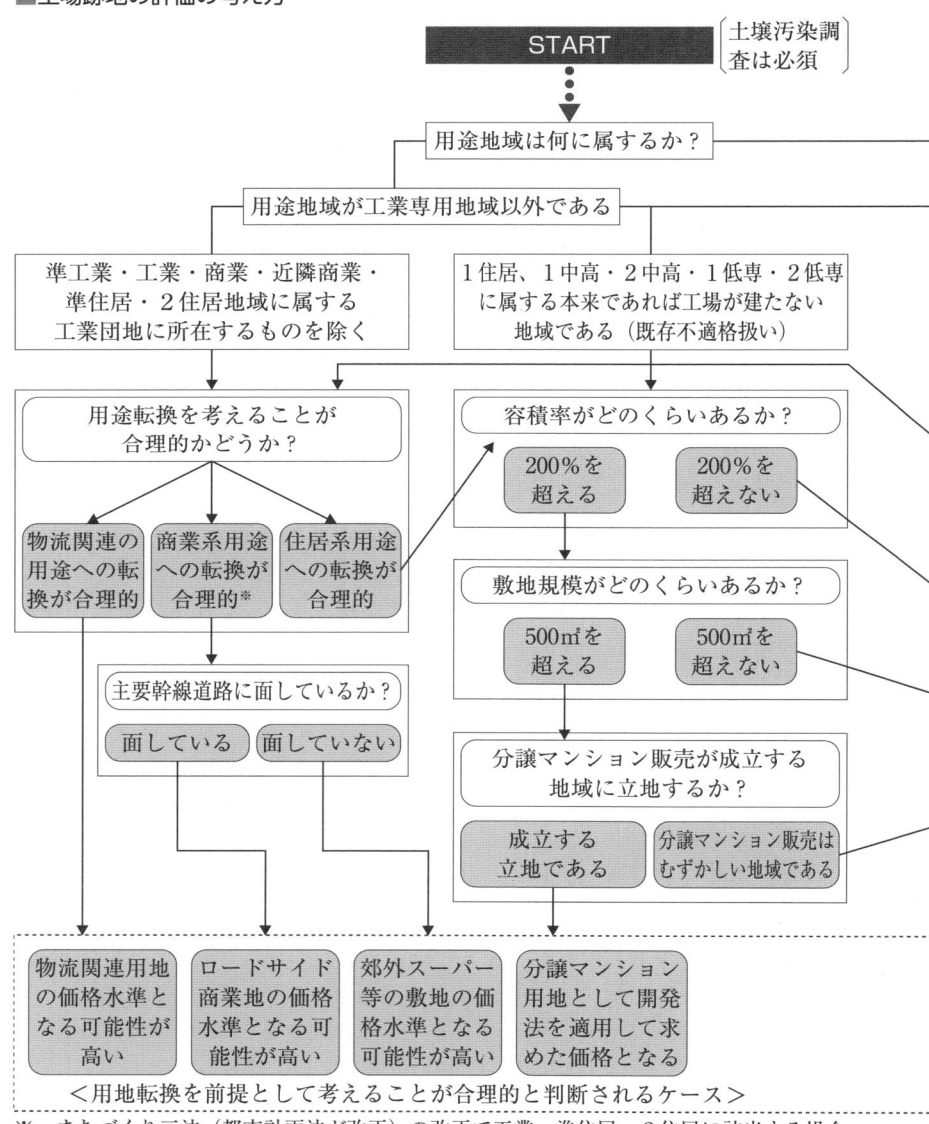

```
                    START              ┌土壌汚染調┐
                      ↓                └査は必須 ┘

              用途地域は何に属するか？

              用途地域が工業専用地域以外である
```

準工業・工業・商業・近隣商業・準住居・2住居地域に属する工業団地に所在するものを除く

1住居、1中高・2中高・1低専・2低専に属する本来であれば工場が建たない地域である（既存不適格扱い）

【用途転換を考えることが合理的かどうか？】
- 物流関連の用途への転換が合理的
- 商業系用途への転換が合理的※
- 住居系用途への転換が合理的

【容積率がどのくらいあるか？】
- 200%を超える
- 200%を超えない

【主要幹線道路に面しているか？】
- 面している
- 面していない

【敷地規模がどのくらいあるか？】
- 500㎡を超える
- 500㎡を超えない

【分譲マンション販売が成立する地域に立地するか？】
- 成立する立地である
- 分譲マンション販売はむずかしい地域である

<用地転換を前提として考えることが合理的と判断されるケース>
- 物流関連用地の価格水準となる可能性が高い
- ロードサイド商業地の価格水準となる可能性が高い
- 郊外スーパー等の敷地の価格水準となる可能性が高い
- 分譲マンション用地として開発法を適用して求めた価格となる

※　まちづくり三法（都市計画法が改正）の改正で工業、準住居、2住居に該当する場合大規模集客施設については用途変更または用途を緩和する地区計画がないと建たなくなっている。

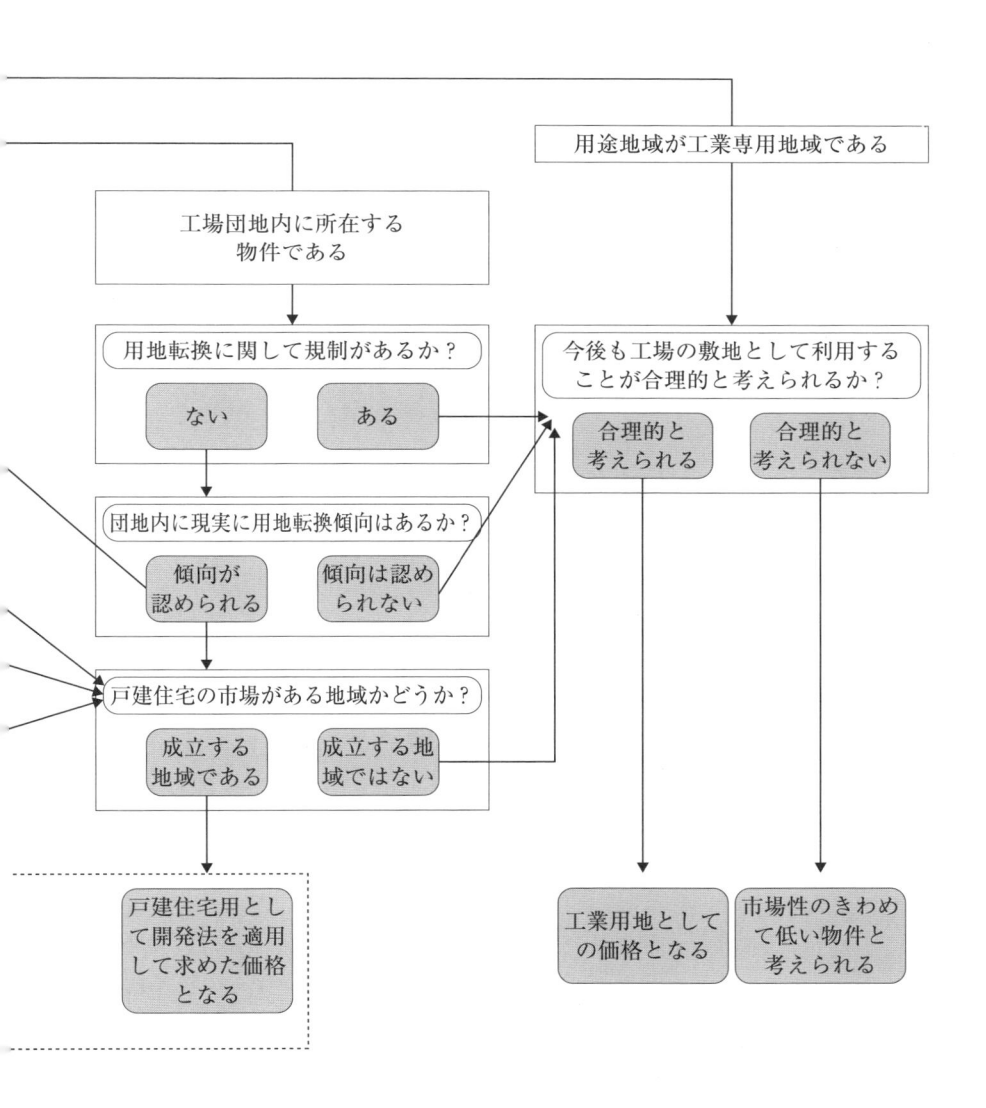

```
                                          用途地域が工業専用地域である
         │                                        │
         ▼                                        ▼
┌─────────────────────┐          ┌─────────────────────────┐
│  工場団地内に所在する │          │ 今後も工場の敷地として利用する│
│       物件である     │          │ ことが合理的と考えられるか？ │
└─────────────────────┘          └─────────────────────────┘

┌─────────────────────────┐      ┌─────────────────────────┐
│ 用地転換に関して規制があるか？│      │ 今後も工場の敷地として利用する│
│   ( ない )  ( ある )     │      │ ことが合理的と考えられるか？ │
└─────────────────────────┘      │ (合理的と  )(合理的と   )│
                                 │ (考えられる)(考えられない)│
                                 └─────────────────────────┘

┌─────────────────────────┐
│ 団地内に現実に用地転換傾向はあるか？│
│ (傾向が    )(傾向は認め )│
│ (認められる)(られない   )│
└─────────────────────────┘

┌─────────────────────────┐
│ 戸建住宅の市場がある地域かどうか？│
│ (成立する  )(成立する地 )│
│ (地域である)(域ではない )│
└─────────────────────────┘

┌─────────────────┐   ┌─────────────┐   ┌─────────────┐
│戸建住宅用とし   │   │工業用地とし │   │市場性のきわめ│
│て開発法を適用   │   │ての価格となる│   │て低い物件と  │
│して求めた価格   │   │             │   │考えられる    │
│となる           │   │             │   │             │
└─────────────────┘   └─────────────┘   └─────────────┘
```

〔類型 その7〕工場の評価

おける、工場用地にかかる用途地域は、工業地域、工業専用地域、準工業地域が多い。そもそも転用といっても工場の敷地以外の利用ができなければ転用そのものを考えること自体無意味である。

　たとえば、用途地域が「工業専用地域」にある場合や、「用途転用の規制がある工業団地」の場合は、原則工場としての利用以外は不可能である。一方で、準工業地域については転用用途が幅広く考えられる可能性があるが、工業地域についてはいわゆる「まちづくり三法」において、郊外部の大規模な工場跡地について大規模商業施設の抑制がかかることから、確認する必要がある。

　仮に法的な面での転用がクリアされたとしても、転用が経済合理性に合致するかどうかも判断しなければならない。特に、転用後の用途での需要、たとえば転換後に建築したマンションの需要、戸建住宅としての需要があるかどうかという点がポイントとなる。

　この2つのポイントを調べ、転用可能性があるかどうかを判定しなければならない。この可能性の判定手順を示すと334〜335頁の図のとおりとなる。

Ⅲ　工場敷地の土壌について考える

1　工場敷地の土壌と転用における留意点

　この20年、工場跡地を利用したマンション、戸建住宅、商業施設の開発が多数みられるが、跡地利用にあたっては、土壌汚染対策法に基づき、土壌の状況の報告と、汚染がある場合は改良等の措置が求められることになる。

　元来工場には複数の生産工程があり、公害基準に適合した優良工場であっても、長期間土地を使用していれば化学物質によって土壌が汚染されるのは

■特定有害物質の種類と土壌の汚染状態に関する基準および地下水基準

特定有害物質の種類		土壌溶出量基準（mg/L）	土壌含有量基準（mg/kg）	地下水基準（mg/L）
第一種特定有害物質（揮発性有機化合物）	四塩化炭素	0.002以下	－	0.002以下
	1,2-ジクロロエタン	0.004以下	－	0.004以下
	1,1-ジクロロエチレン	0.02以下	－	0.02以下
	シス-1,2-ジクロロエチレン	0.04以下	－	0.04以下
	1,3-ジクロロプロペン	0.002以下	－	0.002以下
	ジクロロメタン	0.02以下	－	0.02以下
	テトラクロロエチレン	0.01以下	－	0.01以下
	1,1,1-トリクロロエタン	1以下	－	1以下
	1,1,2-トリクロロエタン	0.006以下	－	0.006以下
	トリクロロエチレン	0.03以下	－	0.03以下
	ベンゼン	0.01以下	－	0.01以下
第二種特定有害物質（重金属等）	カドミウムおよびその化合物	0.01以下	150以下	0.01以下
	六価クロム化合物	0.05以下	250以下	0.05以下
	シアン化合物	検出されないこと	50以下（遊離シアンとして）	検出されないこと
	水銀およびその化合物	水銀0.0005以下、かつアルキル水銀が検出されないこと	15以下	水銀0.0005以下、かつアルキル水銀が検出されないこと
	セレンおよびその化合物	0.01以下	150以下	0.01以下
	鉛およびその化合物	0.01以下	150以下	0.01以下
	砒素およびその化合物	0.01以下	150以下	0.01以下
	ふっ素およびその化合物	0.8以下	4,000以下	0.8以下
	ほう素およびその化合物	1以下	4,000以下	1以下

第三種特定有害物質（農薬等／農薬＋PCB）	シマジン	0.003以下	–	0.003以下
	チオベンカルブ	0.02以下	–	0.02以下
	チウラム	0.006以下	–	0.006以下
	ポリ塩化ビフェニル（PCB）	検出されないこと	–	検出されないこと
	有機りん化合物	検出されないこと	–	検出されないこと

致し方ないものといえる。特に有害物質使用特定施設と呼ばれる、特定有害物質を使用した工場・事業所については、閉鎖時にこれらが基準値を超えているか指定調査機関において調査を行い、超過している場合は、対策をとることが求められる。

　通常、工場を用途転換する場合には、建物取壊しや機械撤去費用が莫大にかかることが予想されるが、これに加え土壌調査、場合によっては対策措置が必要となる。

　工場跡地を見に行くと、すぐに新たな建物の建設を行わず、地上に小さなパイプのようなものが出ていたり、ところどころモグラの穴のように掘りかえされていたりするところを見かける。これらの措置は土壌汚染対策を行っているものである。化学物質に汚染された土地は、化学物質を与えて中和するか、土自体を取り替えるという作業が必要となるが、掘削を伴う場合はそのコストは莫大なものとなる。

2　土壌汚染対策法と調査の必要性

　平成15年2月に土壌汚染対策法が施行され、その後3回改正があり現在に至っている。特定有害物質といわれる揮発性有機化合物、重金属、農薬等について、前頁および上記の表のとおりの環境省令基準の数値を超過した場合に土壌汚染発生とみなし、その対応をとることが求められるようになった。

　特に、次の場合には土壌に関する調査を行わなければならなくなった。

> ① 有害物質使用特定施設の使用の廃止のとき
> ② 一定規模（3,000㎡）以上の土地の形質変更の届出の際に、土壌汚染のおそれがあると都道府県知事等が認めるとき
> ③ 土壌汚染により人の健康被害が生ずるおそれがあると都道府県知事等が認めるとき

　また、これに加え、自主的に調査を行い土壌汚染が判明した場合には都道府県知事等にその区域の届出をすることになっている。したがって通常は工場を閉鎖した際には、土壌汚染対策法に基づく調査が必要となるケースが多い。

　土壌汚染対策法は、土壌に含まれる有害な物質が私たちの体のなかに入ってしまう経路（摂取経路）の遮断を目的としており、遮断ができない場合は「要措置区域」に指定し土壌除去を含めた対策を指示し、汚染除去が完了するまでは土地の形質変更を禁止する。一方で遮断されていると判断されれば、「形質変更時要届出区域」に指定される。この場合には土地の形質を変更する際の届出が要請される。いずれの場合でも汚染除去が行われれば指定解除されることになる。なお、これらの調査は環境大臣認定の指定調査機関が行うことになっている。

3　工場の経済価値と土壌汚染の関係

　工場の経済価値を考えるうえで、この土壌汚染をどのように扱うべきであろうか。仮に工場の閉鎖を前提として考える場合には、浄化費用については転用後の土地の価格から差し引くことが妥当と考えられる。これに加えてスティグマと呼ばれる心理的要因も加味する必要がある。

　問題は、工場を閉鎖せず今後も継続使用することを前提とする場合である。工場の価格から浄化費用を差し引くべきであろうか。この点に関しては結論を出すのは容易でない。もちろん担保としての安全性を考えると、浄化

し費用を控除することが妥当に思える。ただ、今後も操業を行い、操業中に土壌浄化の必要が発生しない場合は、控除しないのが一般的ではないだろうか。

　不動産鑑定評価の現状からみると、閉鎖前提の場合は浄化費用を控除し（ただし費用の概算は別途指定機関に依頼した見積りを参考とする）、継続使用を前提とする場合は浄化費用を控除しないのが一般的となっている。

　なお、平成26年度中に不動産鑑定評価基準が改正されると調査の範囲が設定できることになり、土壌浄化費用を別途査定する場合は汚染のないものとして評価を行うことができるため注意されたい。

4　不動産鑑定評価と土壌汚染の調査との関係

　稼働中の工場について不動産鑑定評価を依頼した場合に、土壌汚染調査は行われるものであろうか。答えはほとんどが地歴調査程度までで、詳細な調査は、閉鎖後転売を前提にしたものでなければまず実施されないのが実情と思われる。

　現在行われている調査は次のようなものである。

(1)　地歴に関する簡易的な調査

　過去からの土地利用履歴を探るもので、具体的には次のような作業を行う。

```
□所有者へのヒアリング
□過去の登記簿の調査（土地の地目、建物の用途）
□古い住宅地図の閲覧による利用用途の確認
□周辺の関係者等に聴聞する
```

(2) 有害物質使用特定施設届出の有無についての調査
　市町村・特別区の役所（場合によっては都道府県庁）で特定施設届出があるか確認する。下水道法および水質汚濁防止法の特定施設届出の台帳等を閲覧して、具体的な用途と使用物質を確認し土壌汚染の可能性を検討する。この届出の存在が直ちに土壌汚染発生を意味するものではないが、汚染可能性は高くなるので注意が必要である。

(3) 実地調査による確認
　実際に工場内部をよく調査して汚染可能性を調査する。その際には特に次の点に注意する。
　　イ　製造ラインの状況
　　ライン上で危険物質等を使用していないかどうか十分注意する。
　　ロ　排水の状況
　　浄化槽設備等がどのようになっているか確認する。
　　ハ　廃棄物の管理の状況
　　工場から出された廃棄物の管理状況をよく調べる。なお、焼却炉は現状ダイオキシン発生の関係からほとんど使われないが、過去に存在したかどうか、場所はどこかという点に留意する。

(4) 特別管理産業廃棄物の存在
　土壌汚染とは必ずしも結びつくものではないが、PCB（ポリ塩化ビフェニル）含有機器の存在についても注意を要する。古くからある工場では、PCB廃棄物油が混入した高圧コンデンサ等が存在することがある。
　これらは専門の処理会社であるJESCO（日本環境安全事業株式会社）が北海道、東京、大阪、豊田（愛知県）、北九州（福岡県）の５事業所で処理の受入れを行っている。ただ、処理数に限度があり、受入れまでに時間を要するため、管理者を置いて保管するのが原則となっている。PCBの混入が微量の場合はこの施設に受け入れないでいいケースがあるなど取扱いにも変化が出

てきている。

　なお、PCB含有機器は工場に限らず古いビル等にもあるため、このような物質がある場合は適正に管理されているか確認する。

5　土壌汚染の詳細な調査

　土壌汚染の有無の調査については第2章のⅢに記載したが、工場の敷地は通常広くコストも高くなる。調査フェーズと費用の関係をみてみよう。

(1)　Phase 1 調査

　書面調査が中心となるが、次の段階以降での調査範囲や汚染物質についての絞込みも同時に行う。30万〜100万円程度が目安で2週間から1カ月程度の期間が必要となる。

(2)　Phase 2 調査

　土壌ガスと表層土壌と呼ばれる地面の表面部分についての化学的な調査を行う。Phase 1 調査である程度対象部分を絞り込んだうえで実施する。

　規模によって大きな違いがあり、100万〜300万円程度が目安で1、2カ月の時間が必要。

(3)　Phase 3 調査

　浅層土壌や井戸を設置して地下水の調査を実施する。これにより物質とその範囲、深さについての詳細を把握する。費用は300万円から、高いものでは1,000万円を超える。期間は2、3カ月はかかるものと考えておいたほうがよい。

　ここに記載した費用はあくまでも調査費用であり、土壌改良費用は非常に大きな金額になる点に注意したい。

Ⅳ 具体的な評価の流れ

1 一般的な評価方法

　工場の評価はおおむね次の方法で行われてきた。主に原価法を基準とし、転用可能性をふまえた評価の流れは次のとおりである。

第1ステップ

　□物的な調査
　　■工場の公法上の規制などの調査（転用の可能性を含めて）
　　■工場の優位点・問題点の把握
　□事業・経営環境調査
　　製品や業界の動向、将来の市場規模等の調査

第2ステップ

　□継続使用・業種転用・閉鎖のいずれが合理的かの判定

第3ステップ

　□評価手法の適用
　　■原価法の適用による積算価格の査定
　　■閉鎖した場合の更地価格から建物取壊・機械撤去費用の控除
　　■土壌浄化費用の査定および控除

第4ステップ

□調整・価格の決定

　積算価格の「所要の調整」

　市場における規模減価、総額減価等を考慮する。

　また、建物が古い場合等には、更地価格とのバランス等を考慮するといった調整を行う。

工場の評価は、継続使用と転用とで大きく異なるが、融資担当者の担保価値のとらえ方としては、継続使用を前提とする場合でも、閉鎖後の転用も常に意識しておく必要がある。

工場としての利用が合理的か、あるいは他の用途への転用可能性があるかを判断するために、公法上の規制を調査する。さらに工場の経営環境がいかなるものか調査をするため、製品業界の現状や将来性について調べる。

工場として運営することが合理的と判断された場合の評価手法は、従来原価法が一般的で、積算価格を求めることになる。工場用地としての更地価格を求める際の留意点は次のとおりである。

---

① 工場団地内における新規分譲の取引事例から査定する場合

　公共センターが売り出している新規の工場団地の取引事例の場合、補助金、税制優遇といった措置があることが多い。したがって実際の取引価格にはこれらの要素を考慮する必要がある。

　また、工場団地の売出価格は十分な参考となるが、上記のような要素が入っていること、また地域によっては価格が高いため売れ残りが多く発生していることもあるため、売出価格をそのまま更地の価格ととらえるのは避けたい。

② 建物等が含まれた工場の取引事例の土地価格から査定する場合

　土地・建物・機械器具等を含めた工場の取引事例からの内訳をも

> って土地の取引価格として採用している場合は注意を要する。特に工場建物や機械器具等が実際に古く、取壊し・撤去が妥当と考えられるケースで、本来であれば土地価格から建物等の取壊費用を引いた水準で取引されているにもかかわらず、土地・建物・機械器具それぞれに価格を振り分けているような場合、土地価格が著しく安くなっている場合などが考えられる。
>
> 　逆に、建物・機械器具が利用できる状態でありながら、価格０円で取引されているケースで、これらの価格相当額を土地価格に上乗せして、土地価格に配分している場合も考えられる。

　一方で、経済合理性から閉鎖を行うほうが優位と考える場合は、転用後の利用を前提とした更地価格を求め、そこから建物取壊や機械撤去費用、必要となる土壌浄化費用の控除を行うことになる。転用後の想定としては、マンション敷地や戸建住宅用地、商業施設の敷地といったものが考えられる。これらの更地価格の査定にあたっては取引事例比較法に加え、商業施設の場合は土地の収益還元法（土地残余法）、マンション敷地や戸建住宅の敷地を想定する場合は開発法を併用する。

　かつては積算価格を査定し、これをもって工場の経済価値と把握していたのが一般的であったが、一般に工業用不動産が積算価格の水準で取引されるケースが少なく、経験則的に判定した市場性減価（一般に20〜50％程度）を考慮し、積算価格から減額することが多い。これを「所要の調整」と呼ぶ。

　また、対象不動産が製造している製品で工場運営がうまくいかなかった場合は、他の商品、業種での利用の可能性も検討し、建物価格について減額を行うことも考えられる。物流施設（倉庫）と異なり、製造ラインの特殊性があることから、汎用性が低く工場の他の企業による使用は、なかなかむずかしい側面があることに留意する。また、更地価格の水準とのバランスも考慮する必要がある。

　このように積算価格に所要の調整を行った価格、更地価格から諸費用を控

■工場の評価

```
┌─────────────────┐         ┌──────────────────────────────────┐
│  積算価格の査定  │         │ 転用後の更地価格から取壊費用・撤去費用控除 │
└─────────────────┘         └──────────────────────────────────┘
         │   （調整）                      │
         │   ←建物価格についての再検討       │
         │   ←市場性減価の考慮              │
         │   ←更地価格とのバランス          │
         ↓                                ↓
┌──────────────────────────────────────────────────────────────┐
│                      評価額の決定                              │
└──────────────────────────────────────────────────────────────┘
```

除した価格等を総合的に勘案して評価額を決定することになる。

2　収益還元法とこれからの工場評価における課題

(1)　他のサイドとの連携の必要性

　過去からの工場評価においては原価法と転用を前提とした更地化をもとに査定を行う方法を記載したが、工場についても収益物件である以上、収益還元法の活用が行われるべきであると考える。

　ただ、単純に財務諸表を分析するのみでは将来的な収益構造を理解しにくく、経営サイド、工場生産現場サイド、経理会計サイド、あるいはコンサルティング会社等といった複数サイドからの協力が不可欠であると考えられる。したがって、このような人たちとの連携が可能かそうでないかを含め、現実的な側面で実行可能な面を探る必要がある。収益分析を行い、不動産に帰属すると考えられる部分を分析するためには、やはり実地調査時の聴聞が非常に重要になる。このため、会社側に対しては工場を知り尽くした総務担当者ばかりではなく、経理、経営計画、さらには製造ラインに詳しい人にヒアリングを実施する必要がある。また、製品を取り巻く市場環境や将来の動向、競合業者とその動向、異業種からの参入といった点にも十分留意しなければならない。

　所有者が複数の工場において製造を行っている場合には、本社機能や研究所機能との関連性とこのコストの配分を考える必要がある。一方、建物や機

械の修繕の履歴や、将来必要となる取替えや大規模修繕の項目とその費用についても検討する必要がある。

(2) 工場財団と非組成物件との関係

　工場は通常、土地・建物のほか、多数の機械設備等（工作物・機械器具）から成り立っている。工場財団を組成すると、組成物件を含めた工場全体の収益を基準に考えることができるが、組成されていない場合については、担保としての効力は土地・建物部分に限定される。したがって、評価対象を土地・建物に限った場合については、工場が生み出す収益のうち、工作物や機械器具相当部分に帰属する収益を除外しなければならないことになる。また財団組成はすべての生産ラインに設定されるものとも限らないため、財団組成＝工場全体という図式にはならない。したがって、これらの分割を考える必要が出てくる。

(3) 工場における収益還元法の適用

　イ　手法適用の流れ

　以上のような課題を意識しつつ、工場の経済価値について収益還元法を適用するものと考えると、おおむね次の流れが必要となる。

第1ステップ

□物的な調査
　（原価法を基準とするものと同様）
□経営（収益）環境調査
　■業界の現状、将来性についての調査
　■企業に関する調査（本社機能、試験研究機能についての調査）
　■対象不動産の収益の調査
　■将来的に事業改善を行った場合の収益の査定

```
┌─────────┐
│ 第2ステップ │
└────┬────┘
     │  □最有効使用判定
     │   （原価法を基準とするものと同様）
     │    ■収益維持、拡大のためのプランに基づく費用の査定
     ▼
┌─────────┐
│ 第3ステップ │
└────┬────┘
     │  □評価手法の適用
     │    ■原価法の適用による積算価格の査定
     │    ■収益還元法の適用による収益価格の査定
     │      ※財団組成がない場合は組成外資産への収益分配を考える
     │    ■閉鎖が合理的と考えられる場合は更地価格から建物取壊・機械撤去
     │      費用の控除
     │    ■土壌浄化費用の査定および控除
     ▼
┌─────────┐
│ 第4ステップ │
└─────────┘
```

　　　□積算価格・収益価格の調整
　　　　更地価格とのバランスや積算価格についての市場性減価の考慮といった作業も行う。建物が古い場合等には、更地価格とのバランス等を考慮するといった調整
　　ロ　収益還元法とその留意点
　工場における収益還元法の適用における留意点について考えてみたい。そもそも、工場の収益の認識は、基本的に生産高（あるいは売上高）から製造原価（原材料費）、販売費および一般管理費を控除して求めるものといってよい。ここにおける減価償却費の扱いについては、賃貸ビル等の評価同様償却前収益をベースにするものと考えられるため、除外して考えるべきと思われる。一方で、減価償却費は不動産以外の工作物や機械器具に相当するものも含まれている。ここでは建物部分を中心とし、財団組成されている場合に

ついては、組成部分の減価償却費についても控除が必要か検討する必要がある。

収益還元法には直接法とDCF法の2つの手法があるが、DCF法を適用する場合は、将来的なキャッシュフローの査定が必要となり、経営サイドや会計、企業コンサルティングサイドからの将来計画の提出を求める必要がある。

企業の収益は、生産だけではなく管理を行う本部の費用を考慮する必要があり、複数の工場をもつ企業の場合はこの本部経費を分割して組み込むことになる。一般的には売上高割合で分割するケースが多いものと考えられるが、確固たる方法が確立されていない。また、ひとつの製品について複数の工場でそれぞれ工程が異なる場合（たとえば前工程と後工程で工場が2つ以上に分かれている場合）に売上高や経費をいかに分割するかというのはむずかしい側面がある。通常はいくつかの製品の加工について原材料に対する付加価値度の割合で求める場合、それぞれの加工に要する期間の割合で求める場合など考え方は分かれるものと思われる。

オフィスビルやホテルのような物件の場合、使用用途に大きな変化はなく、長期修繕計画が立てやすい面があるが、工場の場合は製品等によって機械器具についての修繕、取替えが発生する。ただ、ここまでをエンジニアリングレポートに反映させるとしても限界があるだろう。

最も問題となるのは、現状あるいは過去を通じて工場が赤字であった場合である。この場合に、工場閉鎖を前提として考えるのが一見合理的にみえるが、場合によっては経営改善で収支が好転することもある。このような側面までを判断するのは困難であり、経営サイドや企業コンサルタントへの聴聞を行い、今後の利用可能性を十分把握すべきである。

　ハ　還元利回り・割引率の設定

求められた純収益を還元利回りで還元することになるが、この場合の還元利回りはどのようになるのであろうか。経験則的にいうと、当然にして同一都市に存在する賃貸オフィスビルや賃貸マンションの利回りに比べるとオペ

レーションによる収益獲得リスクが高いものと考えられるため、利回りは高いものと考えられる。一般には 8 ～ 12％程度の範疇になるのではないだろうか。

　ニ　試算価格の調整にあたって

　仮に収益還元法の適用を行って収益価格を求めた場合は、積算価格との対比が必要となる。

　(A)　**収益価格が積算価格に比べ著しく低くなるケース**

　工場としての生産性が低いことを意味する。場合によっては閉鎖後の転用も含めた検討が必要となるため、更地化を前提とした価格を求め、これとの対比が不可欠といえる。

　(B)　**収益価格が積算価格に比べて著しく高くなるケース**

　この場合は工場としての収益性が高いことが一般的に考えられるが、次の点に注意したい。

---

①　ローカルに所在する工場で土地代が非常に低い可能性がある。

②　役員や従業員に支払われるべき報酬が、著しく低い額にとどまっている。

③　生産設備の老朽化が進んでおり、近い将来、実は多額な投資が必要となる。

■著者略歴■

小野　兵太郎（おの　ひょうたろう）

1968年生まれ。福岡県福岡市出身。
不動産鑑定士。
福岡県立福岡高等学校、早稲田大学法学部卒。
日本債券信用銀行（現あおぞら銀行）入行後、審査部鑑定室、債権流動化室において鑑定評価業務、担保評価業務に従事、1999年6月に同行退職。
現在は、ディー・ディー・マイスター株式会社　専任不動産鑑定士。
著書：『不動産の時価評価』（共著・東洋経済新報社）、『事例でわかる不動産評価』（共著・日本経済新聞社）。

融資担当者が知っておきたい
不動産の基礎知識と評価手法

平成26年5月21日　第1刷発行

著　者　小　野　兵太郎
発行者　小　田　　徹
印刷所　図書印刷株式会社

〒160-8520　東京都新宿区南元町19
発　行　所　一般社団法人 金融財政事情研究会
　　　　編集部　TEL 03(3355)2251　FAX 03(3357)7416
販　　売　株式会社きんざい
　　　　販売受付　TEL 03(3358)2891　FAX 03(3358)0037
　　　　URL http://www.kinzai.jp/

・本書の内容の一部あるいは全部を無断で複写・複製・転訳載すること、および磁気または光記録媒体、コンピュータネットワーク上等へ入力することは、法律で認められた場合を除き、著作者および出版社の権利の侵害となります。
・落丁・乱丁本はお取替えいたします。定価はカバーに表示してあります。

ISBN978-4-322-12436-1

好評図書

バーゼル規制とその実務

吉井一洋［編著］
鈴木利光・金本悠希・菅野泰夫［著］
A5判・上製・840頁・定価（本体7,500円＋税）

Q&A よくわかる 高齢者への投資勧誘・販売ルール

香月裕爾［著］
A5判・256頁・定価（本体1,800円＋税）

海外進出支援　実務必携

一般社団法人金融財政事情研究会［編］
A5判・上製・1,024頁・定価（本体8,000円＋税）

［新版］インサイダー取引規制のすべて
―平成元年～25年規制の実務手引き―

服部秀一［著］
A5判・452頁・定価（本体4,400円＋税）

支店長　勝野俊介

真宮角太郎［著］
四六判・上製・332頁・定価（本体1,800円＋税）

好評図書

ABL取引推進事典

細溝清史／菅原郁郎 [監修]
一般社団法人 金融財政事情研究会 [編]

A5判・上製・796頁・定価(本体8,000円＋税)

入門
金融リスク資本と統合リスク管理
〈第2版〉

菅野正泰 [著]

A5判・316頁・定価(本体2,750円＋税)

クレジット投資のすべて 〈第2版〉

大橋英敏 [著]

A5判・上製・340頁・定価(本体3,400円＋税)

バーゼルⅢ 流動性規制が変える
リスク管理

浜田陽二 [著]

A5判・324頁・定価(本体3,000円＋税)

実務必携 企業審査ハンドブック

久保田政純 [著]

A5判・400頁・定価(本体3,800円＋税)